江苏城市群协同发展研究报告

2016

主 编 张为付

南京大学出版社

图书在版编目(CIP)数据

江苏城市群协同发展研究报告. 2016 / 张为付主编
. 一 南京 ：南京大学出版社，2017.6
　ISBN 978 - 7 - 305 - 18857 - 2

　Ⅰ. ①江… 　Ⅱ. ①张… 　Ⅲ. ①城市群－发展－研究－
江苏　Ⅳ. ①F299.275.3

　中国版本图书馆 CIP 数据核字(2017)第 138096 号

出版发行　南京大学出版社
社　　　址　南京市汉口路 22 号　　　　邮　　编　210093
出 版 人　金鑫荣

书　　名　江苏城市群协同发展研究报告(2016)
主　　编　张为付
责任编辑　卜磊磊　　王日俊

照　　排　南京南琳图文制作有限公司
印　　刷　虎彩印艺股份有限公司
开　　本　787×1092　1/16　印张 13.5　字数 297 千
版　　次　2017 年 6 月第 1 版　2017 年 6 月第 1 次印刷
ISBN 978 - 7 - 305 - 18857 - 2
定　　价　136.00 元

网址：http://www.njupco.com
官方微博：http://weibo.com/njupco
官方微信号：njupress
销售咨询热线：(025) 83594756

本书为江苏高校优势学科建设工程(PAPD)、江苏高校现代服务业协同创新中心(CNISCC)、江苏高校人文社会科学校外研究基地"江苏现代服务业研究院"(JIMSI)、江苏省重点培育智库"现代服务业智库"的研究成果。

书　　名：江苏城市群协同发展研究报告(2016)

主　　编：张为付

出 版 社：南京大学出版社

目 录

第一章 总 论

一、城市群协同发展研究的背景

(一) 城市群协同发展符合世界城市化浪潮的发展趋势

城市,这个人类文明的基本载体,迄今为止已经走过了数千年的发展历程。经历了各自为政的城邦化和高度一体的帝国化发展之后,蒸汽革命的汽笛声带来了现代城市体系的全面崛起,时间进入 21 世纪后,分布五大洲的各个城市群已成为了世界城市体系空间结构的重要节点。由于城市群是各类资源流转的枢纽,因而也自然成了各国参与全球竞争与国际分工的基本组织单位。一个国家内部城市群的综合发展水平直接影响着该国的国际竞争力,城市群的可持续发展也关系着该国可持续发展的大局。现有数据表明,经济实力排名前 40 位的各大城市群的产出总和占全世界生产体系产出的60％以上,全世界 85％的技术创新是在城市群内完成的,例如美日两国大部分的工业产值由各自的城市群实现。①

城市群在世界经济、文化、环保、民生各个领域扮演着愈加重要的角色,各类国际组织也越来越重视城市群的发展,为其展开了各类理论研究和实践计划。我国也对城市群定义做出了辨析,认为"城市群"与"urban agglomeration"属于同义词。根据联合国给出的"urban agglomeration"的定义②以及理论界的主流观点可以看出,城市群是人类文明发展而来的综合体系,是在一定地域范围内通过各种子系统立体构成的人类资源综合体,包括物质生产和非物质文明两大子系统,同时与自然环境彼此作用的多层次耦合系统。城市群的本质特征与当今世界的发展趋势不谋而合。如今,日益严重的环境污染、增长放缓、和民生困境等全球性问题都反映出:世界各国都必须转变原有的生产生活方式,平衡物质生产与非物质生产之间的博弈关系,实现人类自身的可持续发展,而要想实现这样的目标,必须寻找一个具有同样高复合性的基本组织单元,通过推动基本单元的可持续发展,来实现人类可持续发展的整体目标。

城市群本身的高复合性完全符合了系统基本单元的要求,并且城市群各子系统之

---

① 胡祖才.以城市群为主体形态拓展区域发展新空间.中国经济导报,2016 年 6 月 18 日(A2版).

② 联合国手册指出,城市群是指由一个城市或城镇的中心城区与郊区边缘地带或相邻的外部地区组成,一个大的城市群可能包括几个城市或城镇郊区及其边缘地区。(江曼琦.对城市群及其相关概念的重新认识[J].城市发展研究,2013(5):30－35.)

间、各个组成部分之间有机整合,彼此作用而形成新的结构、衍生新的功能,产生系统发展的整体效应和发展态势,即城市协同发展趋势,这也与世界范围城市体系的整体发展趋势异曲同工。

(二) 江苏城市群协同发展符合新时期区域发展要求

一方面,当下江苏省城市化发展步入了新的历史阶段,对城市体系发展模式提出新要求。从城市体系发展的客观规律来看,截至 2015 年,我国如今的城市化率已经达到50%以上,江苏省城市化率更是达到 65%,从世界城市化进程的一般规律来看,江苏省城市体系发展已经处于高速发展和平稳发展的分界点,城市发展应从粗放式转向集约式,需要着手解决之前粗放式发展阶段积累的缺乏顶层设计、大中小城市分工协作不够、城市体系缺乏科学规划等问题。

另一方面,世界格局发生了新变化,更加深入的全球合作需要世界各大城市群积极参与,在保证本国竞争力优势的前提下,共谋全球城市体系可持续发展。在全球经济放缓、各类风险加剧的大背景下,各国都在寻求合作,以求共度时艰,全球范围内的大型合作共赢项目层出不穷。其中,我国提出的"一带一路"①倡议,引发全球关注。而江苏省恰巧处于"一带一路"的战略交汇点上,将以最优的区域竞争合力和最具效能的姿态融入"一带一路"倡议实施过程,这是历史赋予江苏省的新任务。而一个区域综合实力的体现主要是该区域内城市群的发展水平,该区域的国际合作,也是由城市群来完成的。因此,为了提升江苏城市群的综合竞争力,整合区域内优势资源参与更加广泛深入的国际分工,需要运用合理的统筹规划,科学推动江苏城市群协同发展。

二、城市群协同发展研究的理论基础

(一) 城市群演进理论

城市群演进是伴随着现代城市体系的发展而不断进行的,城市群实质上是城市体系发展到一定阶段后的空间表现形态。二战结束后,随着城市经济的复兴,世界各地的核心城市重新恢复了快速扩张的发展趋势,城市人口不断向大城市集中,城市体系发展形态由城镇、中小大城市到大都市区、大都市绵延区,城市体系内部的职能分配由单个城市间有机分工阶段发展至城市间高度依存的城市群集聚阶段。城市群演进的不断发展,为学界进行理论研究提供了实践基础。

法国地理学家戈特曼是现代城市群研究的先行者,并描述了美国的都市密集区案例,随后学者们不断地提出类似的描述性概念,如集合城市、大都市带、城市区域等。但是,学者们对于城市群本质都归于数个都市区相互连接成片的地域空间组织形式,内涵描述的细节差别只是视角不同而造成言语的区别。我国学者也曾提出了"城市绵延区"、"大都市伸展区"、"城镇密集区"等概念,随后结合我国城市体系的自身特色,在官

---

① "一带一路"是指"丝绸之路经济带"和"21 世纪海上丝绸之路"。

方政策文件和理论界开始较多地使用"城市群"来定义我国各个行政区划与经济区块相结合形成的数个城市聚集区(即"urban agglomeration")。顾朝林[1]较早对我国的城市体系进行了系统论述,并对城市群进行了定义,随后,姚士谋等人[2]又进一步完整定义了"城市群"的概念,即在特定的地域范围内具有相当数量的不同性质、类型和等级规模的城市,依托一定的自然环境条件,以一个或两个超大或特大城市作为地区经济的核心,借助于现代化的交通工具和综合运输网的通达性,以及高度发达的信息网络,发生与发展着城市个体之间的内在联系,共同构成一个相对完整的城市"集合体"。

从经济学角度看,城市群是在特定空间范围内,由数量不等的不同性质类型和等级规模的多个城市,基于区域经济发展和频繁市场联系而形成的城市网络群体(吴传清、戴宾等[3])。经济地理学的相关研究中主张城市群的发展过程是经济与空间的组织演化,即以首位城市为核心,由不同等级规模城市组成不同等级的多层次中心城市区域,由于经济的高度发展及城市间的相互作用,致使城市间的地域边界相互蔓延,形成联结成片的城市地区。

但是,城市群和"城市经济圈"并不完全相同,城市群包含了更加广泛复杂的内容,系统性视角下的城市群是经济、社会、环境动态统一的有机体,城市群是自然生态系统演进的结果,又是人类改造自然生态系统形成的人工系统。城市群系统是自然生态系统与人工系统的耦合。随着世界各大城市群的不断发展,城市群发展过程中凸显的问题也越来越复杂多样,问题涉及的领域涵盖了物质生产和非物质生产的各个方面,因而,从系统论的角度分析城市群发展成为了当前理论界的研究热点,以协同学为基础的区域协同发展理论,逐步走入研究主流的位置,甚至已付诸实践于我国具体的城市群规划政策当中。

(二)协同发展理论

城市群演进是一个系统的发展过程,而对系统发展的机理描述,则离不开协同学理论[4]的参与。

协同学主要研究在一定外部条件下,系统内部各个子系统之间通过非线性的相互作用产生协同效应,使系统在无序状态和有序状态之间螺旋式转化的过程。协同学中阐述了一个抽象概念,序参量(描述系统有序度或宏观模式的参量)。系统运动中的快变量是非序参量,慢变量是序参量,协同发展的过程就是系统内部存在的发展速度不一的两种变量各自变化,促使系统内部发生量变,当系统在达到临界点时,慢变量迅速增

---

① 顾朝林.中国城镇体系研究[M].商务印书馆,1995年.
② 姚士谋,陈振光,朱英明.中国城市群[M].安徽:中国科学技术大学出版社,2006年.
③ 此类文献众多,如:① 吴传清,李季.关于中国城市群发展问题的探讨[J].经济前沿,2003,增刊:29-33.② 刘静玉,王发曾.城市群形成发展的动力机制研究[J].开发研究,2004,(6):66-69.③ 戴宾.城市群及其相关概念辨析[J].财经科学,2004,(6):101-103.
④ 协同学理论是德国学者哈肯在20世纪70年代创立.

长,加剧了系统的不稳定性,使系统偏离原来的稳定状态,并引导其进入新的状态,形成新的系统结构和运动状态。在此过程中,发展速度较慢的慢变量决定了系统的宏观模式。

协同学除了定义系统中快慢变量的特性外,还分析了系统自身组织走向有序结构的内在动力机制,即不同性质的子系统通过怎样的合作,在宏观尺度上形成空间、时间或功能上的有序结构。系统是从有序到无序,还是从无序到有序取决于系统组分之间的相互作用。系统的自组织过程实质上是系统内部子系统之间相互竞争、合作而产生协同效应,由此导致系统的时空或结构有序形成,所有系统的宏观有序性质都是有组成它的子系统的系统作用所决定。并且,基于协同学的自组织原理,一定条件下有序结构可以通过系统内部组织实现,并通过各种信息控制和反馈来强化系统的这种优化结构。

虽然语言学角度的协同与协调词义相近,但在协同学中,协同和协调是有区别的。协同是指构成系统的各个要素通过协调合作,达到系统整体功能大于各个要素功能之和的一种系统结构状态,它既反映了系统发展的协调合作过程,又反映了系统通过这一过程所达到的结构状态优化的结果。协同发展是指各子系统之间、子系统各要素及组成部分之间相互作用和有机整合,共同合作而形成新的结构、衍生新的功能,产生系统发展的整体效应和发展态势。与之不同的是,协调看重的是各个要素之间差异性的消失,而协同则关注如何利用子系统的差异性,通过有机组合达到动态平衡,从而实现系统整体的优势动能最大化。协同发展与协调发展虽然都以系统的持续不断地动态有序化为最终目标,但协同发展更加强调协同效应在发展过程中的影响,强调快参量和慢参量之间的相互作用。

由于各种系统中普遍存在要素状态的不平衡状态,要素的非均衡发展是一种常态,故而协同发展理论具有更多的实践性和细分可能性,比如协同效应在区域发展中的应用,即区域协同效应的存在。所谓区域协同发展,就是要对各次级区域形成激励,有利于提高次级区域专业化生产和相互协作的积极性,使分散的局部地区优势转化为叠加的综合经济优势,增强区域整体的发展活力,进而促进区域职能分工的细分,形成次级区域分工及其协同发展的良性循环。本报告重点分析的城市群协同发展即为区域协同发展理论的重要实践。城市群是由若干城市级子系统(单个城市)构成的,同时以城市级子系统(单个城市)为汇聚节点又包含了经济、社会和环境等多个要素流。城市群系统的协同发展是以要素一体化为内在系统序变量(慢变量),以大中小城市协同发展为处在表现态势。

从实践角度看,城市群协同发展是由两部分复合而成,一部分是城市群内部发展要素协同,即由经济、资源、社会等发展基本要素构成城市级子系统的自组织效应,随后各个要素通过城市节点的有效连接形成城市群内要素一体化;另一部分是城际协同,即各个城市级子系统(单个城市)通过彼此有机作用,达到城市群系统整体功能大于各个子系统功能之和的一种系统结构状态。要素协同与城际协同是"一体两面",互为表里。

城市群协同发展既反映了系统发展的内部因素协调合作过程,又反映了系统内部协同所达到的结构状态优化的结果。

由于我国行政性城市群的要素协同往往通过城际协同来实现,另外,我国城市化进程正处于新旧交替、城市群内部重组的阶段,因此,本报告在考察江苏城市群协同发展现状时,将以协同发展的内涵为基本原则,以评估系统运动发展变化中城市级子系统之间的竞争与合作为主要内容,强调对系统旧结构状态的扬弃,以及对新结构状态的期待。本报告将以城市群协同发展的要素协同程度为城市群协同发展的内在依据,以城市群内城际协同为城市群协同发展达成的表现形式,深入分析当下江苏城市群协同发展实践,其主要研究路径如下文所示。

三、江苏城市群协同发展研究路径

(一) 基本路径

本报告的核心内容是对江苏城市群协同发展现状进行评估,城市群协同发展是城市群整个系统结构和功能的统一表现,既包括资源、环境、经济和社会等要素一体化发展,也包括各城市级子系统间相辅相成的耦合发展。基于我国行政性城市群的资源流动特点,城市群内部要素流通常在城市级子系统内实现自组织效应后,再通过城市子系统之间的良性互动(城际协同发展),实现在整个城市群系统内的协同发展(要素一体化)。城市群内的城际协同发展,从空间组织上表现为大中小城市发展均衡,在时间进程中表现为城市之间螺旋式上升的态势。

城市群协同发展评价实质是对城市群地域的要素一体化和城际发展一体化复合系统的运行状态进行辨识和评价,以发现城市群内部社会经济发展的主要矛盾,为城市群整体的可持续发展机制的建立提供基础数据支持,最终为城市群整体区域的科学规划、管理决策提供依据。

本报告进行的江苏城市群协同发展评价是以要素在城市级子系统内部的组合状态为判断依据,对各个城市级子系统的综合发展质量进行比较研究,分析城市级子系统之间发展水平的非均衡状态,并且还加入区域整体差异度指标来评判要素在城市群内的整体协同程度。概括地说,本报告对江苏城市群协同发展评估是以区域协同理论为基础,以要素协同发展为内在基础,在城际协同发展层面进行城市群协同发展规划的研究探讨。

依据研究路径,本报告共分六个章节分别探讨六大要素一体化进程,结构如下:首先通过城市协同发展质量评价指标的评估,对城市级子系统内各个要素流的状况进行比较分析;其次,进行各个要素的群内区域整体差异度计算,概括各大要素一体化的群内现状;最后,在城际协同层面,对城市群要素一体化的影响因素进行分析,并给出城市群协同发展的政策建议。

(二) 城市协同发展评价指标体系

本报告根据系统性、相关性、独立性、可比性及可行性原则建立了城市协同发展评估指标体系,并且根据层次分析法确立了评估框架,为整体评估城市群协同发展提供基础性评估依据。该指标体系紧扣协同发展的内涵,以城市协同发展质量为目标层,以经济发展质量、公共服务发展质量、空间发展质量、绿色城镇发展质量、集约城镇发展质量、效率城镇发展质量为一级指标层,一级指标层则细分为 52 个二级指标,形成城市协同发展评价体系。

评估指标体系建立的基本原则遵照普遍原则,同时在具体评估角度的确立上兼顾国情和时代性,从而使之具有自身特色。城市协同发展评价涉及城市运行各要素的协同关系,力求以城市子系统为载体,针对经济、公共服务、空间、效率、集约、绿色六个要素流在城市群内节点的汇集状况进行比较,根据要素空间分布现状,分别对六大要素流的群内一体化进程进行分析,并从城际协同层面分析群内要素一体化的影响因素,力求科学反映江苏城市群协同发展目标的实现程度。评价的过程即是对城市群协同发展耦合性的分层评估,以要素一体化的视角对城际协同发展进行比较研究。

在城市协同发展评价体系中,针对经济、公共服务、空间规划领域的评估代表着城市发展质量的现状评估,其目的是以城市功能的充分发挥和良性循环为基本落脚点,从城市体系运行载体角度,对江苏城市体系的运行实效进行基础性评价。因而,从城市基本的生产、庇护、教化、联系功能及其与自然环境的约束关系衍生出评价体系的二级指标层,其中包括经济发展质量指标、公共服务质量指标、空间规划质量指标,这三大指标侧重于评估城市级子系统作为城市群要素流节点的资源聚集自组织能力,重点对城市子系统的生产服务职能、经济管理职能、文化职能、政治职能的发挥状况进行评估。城市子系统的三大指标评分反映了城市子系统在城市群协同发展中的节点地位,评分的城际差异性则反映了城市群系统内部要素分布的非均衡状态。

城市的生产功能是城市存在发展的物质原动力,城市经济水平一直是城市发展水平的基本呈现面,本指标体系中设立经济发展质量指标就是为了衡量城镇发展的物质基础水平和内在推动机制的有效程度,其二级指标(10 个)反映了城市经济发展的整体水平。例如,人均 GDP 可以反映出该城市当下的经济发展总体形势,而 GDP 增长率则反映了当地经济增长的活力,亦是城市发展潜力的重要指标;城镇居民人均可支配收入则体现了当地民众取实际生活水平和收入状况,是城市经济发展对民众生活影响程度的重要指标;企业的利润及规模指标则反映了城市经济主体的生产状况,反映了城市基本生产功能发挥程度;人均财政收入则反映了当地政府对宏观经济运行的掌控力,亦反映了政府完善城市整体环境、履行公共服务职责的能力,也从侧面显示了城市内部生产生活环境的保障程度。

公共服务质量指标则侧重于反映城市的庇护、教化等功能的现代化程度,其三级指标(13 个)突出了城市管理职能和文化服务职能。例如,卫生技术人员数量、医疗支出比例、养老保险参保比例就反映城市居民"老有所养、病有所医"的保障水平,社会保障和就业支出则反映城市内部民众生活来源的稳定性,等等。这些指标综合反映了城市体系在其运转过程中给予弱势群体一定程度的损失补偿和基本健康保障,并使之能维持基本生活的城市庇护功能。另外,在这一评估板块中还包含了医疗文教通讯等指标以体现城镇文明的发展程度。概括地说,社会发展指标数值的高低直接反映了现在城市体系发展中"以人为本"主旨的贯彻程度,同时也反映出城市体系保证其自身再生产和扩大再生产的正常运行的自组织能力。

作为城市体系的物质载体,城市子系统的自身建设规划既是城市文明发展的重要标志,又是城市文明向更高级演进的硬件基础,因此,评估城市子系统发展质量离不开对城市规划质量的评估。同时,土地作为城市发展的关键性资源,且具有规模约束,城市土地的利用状况好坏也直接决定着城市级子系统发展的质量高低,因此,在衡量城市协同发展质量的一级指标之下,本评估体系又细分出空间协同发展质量指标以对城镇的规划及土地利用进行详细评估,其中三级指标(8 个)集中于城市土地和居民用地状况,例如,人均居住面积和各类用地比重①指标就体现了城镇用地用途规划的合理性及居民空间利用情况。

以上三大块指标概括地说是基于城市体系自组织效应,其中 28 个三级指标的选取和评估范围是从城市职能体系的基本属性出发,力求体现我国城市体系的运转现状,对当前江苏城市群协同发展的实质性基础载体做出客观评估。

除去城市系统的基本功能外,现代城市体系发展本质上可以理解为生产力进步所引起的一系列生产生活方式以及价值观念转变过程。由于城市群本身是一个综合了自然、经济、社会多方面的复合体系,生态资源对其是一个整体性的约束条件,除去物质生产及其辅助性领域外,现代城市体系发展还强调了整个城市群及其城市级子系统发展的可持续性和资源利用的效率性,特别关注资源环境对城市体系发展的约束度。越是在人类技术高速发展的今天,环境对人类的意义越是愈发重大。环境是人类生存和发展的客观空间,是人类社会各类资源的原始载体,作为整个城市群复合系统的宏观,环境基础、环保水平代表着生态资源的存量水平(能源存量)和质量水平(雾霾状况、水污染程度等),同时也和城市群发展水平以及民众的生活质量、身体健康成正相关关系。环境要素不仅包括人类生产活动依赖的资源环境要素,也包括人工形成的对自然环境有影响的空间质量要素。一方面自然环境支持着人工环境,另一方面人类也在利用改造自然环境。城市用地规划等行为就是人类通过生产劳动等自主活动改造自然环境,

---

① 生产用地=(城市建设用地面积-居住用地)/城市建设用地面积,其中,"生产用地"是按照城市建设用地规定分类中的内容划分的,综合了城市年鉴中"居住用地"的概念,此式中的生产用地除了工业用地外,还包括了商业服务业设施用地、物流仓储用地,指标口径较为模糊宽泛;生活用地比重=居住用地面积/城市建设用地面积;生态用地比重=绿地面积/城市建设用地面积。

形成特定的城市人工景观,以使城市环境更符合人类生存及生活审美的要求。

以低能耗、低污染、低排放为基础的低碳经济模式,作为一种先进的生产组织形式,其实质是以能源高效利用为主旨,以清洁能源开发和"碳减排"技术创新为核心,从而引发当前产业体系演进和经济发展观念创新的新型社会生产模式。从宏观经济角度来看,低碳经济是指经济增长与化石能源消耗脱钩的经济,以最小的能源成本来实现最大的产出,极可能地提升能源效率碳生产率。通过低碳经济理念推进新型城镇化进程,即以低能耗、低污染、低排放、高效率、高产出为特征来进行城市发展规划。因此,本报告在评估指标体系中划分出有关城市可持续发展指标板块,明确以"集约、协调、可持续"为原则,从低碳经济入手突出本指标体系的可持续性评价特征,以低碳、绿色、集约为主要评价标准,主张空间规划、公共服务等方面的均衡性及延续性,对城市经济运行及社会生活中的效率性以及环境可持续性进行评估,以评估城市子系统可持续发展的综合潜力为主旨,并进一步细分出效率城镇、绿色城镇、集约城镇3个二级指标。

效率城镇发展质量指标板块主要是通过7个三级指标对城市体系的能源消耗水平和节能降耗状况进行评估,如各类单位GDP的能耗指标,以及资本和劳动力产出率,以描述城市群协同发展进程中各个城市级子系统的能源利用及产出效率现状,从而分析城市群资源利用的相关要素的一体化发展状况。同时,效率城镇的评估与城市系统的技术进步和区域效率提升有着正相关关系,从一定程度上反映城市发展中的技术要素的扩散状况,效率方面的城际协同是城市群协同发展的技术保障。

绿色城镇发展质量指标板块则以8个与环保相关的三级指标为主,例如,绿地面积及绿化覆盖率体现了城镇整体自然环境的维护程度;垃圾无害化处理率和污水处理率则体现城镇生产生活活动对自然环境的影响;工业固定废物综合利用率则体现了城镇生产体系的良性循环程度,等等。

集约城镇发展质量指标板块包括6个集约性三级指标,突出土地、资源能源的集约利用和支撑。推进新型城镇化的过程也是实现经济资源和要素空间优化的过程。其中土地产出率体现土地资源的集约利用状况,劳动力和资本密度①也同样体现了经济要素的高效配置情况,非农和第三产业从业人员的比重一定程度上反映了城镇内部经济资源配置的倾斜情况。资源子系统是人类社会存在和发展的物质基础,对资源子系统循环状况的考察重点是区域内资源的承载能力及资源的保护和合理利用状况。考察资源系统循环,首先是分清土地利用类型,然后,重点考察水资源和土地资源的综合利用率、重复利用率及废弃物的资源化程度。

城市协同发展质量指标体系如表1.1所示,其中三级指标中除个别需从各市年鉴中收集外,其他均可从江苏省统计年鉴、中国城市统计年鉴和区域统计年鉴中收集。本报告在之后各章的评估过程中将对评价数据进行标准化处理。

---

① 资本密度=市辖区全社会固定资产投资额/市辖区面积。

表 1.1　城市协同发展质量指标体系

一级指标	二级指标	三级指标	
城市协同发展质量	经济发展质量	1. 人均 GDP 2. GDP 增长率 3. 非农产业占 GDP 比重 4. 人均财政收入 5. 城镇居民人均可支配收入	6. 人均年末金融机构存款余额 7. 人均年末金融机构贷款余额 8. 人均规模以上工业企业利润 9. 人均固定资产投资完成额 10. 城镇常住居民人均可支配收入
	公共服务发展质量	11. 户籍人口与常住人口之比 12. 常住人口人均财政支出 13. 社会保障和就业支出比重 14. 基本养老保险参保比例 15. 医疗卫生支出比重 16. 每万人拥有卫生技术人员数 17. 每百人公共图书馆藏书数	18. 每万人在校大学生数 19. 每万人专任教师数 20. 每万人拥有私家车数 21. 固定电话用户数 22. 移动电话用户数 23. 互联网用户数
	空间发展质量	24. 市区土地单位产出 25. 建设用地占市区面积比重 26. 人均房地产开发投资完成额 27. 人均住宅投资额 28. 人均居住面积	29. 人均实有城市道路面积 30. 生活用地比重 31. 人均绿地面积
	效率城镇发展质量	32. 单位 GDP 耗电量 33. 单位 GDP 耗水量 34. 单位 GDP 二氧化硫排放量 35. 单位 GDP 废水排放量	36. 单位 GDP 工业烟尘排放量 37. 单位固定资产产出率 38. 劳均产出率
	绿色城镇发展质量	39. 人均绿地面积 40. 建成区绿化覆盖率 41. 工业固体废物综合利用率 42. 污水集中处理率	43. 生活垃圾无害化处理率 44. 人均工业二氧化硫排放量 45. 人均工业粉尘排放量 46. 每万人拥有公共汽车数量
	集约城镇发展质量	47. 土地产出率 48. 劳动力密度 49. 资本密度 50. 城区人口比率	51. 非农产业从业人员比重 52. 第三产业从业人员比重

（三）区域发展差异度指标

基于协同学理论，系统循环中变量性质不同，彼此的运动速度不同，因而变量之间的量变质变时刻都在发生。反映在实践中，即表现为城市群系统中的各个要素流分布结构、城市级子系统的空间区位、城市规模、用地属性、人口密度等方面的非平衡性。这也决定了城市群系统内部各子系统之间相互开放，且通过系统内部连续不断的交流形成动态组织形式。城市群系统间的不均衡是常态，动态均衡是自组织结果，因此，在进行了城市级子系统的评估后，本报告还将通过"锡尔指数"的计算，进行江苏城市群要素分布的整体差异度分析，进一步明确江苏城市群协同发展所要解决的困难程度。

20世纪中后期,锡尔提出了研究收入差异的"锡尔指数",后来广泛应用于区域经济差异研究,除了城市群内部的单个城市排名外,本报告还将利用区域锡尔系数对各类要素一体化的区域整体发展水平进行计算,据以进行江苏城市群经济发展的整体差异度分析,希望能够宏观把握江苏城市群经济协同发展的不足,以便提出全局性的解决路径。其具体公式将在之后各章呈现,在此不再赘述。

四、江苏城市群协同发展概述

(一) 江苏城市群概述

江苏省位于中国大陆东部沿海的中心,南起北纬30度45,北抵北纬35度07,南北最大直线距离约460公里;西起东经116度02,东至东经121度55,东西距离近300公里。地处长江、淮河下游流域,与上海相接,西连安徽,南临浙江,北邻山东,是长江中下游地区交通运输的通道,京杭大运河纵贯江苏南北,陇海铁路横贯江苏北部,沪宁铁路连接苏南各市,地理位置十分优越。江苏省的土地总面积为10.26万平方公里,约占全国土地面积的1%强,是中国面积较小的省份,地形以平原为主,地势低平、水网密集。在江苏省全境中,平原占69%、水面占17%、丘陵山地占14%,其中平原可以分为黄淮平原、江淮平原、滨海平原和长江三角洲等几大部分,平原所占比重居全国各省首位。低山丘陵和岗地主要分布在省境的东北部和西南部,在黄淮平原和长江三角洲上也有少量分布。

《2014年江苏省国民经济和社会发展统计公报》显示,江苏省全年实现地区生产总值65 088.3亿元,比上年增长8.7%。其中,第一产业增加值3 634.3亿元,增长2.9%;第二产业增加值31 057.5亿元,增长8.8%;第三产业增加值30 396.5亿元,增长9.3%。全省人均生产总值81 874元,比上年增长8.4%。全社会劳动生产率稳步提高,全年平均每位从业人员创造的增加值达136 730元,比上年增加12 433元。产业结构不断优化。三次产业增加值比例调整为5.6∶47.7∶46.7。全年实现高新技术产业产值5.7万亿元,比上年增长10.4%;规模以上企业总产值比重达39.5%,比上年提高1.0个百分点。新兴产业销售收入比上年增长13.2%。服务业发展加快。全年实现服务业增加值30 396.5亿元,比上年增长9.3%;占GDP比重达46.7%,同比提高1.2个百分点。新型城镇化扎实推进。年末城镇化率为65.2%,比上年提高1.1个百分点。区域经济协调发展。苏南转型升级步伐加快,创新发展能力和国际竞争力进一步增强;苏中、苏北大部分指标增幅继续高于全省平均水平,经济总量对全省的贡献率达44.6%,比上年提高0.4个百分点;沿海开发顺利推进,沿海地区实现生产总值11 454.2亿元,比上年增长10.6%,对全省经济增长贡献率达18.5%。从已有数据来看,江苏省已进入到了工业化后期的后半阶段,全省进入到了全面实现现代化的新阶段,但也要看到,江苏省服务业占GDP比重仅有46.7%,而发达国家的服务业占比一般在

70%以上,江苏省服务业的发展水平还是较低的,特别是现代服务业①发展尚未达标,这显示出作为服务业主要载体的江苏城市体系还有较大的上升空间,其中应特别注重社会服务、公共服务方面的发展提速。这就对江苏城市群协同发展提出了更高的要求。

江苏城市群是由江苏省下辖的城市所构成的行政性城市群,其中包括了苏北、苏中、苏南三个经济性城市圈,共有 1 个副省级城市、12 个地级市和 23 个县级市。江苏总体上已进入工业化中后期,处于全面建成小康社会并向率先基本实现现代化迈进的关键时期。推进新型城镇化建设、加快江苏城市体系发展,对江苏加快转型发展、实现"两个率先"目标具有重大现实意义和深远历史意义。在《国家新型城镇化规划(2014—2020 年)》《江苏省国民经济和社会发展第十二个五年规划纲要》《江苏省主体功能区规划》等重大政策覆盖之下,2015 年末江苏省的城镇化率为 66.5%,比上年提高 1.3 个百分点。②

较全国城镇化率平均水平高出约 10 个百分点,这样显著的城市体系建设成绩是江苏历年来的高速发展造就的。改革开放以来,江苏省区域发展进程中呈现出明显的"产城融合"特色,以及乡镇企业勃兴带动小城镇繁荣、各类开发园区建设带动中心城市发展、交通等基础设施升级助推城市群崛起、科学发展引领城乡一体化进程等鲜明特点。工业化城镇化互动发展的实践与探索为江苏推进新型城镇化和城市群协同发展奠定了坚实基础。根据世界城镇化发展普遍规律,江苏城镇化进程仍处于 30%—70% 的快速发展区间,作为国家新型城镇化、长三角发展一体化、长江中国经济新支撑带、丝绸之路经济带和海上丝绸之路等重大战略的叠加地区,江苏城市群协同发展面临着良好的发展机遇和广阔空间。

(二)江苏城市群协同发展概述

本报告研究内容主要针对地级以上城市,县级市指标数据缺失较为严重,同时考虑到县级市与地级市资源禀赋差异较大,故在此并未放在同一口径进行比较研究。但在六个要素子系统的章节分析中,分别给出了县级市的要素协同发展的指标排名,供读者参阅。

根据 2014 年数据,本报告编制了分别编制了江苏 13 个地级以上城市(包含副省级城市和地级市)协同发展质量指标排名,其中城市协同发展质量的得分是由经济质量、公共服务质量、空间发展质量、效率城镇发展质量、绿色城镇发展质量、集约城镇发展质量 6 个二级指标的得分平均加总而来。③ 江苏省城市子系统协同发展质量评分排名如表 1.2 所示。同时,图 1.1 中呈现的是江苏城市群六大要素子系统区域差异的锡尔

---

① 现代服务业包括生产者服务业、消费者服务业、社会服务、政府公共服务等多个方面。

② 数据来自《2015 年江苏省国民经济和社会发展统计公报》。

③ 根据要素协同发展原则,六大要素循环子系统在整个城市协同发展中的权重相同,故直接加总得出总分值,得分具体计算方式详见各章内容。

指数。

由表1.2可看出,江苏城市群仍以苏南、苏中、苏北地区为鲜明分界,形成"由高到低,由南到北"的城际发展差异性。从城市级子系统的综合质量来看,苏南地区特别是"苏锡常城市圈"内的城市的协同发展质量要明显优于苏中、苏北地区的城市。并且三大地区的差异程度较大,苏北地区的宿迁、连云港等城市综合质量远远落后于平均水平。

值得注意的是,我国行政性城市群一般多以行政中心城市为核心城市,并遵循"中心—外围"的城市群空间结构进行发展,而江苏城市群却显示出了"多中心"的城市群结构特征。在江苏城市群的城市级子系统中,城市发展综合水平最高的并非行政中心城市南京市,而是靠近长三角大城市圈的苏州市。这种地级市发展水平高于副省级城市的现象在我国的行政性城市群中并不多见。这与江苏城市群特殊的发展进程有关。江苏城市群地处长三角大城市群的北翼,苏州、无锡、常州三市受到上海发展的强力辐射,依靠外向型经济模式和"产城融合"的区域发展理念,三市的城市体系发展异常迅速,苏州市更是在多个全国城市百强榜中名列前茅,在地级市中表现异常突出,其现代化发展水平远超江苏省内其他城市。与其他行政性城市群相比,江苏城市群协同发展进程中的城际协同面临着更加复杂的现实情况,需要更加深入地打破行政壁垒,以更加开放的姿态融入长三角大城市圈,在江苏城市群内打造"多中心"发展模式。这也是配合国家战略发展、积极响应国家打造长三角世界级城市圈的宏观政策的需要。

不仅"苏锡常城市圈"应全面对接上海产业链,进一步强化与上海的跨界联动发展,保持苏南地区城市体系的强劲发展势头,同时,提升南京区域内能量级,依托科教智力资源,将南京市打造成为全国性的科技创新基地。并且利用南京的区位优势,打造南京成为长江航运物流中心和现代服务中心,进一步推进南京都市圈发展,使其真正成为长三角地区辐射中西部发展的交流枢纽。"南京都市圈"作为江苏省三大都市圈之一,其辐射范围不仅包括了南京、镇江、扬州,也包括了马鞍山、芜湖、滁州等地,从经济性联系来看,安徽省的部分城市与南京的联系度甚至高过苏南地区。

城市群复合系统的结构除了城际间的组合关系外,还包含了一定空间上资源、环境、经济和社会各要素流子系统的组合,而要素流子系统的空间分布是否均衡就体现在各类资源在各个城市内的分布情况。由图1.1可以看出,江苏城市群的要素子系统发展并未协调并进,并且各自的要素流城际分布的非均衡程度也差异明显。图1.1中,各指标的区域差异度数值代表了与该指标相关的要素流在城市群内部的空间集聚状况,差异度越高,说明城市群内部该指标相关的要素流分布越不均衡,并未在城市群内部形成要素一体化协同发展。其中,效率城镇发展质量所代表的区域技术效率要素流的区域内差异度最高,这在一定程度上反映了江苏城市群技术要素的城际空间分布集中度最高,城际间技术效率水平差异也最大,与资本、劳动力的分布不均相比,城市间生产体系技术创新水平以及城市产出效率水平的高低不均更为严重,是江苏城市群整体协同发展的"最短板"。与效率要素相反的是空间发展要素的群内分布情况,从图1.1中可以看出,江苏城市群内的空间发展质量整体差异度不大,城际间空间规划相关要素的集聚度较低,虽然空间分布较为均衡,但是结合表1.2的数据,也可以看出,江苏城市群的空间发展质量整体水平较低,即使是经济发展水平极高的苏南地区,其状况也不容乐观;同样的,公共服务发展质量的相关要素也呈现出和空间规划要素相似的状况特征,均属于绝对质量欠佳,分布相对分散,整体水平较低,还存在巨大的改进空间。具体的要素分布特征将在之后各章详细阐述。在此不再赘述。

表1.2 江苏地级以上城市协同发展质量排名

城市	城市协同发展质量	经济发展质量	公共服务发展质量	空间发展质量	效率城镇发展质量	绿色城镇发展质量	集约城镇发展质量
苏州市	35.726	11.470	13.545	5.580	2.786	0.953	1.392
无锡市	35.693	8.500	5.499	10.889	1.760	0.633	8.412
南京市	34.218	7.424	12.836	2.202	3.179	3.495	5.082
常州市	24.768	6.758	3.429	3.222	3.523	2.478	5.358
镇江市	14.836	7.785	1.033	2.031	−0.489	1.381	3.095
南通市	2.292	−0.837	1.068	2.816	−1.411	1.758	−1.103
扬州市	−3.653	−2.250	−5.264	−3.692	6.700	1.797	−0.943
泰州市	−11.068	−2.574	−3.823	−1.071	0.982	−3.244	−1.338
徐州市	−12.572	−4.044	−2.117	−5.912	1.296	0.915	−2.711
盐城市	−25.613	−5.734	−3.818	−3.878	−3.904	−3.955	−4.325
淮安市	−25.664	−10.257	−6.518	−4.251	−0.512	−0.779	−3.347
连云港市	−27.163	−4.015	−7.619	−2.195	−5.529	−2.927	−4.879
宿迁市	−41.777	−12.232	−8.289	−5.692	−8.174	−2.729	−4.659

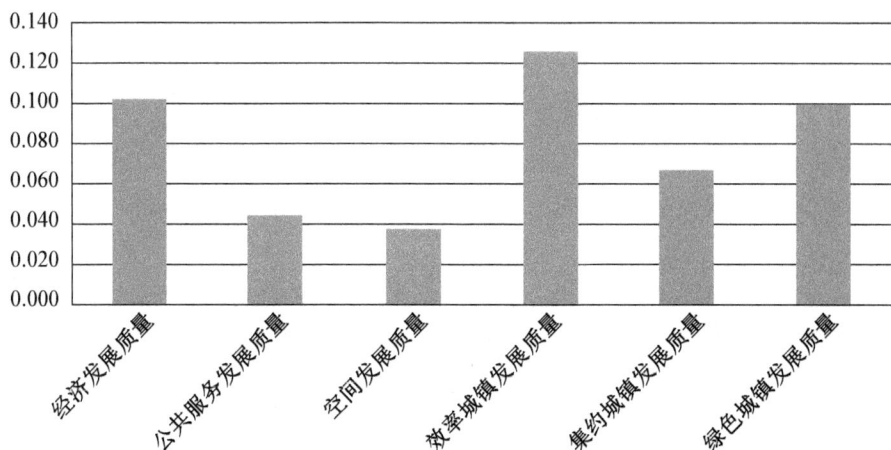

图1.1 2014年江苏城市群要素子系统区域差异锡尔指数

从以上的城市群协同发展概况中可以看出,江苏城市群协同发展之路任重而道远。仍然需要遵从市场规律,从宏观区域规划、运行机制建立、调节要素分配、协调城际政府合作等方面创造有利条件,促使其抓住历史机遇,完成城市群的资源整合,进一步推进城际协同和要素一体化进程。

江苏城市群地处长三角地区北翼,是"一带一路"①倡议实施的战略交叉点,属于多项重大国家战略叠加区域,特别是"长三角世界级城市群"的相关规划的出台,对于江苏城市群发展有着举足轻重的影响,因此应该积极响应国家政策,进一步完善城际协同发展机制,打造开放一体的城市群市场空间,进一步打破地方政府行政管理隔阂,促使各项区域发展优惠政策在江苏城市群真正落地。

江苏城市群协同发展是江苏城市体系发展的具体表现形式,因此,城市群协同发展仍然要遵循城镇化发展的一般规律,即工业化与城镇化相辅相成。因此,任何国家级顶层设计在江苏的落地都离不开工业化、现代化建设的配合,同时考虑到江苏行政性城市群的自身弱点,应更加强调城市群内部的城际产业联系,尽可能实现城市群内部的产业梯度转移、优化群内城市职能分工,深化城际间禀赋优势互补、实现城际良性互动。

同时,协同机制的建立是重中之重,应在实现城际协同的基础上,加快城市群内部要素一体化进程。从上面的现状分析还可以看出,江苏城市群内部的城际要素分布非常不均衡,一部分资源质量较高的要素流(如经济子系统、效率技术子系统、绿色环保子系统),虽然发展绝对水平较高,但在区域内部的空间分布相对集聚度也较高,汇集在城市节点时,城际之间差距较大;另一部分要素流(如公共服务子系统、空间发展子系统、集约发展子系统)虽然区域内空间分布较为均衡,城际之间差别较小,但是要素子系统本身发展质量的绝对水平也较低,也未达到良性自组织的状态。针对不同要素流呈现出来的循环特点,应根据城市群要素一体化进程的客观阶段分别明确各自的主攻方向,建立有效的系统要素协调机制。当前推进要素一体化的措施主要有如下几个方面:

第一,在创新驱动发展方面持续投入,当前正值新型城镇化发展模式转换时期,城市体系发展模式由粗放型转为集约型,需要全面提升集约要素系统质量,并且持续提升效率要素循环水平,这些都离不开创新驱动的升级推动。第二,推动城市群整体环境协调发展,江苏地处长江沿岸,生态资源整体基础较好,加强整个区域的生态环境协同治理,真正树立绿色可持续的环境大局观,将优质的宏观生态环境作为支撑城市群可持续发展的重要支柱,在加快工业化转型和现代化建设过程中,积极推进经济子系统和绿色环境子系统之间的耦合发展,在优化城际协同模式的同时,深入推进两大要素子系统的

---

① "一带一路"是"丝绸之路经济带"和"21世纪海上丝绸之路"的简称。"一带一路"倡议将充分依靠中外各国既有的双多边机制,借助既有的区域合作平台,以和平发展为主旨,积极发展与沿线国家的经济合作伙伴关系,共同打造政治互信、经济融合、文化包容的利益共同体、命运共同体和责任共同体。整理材料出自中华人民共和国国务院办公厅网站:http://www.scio.gov.cn/zhzc/3/32765/Document/1468466/1468466.htm。

协调发展。第三,加强基础设施特别是交通基础设施的整体区域联通,响应《城镇化地区综合交通网规划》①中所提到的原则,优先发展城际铁路和市域铁路,强化轨道交通的骨干作用,并且根据城际间发展水平高低、产业特征、人口分布、空间形态、资源禀赋等特征区分轻重缓急,合理确定建设时序,推广应用先进的交通节地、节能和减排技术,优先利用既有铁路设施提供城际、城内范围的公共交通服务。第四,在加强产业体系城际协同发展的同时,着力推进非生产领域的公共服务一体化,为劳动力的城际流动创造更加开放自由的环境,尽力消除城际间社会福利差别,加快技术外溢效应在整个城市群的辐射速度。

---

① 内容详见《城镇化地区综合交通网规划》(发改基础〔2015〕2706号),全文出自 http://www.sdpc.gov.cn/gzdt/201512/t20151209_761952.html。

第二章　江苏城市群经济协同发展

在本章,我们将依据区域经济协同发展的基本原理对江苏省城市群的经济协同发展现状进行分析。城市群经济协同发展,本质上是经济要素流在整个城市群内部的一体化进程,其良性循环机制建立在城市群经济子系统的城际协同发展之上,因此,我们将首先依据各个城市的经济发展指标评分排名对城际间经济要素流的集聚状况进行评估,进而计算江苏城市群经济要素子系统区域差异锡尔指数,据以分析整个江苏省城市群的区域经济协同发展水平,最后,鉴于江苏城市群存在极化区域与规划区域相冲突的特点,同时考虑城市系统的要素协同和城际协同的复合性特点,我们将探讨在经济新常态和"一带一路"大背景下江苏城市群经济子系统城际协同发展的可行性路径。

一、经济发展质量指标构建

(一)指标构建背景

城市基本的生产功能是城市文明的物质基础,城市经济水平一直是城市发展水平的基本呈现面,本报告中设立的经济发展指标就是为了评估城市生产体系中各个要素的发展现状,从而反映单个城市的经济系统协同发展的整体水平,并为之后的整体城市群评估提供参考。例如,人均GDP反映出该城市经济发展总体现状,而GDP增长率则反映了当地经济增长的活力,在经济新常态的新形势下,也可为城市经济发展的趋势提供预测依据;城镇居民人均可支配收入则体现了当地民众实际生活水平和收入状况,是城市文明持续发展的基本保证;规模以上工业企业的利润指标则显示了城市经济主体的生产状况,反映了城市基本生产力的活跃程度,企业利润是城市经济持续发展的原动力;人均财政收入则反映了当地政府对宏观经济运行的掌控力,亦反映了政府完善城市整体环境、履行公共服务职责的能力,也从侧面显示了城市内部生产生活环境的保障能力。

(二)指标构建

在构建经济发展指标体系时,本报告考虑到经济新常态的特殊性,以及城市生产的可持续性,建立纵向流程评价,即以市场经济运行的各个环节的基本要素发展水平为主要评价内容(特别是生产投入、市场规模、资本支持等领域);同时重视中国特色市场经济的国情,将消费者(民众)、生产者(企业)、管理者(政府)、服务者(银行)的行为效率性作为横向主体评价的主要内容,综合考虑后选取了10项二级指标,其权重相同,各个地级市和县级市的经济发展的总分值由二级指标评分加总而成,详见表2.1。

表 2.1 经济发展质量指标

三级指标	说明	指标类型
人均 GDP	当年 GDP 与城镇户籍人口的比例	正向
GDP 增长率	当年 GDP 增速	正向
非农产业占 GDP 比重	非农产业 GDP 占城市 GDP 的比重	正向
人均财政收入	当年财政收入与户籍人口之比	正向
居民人均可支配收入	城镇常住居民人均可支配收入	正向
人均年末金融机构存款余额	年末金融机构存款余额与户籍人口之比	正向
人均年末金融机构贷款余额	年末金融机构贷款余额与户籍人口之比	正向
第三产业从业人员比重	第三产业从业人员数与城镇就业人员总数之比	正向
人均规模以上工业企业利润总额	规模以上工业企业利润与城镇户籍人口之比	正向
人均固定资产完成额	全社会固定资产投资完成额与户籍人口之比	正向

二、经济发展质量评分排名

(一) 经济发展质量总体排名分析

本章的经济发展质量分析以江苏省内 13 个地级市为主,同时涉及 23 个县级市的经济发展质量的横向比较,将对江苏省城市群内各个城市的经济发展质量进行综合评估。鉴于我国城市群体系的特殊性,本报告以江苏省地级以上城市的发展情况为主要依据对江苏省城市群协同发展状况进行分析,县级市概况仅为概览参考。首先,本报告将 10 个二级指标无量纲化,其标准值设定在 [−3,3] 之间,若出现极端值,则修正为 3 或 −3;随后将三级指标的评估分值以相同权重加总,以得到各个城市的经济发展质量评分(见表 2.2 和表 2.3)[①]。

表 2.2 2014 年江苏省地级以上城市经济发展质量指标评分排名

排名	城市	得分	排名	城市	得分
1	苏州市	11.470	8	泰州市	−2.574
2	无锡市	8.500	9	徐州市	−4.044
3	南京市	7.424	10	连云港市	−4.413
4	镇江市	7.785	11	盐城市	−5.734
5	常州市	6.758	12	淮安市	−10.257
6	南通市	−0.837	13	宿迁市	−12.232
7	扬州市	−2.250			

---

① 由于县级市数据缺失较为严重,故而地级市与县级市进行了分别评价,本报告的城市群分析以地级市为主。

表 2.3 2014 年江苏省县级市经济发展质量指标评分排名

排名	城市	得分	排名	城市	得分
1	昆山市	18.927	13	溧阳市	−1.932
2	太仓市	12.128	14	句容市	−1.987
3	江阴市	9.313	15	启东市	−4.138
4	张家港市	8.927	16	泰兴市	−4.274
5	扬中市	7.927	17	大丰市	−4.320
6	常熟市	5.715	18	东台市	−6.062
7	丹阳市	1.387	19	如皋市	−6.309
8	宜兴市	0.806	20	高邮市	−6.568
9	金坛市	0.410	21	新沂市	−8.653
10	靖江市	−0.517	22	邳州市	−8.740
11	仪征市	−0.844	23	兴化市	−9.610
12	海门市	−1.604			

从地级市的评分排名中(表 2.2)可以看出,江苏省城市群内部仍然存在较为明显的城市经济发展不平衡,苏南地区城市圈及行政中心城市仍然占据明显的先发优势,整个城市群内部城市经济发展仍然呈现南高北低的阶梯型态势。以苏州市、无锡市为代表的上海周边城市,在长三角城市群中心城市的带动下,利用区位优势和资本优势,在为上海提供全方位服务的同时,也发展了当地的产业特色。

苏南的城市经济发展是近年来区域合作打破行政区划的代表性案例,也是江苏本省城市群协同发展不得不面对的"双刃剑"。一方面,苏南地区承担着江苏省内城市群经济领头羊的作用,配合行政中心城市推行规划区域整体发展政策;另一方面,苏南地区由于区位特点,与上海等省外地区有着更为紧密的经济联系,反而削减了江苏省内极化区域城市群效应,换言之,苏南与苏北、苏中的区域差距在一定程度上加剧了江苏省城市体系的割裂感,不利于江苏城市群的协同有序发展。

(二)三级指标排名分析

1. 人均 GDP

人均 GDP 指标作为城市经济发展的基本指标,其指标评分与城市体系内部基本面吻合。从江苏省地级市排名来看,"南高北低"传统经济态势依旧明显,以苏州、无锡、常州为代表的苏南地区城市占据榜单前列,苏中地区的地级市(镇江、扬州)表现次之,排名最后三位的城市全部地处苏北地区(淮安、连云港、宿迁)。

此指标评分排名结果与当前城市发展现状相吻合。以苏州为例,截至本报告截稿时的最新数据显示,2015 年全年苏州市电子、电气、钢铁、通用设备、化工、纺织六大支柱行业实现产值 20 484 亿元,支柱产业的雄厚实力让苏州经济发展底气十足,人均 GDP 指标评分自然表现亮眼;镇江市虽然不属于长三角北翼核心城市,但是作为全国新兴工业城市,具有雄厚的经济实力,其该项指标得分甚至超过了南京。

南京市在此项排名中跌出前五,这在一定程度上反映出作为江苏城市群的行政中心,南京的区域经济核心角色仅仅在苏北一带得到印证,苏南地区的地级市在经济实力方面与南京相比毫不逊色,这也是中国以省为单位的行政城市群中较为少见的现象。这样的排名结果也在一定程度上反映了江苏城市群经济发展动力分散的现象。

表 2.4　2014 年江苏省地级以上城市人均 GDP 指标评分排名

排名	城市	得分	排名	城市	得分
1	苏州市	1.495	8	徐州市	−0.079
2	镇江市	1.057	9	泰州市	−0.103
3	无锡市	1.022	10	盐城市	−0.844
4	常州市	0.798	11	淮安市	−1.327
5	南京市	0.671	12	连云港市	−1.420
6	扬州市	0.412	13	宿迁市	−1.685
7	南通市	0.002			

表 2.5　2014 年江苏省县级市人均 GDP 指标评分排名

排名	城市	得分	排名	城市	得分
1	昆山市	2.134	13	仪征市	−0.325
2	张家港市	1.934	14	启东市	−0.458
3	江阴市	1.800	15	句容市	−0.620
4	太仓市	1.351	16	大丰市	−0.653
5	常熟市	0.922	17	泰兴市	−0.815
6	扬中市	0.856	18	东台市	−0.837
7	丹阳市	0.183	19	高邮市	−0.879
8	宜兴市	0.071	20	如皋市	−0.904
9	靖江市	0.031	21	新沂市	−1.076
10	溧阳市	−0.039	22	兴化市	−1.135
11	海门市	−0.076	23	邳州市	−1.186
12	金坛市	−0.279			

2. GDP 增长率

GDP 增长率指标在本报告中作为城市经济增速基本指标综合反映了江苏城市体

系内部的经济增长的差异度。如果某个城市的该项指标得分较高,则表明该城市的经济运行表现出了较高的成长性,其经济动能储备充分,处于高速发展期。

表 2.6 中给出了 2014 年江苏省地级市的 GDP 增长率评估排名情况,从中可以看出,与人均 GDP 这样的综合指标评分不同的是,苏北地区的城市在该项指标评分中排名靠前,这表明作为中国经济强省的地级市,虽然苏北、苏中两地城市在省内的综合实力不如苏南,但近期"一带一路"和"沿江经济带"等大型区域经济政策的推动下,苏北苏中也开始了高速增长的阶段。特别是评分排名第一的连云港市,作为未来"一带一路"的交通枢纽城市,该市近年来一系列的基础建设投入对地方经济的发展有着重要的拉动作用。表 2.7 中显示了县级市的相关排名,其地域特征与地级市相同,故不再赘述。

表 2.6　2014 年江苏省地级以上城市 GDP 增长率指标评分排名

排名	城市	得分	排名	城市	得分
1	连云港市	3.000	8	南京市	−0.274
2	盐城市	−0.013	9	南通市	−0.297
3	镇江市	−0.075	10	泰州市	−0.331
4	淮安市	−0.103	11	苏州市	−0.440
5	常州市	−0.182	12	徐州市	−0.512
6	扬州市	−0.201	13	无锡市	−0.766
7	宿迁市	−0.207			

表 2.7　2014 年江苏省县级市 GDP 增长率指标评分排名

排名	城市	得分	排名	城市	得分
1	高邮市	1.401	13	大丰市	0.129
2	金坛市	1.285	14	丹阳市	−0.067
3	新沂市	1.052	15	兴化市	−0.173
4	句容市	0.949	16	东台市	−0.292
5	邳州市	0.930	17	太仓市	−0.600
6	仪征市	0.764	18	宜兴市	−1.104
7	如皋市	0.726	19	昆山市	−1.279
8	海门市	0.698	20	江阴市	−1.469
9	扬中市	0.637	21	张家港市	−1.496
10	溧阳市	0.578	22	常熟市	−1.527
11	启东市	0.551	23	靖江市	−1.931
12	泰兴市	0.245			

3. 非农产业占 GDP 比重

非农产业占 GDP 比重是一个用于评估某个地区城市生产体系发展程度的指标。中国的地级市除了作为地区经济中心之外,更多的是作为地区行政管理中心存在的,这样的本质特征决定了中国地级市,特别是市区生产体系与周边农村地区的生产存在着天然的差别。一个地级市非农产业的发展水平决定着该地级市的城市经济发展水平,显示着该地级市城市生产体系的实际影响力。

如表 2.8 所示,江苏省 2014 年地级市的该项指标评分中,自古以来城市经济实力雄厚的苏南地区的各个城市均显示出他们城市生产体系的强大实力,而苏北地区的各个城市依然垫底。作为城市经济综合实力的代表性指标,该指标排名结果中,无论是地级以上城市还是县级市的排名结果,均与他们在人均 GDP 指标的排名结果类似。

表 2.8 2014 年江苏省地级以上城市非农产业占 GDP 比重指标评分排名

排名	城市	得分	排名	城市	得分
1	无锡市	1.084	8	扬州市	0.298
2	苏州市	1.067	9	泰州市	0.151
3	常州市	0.846	10	盐城市	−0.923
4	镇江市	0.793	11	宿迁市	−1.381
5	南京市	0.605	12	淮安市	−1.575
6	南通市	0.515	13	连云港市	−1.799
7	徐州市	0.321			

表 2.9 2014 年江苏省县级市非农产业占 GDP 比重指标评分排名

排名	城市	得分	排名	城市	得分
1	昆山市	1.333	13	金坛市	0.105
2	张家港市	1.246	14	泰兴市	0.018
3	江阴市	1.158	15	如皋市	−0.180
4	常熟市	1.114	16	句容市	−0.311
5	扬中市	0.982	17	启东市	−0.333
6	靖江市	0.873	18	新沂市	−1.145
7	太仓市	0.807	19	东台市	−1.518
8	宜兴市	0.632	20	邳州市	−1.539
9	仪征市	0.544	21	大丰市	−1.561
10	丹阳市	0.500	22	高邮市	−1.561
11	海门市	0.259	23	兴化市	−1.605
12	溧阳市	0.193			

4. 人均财政收入

人均财政收入指标是一个城市财政收入数据的相关评估指标。财政收入是政府为履行其职能、实施公共政策和提供公共物品与服务需要而筹集的一切资金的总和。作为财政收入的均值指标，一个城市的人均财政收入是衡量当地市政府财力的重要指标，其充裕程度对该城市政府在社会经济活动中提供公共物品和服务的范围和数量具有重要的决定作用。该指标的各地评估得分情况如表 2.10 和表 2.11 所示。该指标的排名情况与人均 GDP 指标类似，这与理论预期相符合，即各地的财政收入与当地的 GDP 规模、税收规模紧密相关。

表 2.10　2014 年江苏省地级以上城市人均财政收入指标评分排名

排名	城市	得分	排名	城市	得分
1	苏州市	2.206	8	泰州市	−0.546
2	无锡市	1.540	9	盐城市	−0.628
3	常州市	0.722	10	徐州市	−0.820
4	镇江市	0.548	11	连云港市	−0.869
5	南京市	0.491	12	淮安市	−0.871
6	南通市	−0.006	13	宿迁市	−1.245
7	扬州市	−0.519			

表 2.11　2014 年江苏省县级市人均财政收入指标评分排名

排名	城市	得分	排名	城市	得分
1	昆山市	3.000	13	仪征市	−0.425
2	太仓市	1.804	14	句容市	−0.432
3	张家港市	1.166	15	启东市	−0.444
4	江阴市	0.974	16	金坛市	−0.518
5	常熟市	0.630	17	东台市	−0.526
6	扬中市	0.226	18	如皋市	−0.622
7	宜兴市	−0.066	19	新沂市	−0.704
8	大丰市	−0.128	20	泰兴市	−0.750
9	靖江市	−0.154	21	高邮市	−0.775
10	丹阳市	−0.183	22	邳州市	−0.856
11	海门市	−0.326	23	兴化市	−0.946
12	溧阳市	−0.390			

5. 城镇常住居民人均可支配收入

城镇常住居民人均可支配收入是某地区常住居民可用于自由支配的收入的人均值。由于居民可支配收入被认为是消费开支最重要的决定性因素,因而该项指标用来衡量一个城市生活水平的变化情况,是一个直接关系到居民生活质量的基础性指标。

该项指标的评分情况如表 2.12 和表 2.13 所示。由于人均可支配收入与行业工资收入有着强相关关系,因而在高收入行业聚集的城市,人均可支配收入评分则相对较高。并且,垄断性较强的行业如金融业、电力燃气及水供应业,以及提供公共服务行业和技术含量较高的智力密集型行业,还有以提供服务为主的消费行业均属于高收入行业,而这些行业在省会级城市的聚集度要大于地级及其以下城市,这也解释了为何南京该指标的排名明显高于它在其他指标的排名。除南京外,依旧是工业基础强劲的苏南各市排名优势明显。

表 2.12 2014 年江苏省地级以上城市城镇常住居民人均可支配收入指标评分排名

排名	城市	得分	排名	城市	得分
1	苏州市	1.779	8	扬州市	−0.256
2	南京市	1.268	9	盐城市	−0.813
3	无锡市	1.163	10	淮安市	−0.819
4	常州市	0.884	11	徐州市	−1.033
5	镇江市	0.419	12	连云港市	−1.094
6	南通市	0.123	13	宿迁市	−1.492
7	泰州市	−0.129			

表 2.13 2014 年江苏省县级市城镇常住居民人均可支配收入指标评分排名

排名	城市	得分	排名	城市	得分
1	昆山市	1.575	11	句容市	−0.030
2	江阴市	1.570	12	海门市	−0.082
3	张家港市	1.566	13	靖江市	−0.136
4	常熟市	1.529	14	启东市	−0.419
5	太仓市	1.504	15	仪征市	−0.495
6	宜兴市	0.601	16	泰兴市	−0.507
7	扬中市	0.568	17	如皋市	−0.508
8	金坛市	0.262	18	兴化市	−0.814
9	丹阳市	0.103	19	东台市	−0.931
10	溧阳市	0.082	20	高邮市	−1.084

(续表)

排名	城市	得分	排名	城市	得分
21	大丰市	−1.120	23	新沂市	−1.824
22	邳州市	−1.409			

6. 人均年末金融机构存款余额

人均年末金融机构存款余额可以从一定程度上显示某城市的财富聚集能力。该指标评分高低可以显示当地金融体系支持实体经济的能力大小,同时也可以显示企业进行扩大再生产时能够获得的潜在支持的规模大小,并且与某城市的人口聚集能力成呈正相关关系。

如表 2.14 和表 2.15 所示,江苏城市群地级以上城市中,以经济实力最为雄厚、人口聚集能力最强的苏州、南京、无锡三市占据排名前三位。县级市排名中,具有同样特征的苏州下辖的三个县级市亦占据排名的前三位。

表 2.14 2014 年江苏省地级以上城市人均年末金融机构存款余额指标评分排名

排名	城市	得分	排名	城市	得分
1	苏州市	2.025	8	泰州市	−0.404
2	南京市	1.380	9	盐城市	−0.718
3	无锡市	1.261	10	徐州市	−0.754
4	常州市	0.607	11	连云港市	−1.007
5	南通市	0.139	12	宿迁市	−1.137
6	镇江市	0.086	13	淮安市	−1.164
7	扬州市	−0.312			

表 2.15 2014 年江苏省县级市人均年末金融机构存款余额指标评分排名

排名	城市	得分	排名	城市	得分
1	昆山市	2.912	10	溧阳市	−0.139
2	张家港市	1.523	11	海门市	−0.202
3	太仓市	1.445	12	金坛市	−0.234
4	江阴市	1.246	13	启东市	−0.398
5	常熟市	1.060	14	仪征市	−0.428
6	宜兴市	0.442	15	句容市	−0.547
7	扬中市	0.421	16	大丰市	−0.670
8	靖江市	−0.016	17	如皋市	−0.683
9	丹阳市	−0.135	18	泰兴市	−0.744

（续表）

排名	城市	得分	排名	城市	得分
19	东台市	−0.801	22	新沂市	−1.117
20	高邮市	−0.807	23	邳州市	−1.144
21	兴化市	−0.985			

7. 人均年末金融机构贷款余额

人均年末金融机构贷款余额作为一个城市金融机构的统计时点为止尚未收回的贷款规模，是一个城市金融发展水平的代表性数据，亦可直接显示出当地金融机构对实体经济的支持力度。据现有研究结果表明，金融发展与经济增长存在双向格兰杰因果关系[①]，因而，本报告也将金融机构贷款余额作为评估城市经济发展质量的指标之一。

如表2.16与表2.17所示，江苏省地级以上城市中，该指标得分较高的城市均是苏南地区传统的经济强市。近年来经济发展异常迅猛的苏州市仍然占据榜首位置，而南京凭借省会的人口聚集优势和对周边地区的资本"虹吸"效应，再加上近几年国家区域发展政策对南京的倾斜，促使南京在金融发展方面的指标评分都相对较高。金融机构存贷款余额均是一个城市金融领域发展水平的正相关数据，因而在本报告的评估中，人均年末金融机构存、贷款余额指标的排名也呈现出惊人的相似性。

表2.16　2014年江苏省地级以上城市人均年末金融机构贷款余额指标评分

排名	城市	得分	排名	城市	得分
1	苏州市	2.305	8	扬州市	−0.422
2	南京市	1.445	9	盐城市	−0.683
3	无锡市	1.064	10	徐州市	−0.812
4	常州市	0.480	11	连云港市	−0.846
5	镇江市	−0.017	12	宿迁市	−0.974
6	南通市	−0.101	13	淮安市	−1.050
7	泰州市	−0.388			

---

① 金融发展与经济增长之间的关系研究已形成大量研究成果，暂简列若干重要成果：a. Vuthi-papadorn，D. Essays on Monetary and Financial Factors in Real Economic Activity [J]. Dissertation of PhD ProQuets，2003. b. Cesar，C. and Liu，L. The Direction of Causality between Financial Development and Economic Growth. Journal of Development Economics，2003. c. 刘世锦. 中国经济增长十年展望(2013—2022)——寻找新的动力和平衡. 国务院发展研究中心，2013年.

表 2.17　2014 年江苏省县级市人均年末金融机构贷款余额指标评分排名

排名	城市	得分	排名	城市	得分
1	昆山市	2.52	13	句容市	−0.50
2	太仓市	1.93	14	启东市	−0.56
3	张家港市	1.51	15	仪征市	−0.61
4	江阴市	1.28	16	大丰市	−0.70
5	常熟市	1.16	17	如皋市	−0.74
6	宜兴市	0.49	18	泰兴市	−0.80
7	扬中市	0.41	19	高邮市	−0.84
8	丹阳市	0.13	20	东台市	−0.88
9	靖江市	−0.09	21	兴化市	−0.94
10	溧阳市	−0.17	22	新沂市	−1.00
11	金坛市	−0.18	23	邳州市	−1.05
12	海门市	−0.36			

8. 第三产业从业人员比重

城市作为交通通信、文化教育、金融信息等社会服务方面的区域性中心,其发展与第三产业发展有着天然的联系。在经济全球化和信息化的背景下,现代服务业,特别是生产者服务业表现出与高新技术产业、先进制造业相融合的趋势,紧密联系城市生产的新时代利润制高点。第三产业在整个生产体系中所占比重的高低,也反映了一个城市产业体系中支柱产业的阶段性特点。

表 2.18 与表 2.19 中显示了江苏城市群中各个城市的第三产业从业人员比重指标的得分排名情况。其中,由表 2.18 的地级以上城市排名可以看出,南京市作为江苏城市群的行政中心和科教核心城市,第三产业在整个城市产业体系中的比重明显高于其他城市,这与南京的区域地位相符合。而传统的经济强市(如苏州、无锡、常州)多以制造业为整个城市的支柱型产业,并且成就显著,在该指标评分排名中反而跌出前五,处于中游位置。

表 2.18　2014 年江苏省地级以上城市第三产业从业人员比重指标评分排名

排名	城市	得分	排名	城市	得分
1	南京市	1.758	5	常州市	0.318
2	镇江市	1.472	6	无锡市	0.091
3	连云港市	1.225	7	盐城市	0.080
4	徐州市	0.581	8	淮安市	−0.264

（续表）

排名	城市	得分	排名	城市	得分
9	苏州市	−0.732	12	泰州市	−1.133
10	南通市	−1.041	13	宿迁市	−1.286
11	扬州市	−1.073			

表 2.19　2014 年江苏省县级市第三产业从业人员比重指标评分排名

排名	城市	得分	排名	城市	得分
1	大丰市	1.728	13	靖江市	−0.185
2	扬中市	1.655	14	泰兴市	−0.234
3	东台市	1.559	15	仪征市	−0.235
4	丹阳市	1.076	16	兴化市	−0.435
5	太仓市	0.819	17	高邮市	−0.491
6	常熟市	0.560	18	邳州市	−0.806
7	金坛市	0.514	19	启东市	−1.025
8	昆山市	0.469	20	新沂市	−1.277
9	句容市	0.390	21	如皋市	−1.427
10	张家港市	0.368	22	海门市	−1.704
11	宜兴市	0.241	23	溧阳市	−1.744
12	江阴市	0.155			

9. 人均规模以上工业企业利润总额

人均规模以上工业企业利润总额指标反映的是一个城市企业的生产活力及其可持续发展的能力,是针对城市生产体系基本单位的质量评估指标,在该指标中的评分排名可以从一定程度上体现一个城市经济体系的可持续发展能力。江苏城市群各个城市的排名如表 2.20 和表 2.21 所示。

表 2.20　2014 年江苏省地级以上城市人均规模以上工业企业利润总额指标评分排名

排名	城市	得分	排名	城市	得分
1	镇江市	1.830	8	南京市	−0.248
2	常州市	1.035	9	徐州市	−0.412
3	苏州市	0.962	10	盐城市	−0.413
4	泰州市	0.627	11	连云港市	−0.794
5	扬州市	0.529	12	宿迁市	−1.541
6	无锡市	0.448	13	淮安市	−1.825
7	南通市	−0.197			

表 2.21　2014 年江苏省县级市人均规模以上工业企业利润总额指标评分排名

排名	城市	得分	排名	城市	得分
1	昆山市	3.000	13	溧阳市	−0.342
2	江阴市	1.277	14	句容市	−0.439
3	扬中市	1.212	15	宜兴市	−0.561
4	靖江市	0.806	16	启东市	−0.574
5	太仓市	0.770	17	邳州市	−0.613
6	海门市	0.368	18	高邮市	−0.680
7	仪征市	0.307	19	新沂市	−0.716
8	丹阳市	0.071	20	大丰市	−0.928
9	常熟市	0.055	21	如皋市	−0.972
10	泰兴市	0.008	22	兴化市	−1.023
11	张家港市	−0.126	23	东台市	−1.056
12	金坛市	−0.310			

10. 人均固定资产完成额

　　人均固定资产完成额是一个城市固定资产投资规模的相关指标,显示的是一定时期在一个城市国民经济各部门、各行业固定资产再生产中投入资金的数量,其规模大小受限于一个城市的资金能力和物资能力,其评分高低反映了一个城市经济发展的稳定度和经济增长的可持续度。江苏城市群各个城市的排名如表 2.22 和表 2.23 所示。

表 2.22　2014 年江苏省地级以上城市人均固定资产完成额指标评分排名

排名	城市	得分	排名	城市	得分
1	镇江市	1.671	8	徐州市	−0.523
2	无锡市	1.592	9	扬州市	−0.705
3	常州市	1.249	10	盐城市	−0.777
4	苏州市	0.805	11	连云港市	−0.808
5	南京市	0.328	12	淮安市	−1.257
6	南通市	0.026	13	宿迁市	−1.285
7	泰州市	−0.317			

表 2.23 2014 年江苏省县级市人均规模以上固定资产完成额指标评分排名

排名	城市	得分	排名	城市	得分
1	昆山市	2.352	13	丹阳市	-0.285
2	太仓市	2.299	14	大丰市	-0.415
3	江阴市	1.322	15	句容市	-0.450
4	张家港市	1.241	16	启东市	-0.477
5	扬中市	0.955	17	泰兴市	-0.698
6	靖江市	0.284	18	东台市	-0.778
7	常熟市	0.213	19	新沂市	-0.844
8	宜兴市	0.065	20	高邮市	-0.855
9	仪征市	0.058	21	如皋市	-0.996
10	溧阳市	0.044	22	邳州市	-1.065
11	海门市	-0.177	23	兴化市	-1.553
12	金坛市	-0.237			

（三）现状小结

由经济质量指标的评分排名可知,在传统的地区性产业分工影响下,江苏城市群的经济发展仍然处于地区发展不平衡的宏观状态之下,经济整体实力仍呈现出"由南到北、由高到低"的特点。苏南地区在改革开放前 30 年间的先发优势,并没有在江苏省内形成外部性效应,苏南地区积累的资本技术优势,并没有在以往的时期内带动苏中、苏南地区的加速发展。这使得原本城市经济基础就厚薄不均的江苏省内三大地区城市经济质量差异更加明显。

虽然单个城市之间的经济发展质量差异客观存在,但不可否认的是,随着苏北地区经济发展的提速,这种地区性差距呈现出逐渐缩小的迹象:苏北地区的城市在 GDP 增速方面整体已略高于苏南地区,苏中城市的经济发展可持续性表现与整体苏南持平,在第三产业从业人员比重、人均固定资产投资完成额、人均规模以上工业企业利润总额等代表经济未来增长性的指标排名中,苏中的个别地级市甚至名列榜首,呈现出与苏南互为禀赋补充的产业发展特点。虽然城市群内部的差距仍然存在,但是,从城市间不断弥合的经济发展差距来看,江苏城市群若想实现行政性城市群的整体协同发展并非不可能。

三、江苏城市群经济协同发展影响因素分析

（一）区域整体差异度

除了城市群内部的单个城市排名外,本报告还将计算江苏省经济子系统的锡尔系

数,据以进行江苏城市群经济子系统区域差异度分析,希望能够更加宏观地把握江苏城市群经济子系统城际协同发展的非均衡程度。

首先,"锡尔系数"的计算公式如下所示:

$$T = \sum_{i=1}^{n} y_i \log \frac{y_i}{p_i} \qquad (式2.1)$$

其中,n 为江苏省内地级市个数;y_i 为地级市 i 的 GDP 占全省 GDP 的份额;p_i 为地级市 i 的人口占全省人口的份额。锡尔系数的变化范围一般在[0,1][1],值越大,各地级市间的经济发展质量的差异越大,协同发展难度越大,否则反之。

根据计算可以得出江苏城市群经济子系统的锡尔系数为 0.102,对比其他评估领域的数值来看,经济发展的区域差异度较大,城市群经济协同发展难度较高。这样的结果与城市群内部单体城市差异的横向比较结果一致,虽然苏北四市的经济增长速度已明显加快,但是三大地区经济发展不平衡的现象依旧严重。

(二)经济子系统城际协同影响因素

现阶段阻碍江苏城市群经济子系统城际协同发展的不利因素主要集中在如下三个方面:

第一,三大地区因历史因素和制度因素[2]造成城市经济发展过程中出现资源禀赋差异,却没有形成禀赋优势互补,成为省内城市群经济发展不平衡的决定性因素。

从历史传统看,苏南地区早在隋唐时期就曾是中国城市经济重心所在地,也是中国资本主义萌芽最早出现的地区,其商品经济的发展水平一直较高,民众也具有较高的商贸文化传统,整个地区已形成了较为浓厚的商品经济社会意识。[3] 优良的历史传统为苏南地区现代市场经济的发展打下了深厚的社会基础,改革开放以来,苏南地区顺利实现了市场经济转型,为其城市经济的迅速发展提供了优良的宏观环境。

同时,苏南地区具有优越的区位优势。该地区不仅仅属于东部沿海地区,同时还与长三角城市群的经济核心——上海相毗邻。以外向型经济为主导模式,同时受益于上海经济能量的强力辐射,在过去数十年的发展中,苏南地区的市场宏观环境要远远好于其他地区,事实上,该地区确实是中国改革开放之后市场经济制度确立最成功的地区之一。

---

① 杜莎莎,裴金平.基于经济重心和锡尔系数的福建城市体系经济差异研究(1952—2010)[J].华东经济管理,2012,(9):24-29.

② 制度指约束人们的行为,将其导入特定的渠道以及实施效果的规则,并通过这些规则界定人们的选择空间,制约人们的相互关系,从而减少经济运行中的不确定性和交易费用,保护产权,促进生产发展和经济的增长。

③ 南京早在东晋时期就发展繁荣起来,作为九朝古都,一直是中国城市体系的杰出代表;中唐时期苏州依靠运河经济成为四大都会之一,发展至清代则成为中国轻工业轴心。(薛凤旋.中国城市及其文明的演变[M].世界图书出版公司,2010年.)

苏中、苏北地区虽然城市历史悠久，其商品经济也曾盛极一时，但由于区位不同，在中国实行市场经济转型的时期内，这两大地区城市经济的市场化发展明显落后于苏南地区。同时，在上海经济迅猛发展的时期，苏中、苏北两地与上海的经济联系较弱，虽然也受其辐射，但与直接服务于上海经济圈的苏南地区（特别是苏州、无锡、常州三市）相比，外部性受益程度远远不够，反而由于核心城市强势崛起的"虹吸效应"[①]而造成本地引资困难加剧，技术创新和人力资本投入变成无源之水，虽然拥有较低的劳动力和土地成本，但是资本技术的配合度较低。

苏南与苏中、苏北地区虽然在经济禀赋上各有特征，但在过去几十年间，苏南地区一直以上海经济为发展动力源，以本地投资为主要方向，发展至今，该地区的资本技术存量虽然客观，但并未向苏中、苏北地区大量流入，苏中、苏北地区的低成本的劳动力资源和土地资源并没有吸引来自苏南地区的投资。因而就禀赋互补角度而言，苏南、苏中、苏北地区并未形成"中心—外围"模式的城市群发展合力。

第二，产业结构演进的阶段性造成了三大地区在改革开放前三十年无法形成城市群内部产业体系"雁行"发展模式，在产业结构发展的初期阶段江苏城市群内无法实现产业链传导，三大地区产业联系相对较少，各自为政。

城市群整体产业结构[②]的演变整合是城市群经济协同发展的根本动力，而市场化和工业化带来的生产力发展是则是群内产业结构演进的推动力量。因此，在改革开放前期，虽然苏南地区的市场宏观环境和区位基础好于其他群内地区，但是，从产业结构角度看，苏南地区当时仍处于工业化前期，在外向型经济中也是以劳动密集型生产基地的角色参与到国际分工当中的，仍然属于国际低端制造产业的承接地，其资本技术优势并不足以使其成为资本技术的输出方，苏南地区的经济实力不足以成为拉动其他地区发展的核心力量，而苏中、苏北地区由于起步晚、基础薄弱，其工业化发展速度又远远落后于苏南地区，因而，在江苏城市群整体产业体系处于工业化前期的时期内，三大地区无法形成群内产业链传导和整个城市群的产业结构优化，整个城市群的产业分工联系并不紧密，经济发展的差异性不可避免，这也造成了在工业化中后期伊始三大地区在产能方面的巨大差异。

第三，经济资源的聚集度差异加剧了三大地区间经济发展不平衡，使区域协同发展面临市场选择阻力。

现代化大生产均是由厂商组合了劳动力、土地、资本、企业家才能等要素来进行的，生产要素的优化组合是生产厂商持续生产的物质基础，生产要素的价格于要素市场供

---

① 刘和东.国内市场规模与创新要素集聚的虹吸效应研究[J].科学学与科学技术管理，2013，(7)：104－112.

② 产业结构是指社会再生产过程中，国民经济各产业之间的生产技术经济联系和数量比例关系。

求状况息息相关。① 各个地区的各类生产要素聚集状况与各个地区的经济发展趋势相辅相成,互相作用。苏南地区由于生产要素市场价格较高,除土地外,对劳动力、资本、企业家才能三要素存在巨大的"虹吸"效应。

从劳动力聚集来看,以城市劳动力参与率为例,在经历了数十年发展后,苏南地区的城市劳动力参与率比苏中苏北地区高出 10—20 个百分点。② 特别值得注意的是,三大地区的技术创新相关数据显示,苏南地区的高端技术人才聚集度要远远高于苏中、苏北地区。③ 劳动力是城市生产体系中最活跃的参与者,与资本、技术相结合的劳动力聚集与人均 GDP 增长和工业化水平提高存在正相关关系,其差异度也导致了三大地区的经济发展差异,在现阶段不利于三地协同发展。

从江苏城市群经济发展的初期阶段至今,以上三方面因素导致了城市群内部经济发展的差异,概括地说,在特殊的发展时期,由于市场机制的叠加作用,江苏城市群经济协同发展水平较低,虽同属一个行政区划内,但三大地区间仍然产生了较大的经济发展差异,需要进行更加有力的宏观调控,在保证不干扰市场机制正常运行的前提下,实现城市群内部区域经济协同发展目标。

四、政策建议

第一,有别于传统的"雁行"模式,以"三圈""一带"④为基础,构建紧凑型城市群发展"双中心"模式。在 2016 年公布的《长江三角洲城市群发展规划》中,作为长江三角洲特大城市群的北翼地区,江苏省的 13 个地级市中有 9 个被划入长江三角洲世界级城市群⑤的规划范围,除盐城外,另外的苏北四市仍然划在长三角城市群之外。国家层面的战略规划决定了江苏城市群经济发展依旧与上海经济紧密相连,而苏北与苏南苏中之间的宏观政策差距可能有加剧的风险。单靠苏南某一个地级核心经济城市来拉动整体城市群经济发展不符合江苏省现实情况,除了继续保持苏州在"苏锡常城市圈"的核心

① 生产要素理论详见马歇尔所著《经济学原理》(阿尔弗雷德·马歇尔. 经济学原理[M]. 湖南文艺出版社,2013 年.)。

② 劳动力参与率即就业人口占全部人口的比例,比例值越高,当地劳动力参与经济活动的机会就越多,地区经济增长率与地区劳动力就业相辅相成,相互作用(内容出自:蔡昉. 制度、趋同与人文发展——区域发展与西部开发战略思考[M]. 中国人民大学出版社,2002 年.)。据此,本报告编制了城市劳动力参与率,即城市第二、三产业就业人口占全市人口的比例,计算结果分别为:苏南地区 56%,苏中地区 48%,苏北地区 39.5%,原始数据来源于《江苏省统计年鉴 2015》。

③ 苏南地区的专利授予量达到每万人 41 件,苏中地区的专利授予量是每万人 20 件,苏北地区的专利授予量是每万人 10 件。数据来源于《江苏省统计年鉴 2015》。

④ "一带"指沿江经济带,包括南京、镇江市、常州市、无锡市、苏州市、扬州市、泰州市、南通市;"三圈"指南京都市圈、苏锡常市圈、徐州都市圈。

⑤ 具体内容详见:《长江三角洲城市群发展规划》(发改规划[2016]1176 号),http://bgt. ndrc. gov. cn/zcfb/201606/t20160603_806400. html。

地位外,也应进一步提升南京作为特大城市①的区域经济影响力。南京虽然属于苏南地区,但已处于苏南与苏中苏北地区交界处,若能以文创智能、技术研发为发力点,辅以其省内行政中心优势,提高南京特大城市的经济能量级别,建立长效的空间资源优化机制,进一步提升南京在"宁镇扬城市圈"中的经济辐射能力,可对苏中、苏北地区产生类似上海对苏南地区的拉动作用。届时,以南京、苏州为核心城市,分别以技术创新、资本扩张为辐射媒介,"两辆马车"同时拉动江苏城市群经济协同发展。

第二,在经济新常态和产业结构升级的大背景下,借助长三角特大城市群建设的宏观环境,区分省内城市群的经济功能定位,通过城市产业体系升级路径,进一步实现城市间产业链承接。产业结构的差异是不同地区之间产生经济联系的主要因素,也是一地区对外联系的源动力。在江苏省城市群发展初期,苏南地区自身的资本技术积累尚未完成,与苏中、苏北的产业联系也较少。如今,经过数十年发展后,苏南地区已进入到工业化中后期阶段,整个社会生产体系步入了以信息化、生态化为特征的现代化阶段,原有产业结构开始升级调整,生产性服务业开始作为未来发展的主体,而原有的支柱性产业(如装备制造业等②)则需要进行产业链转移。苏北地区的土地、区位以及劳动力资源都十分适合承接苏南转移出来的低端装备制造业,并且已有较为成功的试点出现(如现已初具规模的苏宿工业园),其承接模式具有可复制性。

第三,借助"一带一路"政策,以"徐州都市圈"为基础,充分发挥苏北地区三省交界的交通区位优势,联通安徽、河南两省展开跨省合作,在助力"宁镇扬都市圈"和"苏锡常都市圈"资本技术外溢及其市场扩张的同时,进一步优化整合苏北地区城市经济发展合力,防止苏北四市边缘化。在"一带一路"战略实施过程中,交通基础设施的互联互通是该战略中的突破口,而江苏省城市群正是处于交汇点。其中,苏北地区的徐州市和连云港市更处于陆路与海路的枢纽位置,因而,借助国家大力打通"一带一路"联通体系的政策利好,着力打造徐州和连云港综合性交通枢纽和区域性物流枢纽的形象。

第四,进一步协调各地行政管理与跨地区经济合作时产生的矛盾冲突。在经济新常态的历史背景下,江苏城市群经济发展的宏观市场环境发生了重大变化。随着"一带一路"国家战略的实施以及长三角世界级城市群建设的正式启动,江苏城市群处于多个重大战略叠加的关键性区域,特别是之前宏观环境较差的苏北地区,在现阶段变成了经济区位优势明显的区域,如连云港市正处于丝绸之路经济带和21世纪海上丝绸之路的交汇点上。除了城市群内部的经济合作外,与其他省份之间的跨区经济合作必将大幅增加,这对各地的政府管理水平提出了新的要求,各地政府(特别是苏北地区政府)应尽

---

① 在《长江三角洲城市群发展规划》中,南京被定位为江苏省内唯一的特大城市,其发展定位高于其他城市。

② 装备制造业中又以电子及通信设备制造业、电气机械及器材制造业、通用设备制造业及交通运输设备制造业为主。(简晓彬.制造业价值链攀升机理研究——以江苏省为例[D].中国矿业大学,2014年.)

快熟悉长三角城市群最新规划,以及"一带一路"配套政策的内在经济逻辑,为当地企业尽快参与跨市、跨地区经济合作提供高质量的信息服务,为企业跨地区合作经营投资时不会遇到行政性门槛,特别是通力合作为江苏省内各个城市间建立科学规范的跨市合作机制。

第三章 江苏城市群公共服务协同发展

本章将对江苏城市群公共服务子系统城际协同发展现状进行深入分析,首先依据各个城市的公共服务发展质量指标评分排名对城际间公共服务要素流的集聚状况进行评估,进而计算江苏城市群公共服务子系统的锡尔指数,据以分析整个江苏省城市群公共服务子系统城际协同发展水平,最后,探讨江苏城市群公共服务子系统城际协同发展的可行性路径。

一、公共服务发展质量指标构建

(一) 指标构建背景

江苏省是我国的经济大省,是长三角经济带的重要组成部分,自改革开放以来,由于在体制改革和发展外向型经济等方面先行一步,宏观经济得到了快速发展,经济实力在国内地位更加突显,然而省内区域经济并没有得到协调发展,其区域经济发展的不平衡一直是学者关注的问题。而需要看到的是,不单是经济发展不平衡,其他方面,如公共服务发展在江苏省内也存在着显著的差异,值得我们去进一步观察、思考和分析。

公共服务的概念源于公共经济学对公共物品定义。时至 21 世纪,"公共服务"相关概念已发展成为公共部门管理与改革的核心理念,公共服务是包括教育、文化、医疗、卫生、就业、体育和娱乐、基础设施等在内的各项非物质生产领域的服务,目的是为公众参与社会活动提供保障。随着中国行政体制和公共财政的改革,建设公共服务型政府的需求不断增加,政府能否提供高质量、高效率的公共服务变得越来越重要了。从内涵来看,公共服务是为了满足公民生活、生存与发展的某种直接需求,使公民因满足需求而受益,任何一个人的受益也不会导致其他人利益的损害。因此,公共服务既具有"非排他性"、"非竞争性",又具有"公共性",是以合作为基础,突出强调的是政府的服务性和公民的权利。

西方学者在公共服务有效供给领域中形成了各不相同的研究途径,这些研究途径大致可分为以下几个方面:一是主张公共服务供给过程中的多主体合作;二是主张公共服务供给的市场化;三是主张公共服务提供机制的多元化。从文献综述可以看出有效经验主要体现在三个部分,即:明确政府职能,适度采取市场化模式应对政府失灵等问题,同时提倡多元主体供给公共服务来解决政府提供公共服务中存在的缺乏效率以及"重经济效益、轻社会责任"等问题。

　　中国学者对公共服务的研究,是在西方发达国家新公共管理和新公共服务理论的推动下,以及中国政府职能转变和服务型政府建设取得进展的背景下进行的。部分学者通过不同方式和角度对公共服务供给现状和问题进行分析,进而提出对公共服务改革和发展有利的对策建议,部分学者从改革公共物品的供给模式进行探讨,来提高地方政府的总体公共服务能力。当下中国公共服务现状显现出以下几个特点:一是公共服务的供给总量不足,无法满足公民对于公共服务的需求;二是地方政府公共服务供给效率低下;三是地方政府垄断公共服务的提供;四是地方政府资金投入不足。相应地,如何解决公共服务现状中出现的问题并进行有效供给,主要的思路体现在四个方面:一是引入市场机制,实现公共服务供给的市场化;二是通过规范政府的责任,强化市场监管实现公共服务的有效供给;三是以政府供给为主,其他多元供给主体为辅的多元主体模式;四是引导社会参与公共服务提供,构建一整套社会参与机制。

　　从具体国情来看,中国的地方政府直接经济职能范围不断缩减,公共服务范围不断扩大,教育和文化服务取得不错的成效,各项社会事业均在不断发展,公共服务总体水平不断加强,地方政府服务能力也在不断增强。具体来说,一方面,地方政府的直接经济职能不断缩小,尤其是在东部较为发达地区的地方政府,例如浙江省的地方政府财政支出中直接用于经济建设方面的费用比重大幅减少,以基本建设和企业技术改造资金为例,从1978年占浙江省各项支出的42.9%下降为2010年的10.6%左右,而用于教育、卫生、文化、科技方面的支出比重不断上升,由1978年的22.1%上升到2010年的34.2%。另一方面,地方政府的公共服务职能不断增强,例如,近年来北京市在公共服务方面做了许多工作并取得了不错的成效,其中最为突出的是政府服务能力在不断提升,起到了良好的示范效应,给社会带来了巨大的经济效益和社会效益,对人民生活水平的提高也是至关重要的。[①] 在医疗卫生方面,地方政府也取得了不错的成效,从全国各地推行社区药品实行零差价制度以来,逐渐改变了社区卫生室过去因"以药养医"导致药价虚高的瘤疾,给群众带来了真正的实惠。[②]

　　在肯定这些成绩的同时,也需要看到一系列的问题。首先,城乡间公共服务供给仍然存在较大差距。由于历史、地理、制度等原因,中国长期以来实行城乡二元机制,城市公共服务的提供主体主要是中央和地方政府,而农村公共服务的提供主体则只是农民,换言之,就是城市公共服务的资金来源于政府拨款,而农村公共服务的资金则来源于农民群体自筹。公共服务供给政策的严重偏斜导致城乡居民在公共服务的享用上存在着严重的不均等。以基础设施为例,城市的基础设施建设资金主要来源于财政拨款,而大部分的农村基础设施则由农民自身通过筹资等方式提供,试想,农村居民在收入水平低到连吃不饱穿不暖的状况下,怎么会愿意将微薄的收入投入到公共服务建设中。因此,

---

① 2007年初以来,北京市公共交通系统宣布启动联建公交,大大方便了公民乘坐公交出行。

② 夏悦瑶. 新型城镇化背景下的地方政府公共服务研究[D]. 湖南大学,硕士学位论文 2012年.

在快速前进的城镇化背景下,城市基础设施与农村基础设施呈现出两极趋势,城乡差距逐年增大。义务教育一直以来引起了广泛重视,自 2007 年全面实施以来,大大减轻了农民的教育负担,在缩小城乡义务教育差距中也发挥出了重要作用。从普及率来看,城市和农村相差已不是很大,但就办学质量而言,却仍有较大差距。国家对农村义务教育的投入只能维持学校基本运转,对学生德智体全面发展所需开展活动的经费还明显不足。在公共卫生方面,城乡卫生资源配置出现失衡,农村医疗卫生资源短缺现象严重,农村人口数量虽占全国总人口的 70% 左右,但却仅仅享用了约 20% 的医疗卫生资源,边远贫困山区的医疗卫生资源更加稀缺。在医疗保险方面,现在我们实施的虽是全民医保,在额度上却是不一样的,城市职工、城市居民和农村居民的每月医保额度从几百元到上千元不等,差距同样较大。教育方面,据 2010 年第六次全国人口普查统计,农村人口中初中及以上文化程度的占 42.5%,远低于城市人口 68.8% 的水平。农村人口小学文化程度占 48.2%,小学以上文盲率为 7.3%,高于城市 21.8% 和 3.8% 的水平,通过以上数据的分析表明,中国在农村义务教育领域的投入仍然不足。城乡公共服务供给的严重不均等使农村居民难以享受政府所提供的基本公共服务,生存权和发展权也因此得不到保障,农村人口素质无法得以全面提高,这也在一定程度上扩大了城乡之间的收入差距。此外,地区间公共服务供给不均衡、供给效率不高也是较为突出的几个问题。

除城乡差距之外,当前中国区域间公共服务供给也仍存在较大的差距,这种差距主要体现在公共服务供给总体水平上。据已有研究显示,2010 年,地方财政支出占全国的比重中,东部地区占整个国家 GDP 比重的 38.9%,西部地区占整个国家 GDP 比重的 29.8%。由于投入较多,东部地区的居民享受的公共服务水平明显要高于西部地区的居民。国家在教育的财政投入、基础设施、资源分配等方面,各地区差距较大。以东、中、西部地区生师比为例,西部每个教师负担的学生也较东部高出了 2.3 人。在医疗卫生方面,中西部贫困人口的卫生服务与东部地区居民的卫生服务相差很大,还有许多贫困村并没有建立保障居民最低卫生水平的卫生室,在少数已建立卫生室的村落,无执业证书的医生还占大多数,并且医疗设备非常简陋。在社会保障方面,区域之间在人群覆盖面和保障水平等方面也存在较大的差距。2010 年开始东部地区每万城镇就业人口中参加基本养老保险人数比中西部每万城镇就业人口中参加基本养老保险人数高出了 24% 和 43%,参加医疗保险人数高出了 38% 和 36%,其后差距也在不断拉大。

区域公共服务供给均等化是城镇化推进过程中不容忽视的领域,是统筹城乡发展的重要内容,是构建社会主义和谐社会的必要条件,因此,实现区域公共服务均等化成为各级政府不断努力的方向。地方政府公共服务供给效率不高是我国公共服务存在的又一大问题,经济学认为,任何在公共服务领域的投入都能获得最大的收益,这样的公共服务供给机制是极富效率的。但是,由于中国各地方政府在公共服务领域引入市场机制的起步较晚,对政府与市场的关系界定还不明确,以致无法确保市场提供公共服务是建立在承担社会责任的基础上,因而对那些提供公共服务的私营部门进行过多的干预,这是在一定的程度上造成公共服务供给效率不高的原因。目前来说,尽管责任型政府日益深入民心,但是各地方政府仍存在责任不明确的现象,地方政府错位、越位、缺位的现象依然存在。就关系人民生命财产安全的公共安全服务来说,社会公众对公共安全服务的需求越来越旺盛,但是市场监管仍存在着缺位,这在食品安全方面体现得更加明显,瘦肉精、地沟油等食品安全事件的频发,体现了我国供给公共服务的效率问题,也考验了政府在公共安全服务方面有效供给的能力。

(二)指标构建

公共服务由于其"公共性"、"基础性"、"广泛性"、"非营性"和"政治性"的特征,可按主要性质和基本功能、政府职能、具体内容等维度划分出多种类别。例如:公共服务按照主要性质和基本功能可分为社会类公共服务、经济类公共服务和维护类公共服务。社会类公共服务是指政府以促进社会和谐稳定为目标而提供的公共服务,公平和效率是其着眼点,它的目的是促进全社会公正与和谐,具有公平性的社会服务,它的目的是为全社会提供平等无差别的公共服务,包括教育、就业、医疗卫生、社会保障等服务。社会类公共服务还可分为教育科技公共服务与转移支付型公共服务两种。经济类公共服务是指政府旨在促进经济发展而提供的具有经济特征的公共服务,主要有公用事业的生产与补贴、技术研发、公共基础设施建设这几种。维护类公共服务是指维持市场秩序的稳定、国家和人民的安全而提供的公共服务,包括维护社会秩序、市场秩序,保护公民权利,保障人民生命财产安全等服务。

在上述一系列理论背景的启发下,本章的相应指标将综合考虑这些因素,如教育、医疗、就业、社会保障、公共卫生和环境保护等,旨在更加合理、有效地评价省内各城市的公共服务发展现状。公共服务发展质量评估板块共由 13 个三级指标构成(见表3.1)。板块内部的三级指标权重相同,各个地级市和县级市的公共服务发展质量的总分值由三级指标得分值加总而成①。

表 3.1 公共服务发展质量指标

指标	说明	指标类型
户籍人口与常住人口之比	户籍人口与常住总人口的比例	负向
常住人口人均财政支出	财政支出除以常住总人口	正向
社会保障和就业支出比重	社保就业支出占财政总支出的比重	正向
基本养老保险参保比例	基本养老保险实际参保人数除以应参保人数	正向

---

① 县级市无"基本养老保险参保比例"和"每万人在校大学生数"指标。

（续表）

指标	说明	指标类型
医疗卫生财政支出比重	医疗支出占财政总支出的比重	正向
每万人拥有的医生数	医生占总人口的比重	正向
每百人公共图书馆藏书数	公共图书藏书数除以户籍人口	正向
每万人在校大学生数	当年在校大学生数除以户籍人口数	正向
每万人专任教师数	当年专任教师数除以户籍人口数	正向
每万人拥有私家车数	私家车数目除以户籍人口数	正向
每万人固定电话用户数	固定电话用户数除以户籍人口数	正向
每万人移动电话用户数	移动电话用户数除以户籍人口数	正向
每万人互联网用户数	互联网用户数除以户籍人口数	正向

二、公共服务发展质量评分排名

（一）公共服务发展质量总体排名分析

本章的公共服务质量评分主要是为了对江苏省 13 个地级市和 23 个县级市的公共服务发展质量现状进行综合分析。首先，对原始数据缺失的部分通过软件 LISREL 按照 Multiple Imputation 程序进行多元替补处理；其次，将 13 个三级指标无量纲化，其标准值设定在［－3,3］之间，若出现极端值，则修正为 3 或－3；最后，将各个三级指标的标准评估分值加总，以得到各个城市的公共服务发展质量评分（见表 3.2 和表 3.3①）。

表 3.2　2014 年江苏省地级以上城市市公共服务发展质量指标评分排名

排名	城市	得分	排名	城市	得分
1	苏州市	13.545	8	盐城市	－3.818
2	南京市	12.836	9	泰州市	－3.823
3	无锡市	5.499	10	扬州市	－5.264
4	常州市	3.429	11	淮安市	－6.518
5	南通市	1.068	12	连云港市	－7.619
6	镇江市	1.033	13	宿迁市	－8.289
7	徐州市	－2.117			

---

①　在县级市里，新沂市、邳州市、常熟市、张家港市、昆山市、太仓市、东台市和大丰市因关键指标（社会保障和就业支出比重或医疗卫生财政支出比重）缺失而未计算得分及相关排名。

表 3.3　2014 年江苏省县级市公共服务发展质量指标评分排名

排名	城市	得分	排名	城市	得分
1	江阴市	6.848	9	丹阳市	−1.930
2	海门市	−0.587	10	兴化市	−2.067
3	宜兴市	−0.777	11	靖江市	−2.320
4	如皋市	−1.229	12	金坛市	−2.735
5	泰兴市	−1.322	13	高邮市	−3.389
6	仪征市	−1.450	14	扬中市	−3.923
7	启东市	−1.466	15	句容市	−7.828
8	溧阳市	−1.520			

　　表 3.2 和表 3.3 显示出公共服务要素流在江苏省内的节点分布情况,集聚程度存在区域性差异。江苏省经济发达的沿江经济带上的主要城市(南京、苏州、无锡、常州、镇江、南通等)有着较好的公共服务质量,排名靠前。而经济发展相对落后的苏北各市(宿迁、连云港、淮安等)在公共服务质量的排名也较为落后。这体现出,江苏省内的公共服务质量与它们所处的经济发展水平是保持一致的①。

　　(二)三级指标排名分析

　　1. 户籍与常住人口比例

　　长期以来,中国实行较为严格的户籍管理以及与之相关的当地居民待遇保障制度。近几十年来,中国出现了大规模的劳动力流动现象。虽然人口流动的规模在逐年大幅增加,但由于户籍制度的制约,各地常住人口中出现社会福利待遇的差别,有一些集中体现在公共服务层面。因此,户籍人口与常住人口比例被视为评估一个城市体系中公共服务子系统运行质量高低的重要评估指标之一。从该指标的数值来看,流动人口越多的城市,其得分越低。江苏省地级市和县级市的排名如表 3.4 和表 3.5 所示。从表 3.4 中,不难看出规律,苏北四市(宿迁、徐州、连云港和淮安)排名靠前,则意味着此区域发展较慢,吸收外来人口的能力较弱。此外,由于此项指标与公共服务发展呈负向关系,这个排名在一定程度上反映出这几个城市的公共服务发展水平还相对较低。在县级市评估排名中(详见表 3.5)存在着相似的结果,昆山、太仓等较发达的城市排名较低,即说明其流动人口较高,发达的民营经济吸引了大批外来务工人员。

---

　　①　县级市因在此指标上的缺失城市较多,规律不如地级市明显。

表 3.4　2014 年江苏省地级以上城市户籍人口与常住人口之比指标评分排名

排名	城市	得分	排名	城市	得分
1	宿迁市	1.092	8	扬州市	0.221
2	徐州市	1.026	9	镇江市	−0.669
3	连云港市	1.008	10	南京市	−1.023
4	淮安市	0.864	11	常州市	−1.046
5	盐城市	0.824	12	无锡市	−1.309
6	泰州市	0.561	13	苏州市	−1.881
7	南通市	0.332			

表 3.5　2014 年江苏省县级市户籍人口与常住人口之比指标评分排名

排名	城市	得分	排名	城市	得分
1	邳州市	1.542	13	金坛市	0.073
2	兴化市	1.361	14	靖江市	−0.013
3	新沂市	1.236	15	句容市	−0.138
4	启东市	0.955	16	宜兴市	−0.534
5	东台市	0.848	17	丹阳市	−0.691
6	如皋市	0.808	18	扬中市	−0.707
7	泰兴市	0.661	19	江阴市	−1.066
8	海门市	0.647	20	张家港市	−1.158
9	高邮市	0.629	21	常熟市	−1.285
10	溧阳市	0.330	22	太仓市	−1.452
11	大丰市	0.274	23	昆山市	−2.445
12	仪征市	0.133			

2. 常住人口人均财政支出

财政支出是政府将国家集中的财政资金向有关部门和方面进行支付的活动,是政府通过提供公共产品和公共服务来满足社会共同需要而进行的财政资金的支付。作为公共产品和公共服务的物质基础保证,各个城市政府的财政支出规模直接影响着城市当地公共事业、社会福利事业的发展。因此,常住人口人均财政支出指标可以从一定程度上反映出政府提供的公共产品及服务的状况,是衡量公共服务质量的直接评价指标之一。从表 3.6 和表 3.7 我们可以看出,这个指标的评估结果存在较大的城际差别。经济发达的沿江城市,无论是地级市还是县级市,都占据着排名的前列。由于这一指标直接反映了地方财政实力,因此与经济发展的步调一致也是可以预见的。苏中及苏北地区的城市在此项指标的表现还有很大的上升空间。

表 3.6　2014 年江苏省地级以上城市常住人口人均财政支出指标评分排名

排名	城市	得分	排名	城市	得分
1	苏州市	2.040	8	连云港市	−0.505
2	无锡市	1.515	9	盐城市	−0.566
3	南京市	1.320	10	扬州市	−0.658
4	镇江市	0.411	11	泰州市	−0.796
5	常州市	0.033	12	徐州市	−1.015
6	南通市	−0.204	13	宿迁市	−1.368
7	淮安市	−0.207			

表 3.7　2014 年江苏省县级市常住人口人均财政支出指标评分排名

排名	城市	得分	排名	城市	得分
1	太仓市	2.200	13	丹阳市	−0.417
2	昆山市	2.082	14	新沂市	−0.463
3	张家港市	1.521	15	溧阳市	−0.484
4	大丰市	1.356	16	仪征市	−0.543
5	江阴市	1.205	17	如皋市	−0.583
6	扬中市	0.652	18	句容市	−0.699
7	常熟市	0.217	19	金坛市	−0.819
8	靖江市	0.138	20	高邮市	−0.991
9	东台市	−0.040	21	邳州市	−1.045
10	海门市	−0.202	22	兴化市	−1.182
11	宜兴市	−0.265	23	泰兴市	−1.259
12	启东市	−0.380			

3. 社会保障和就业支出比重

作为保障民众生活来源和生活基本需要的重要举措,有关社会保障和就业的财政支出规模直接影响着城市民众,特别是城市弱势群体的生活质量。因此,该项指标是衡量一个城市非经济领域发展状况的重要依据,也是衡量公共服务质量的重要指标。在表 3.8 中我们发现了有趣的现象,此前财政指标靠前的城市(如苏州、无锡)在此项指标上的表现不尽如人意。这与全国的统计结果相符,即个别地级市政府在偏重经济发展的同时,对社保领域关注偏少。江苏城市群中财政指标靠前的苏州、无锡等城市,虽然经济发展十分迅猛,但是由于过分注重 GDP 类指标,从而忽视了社保领域的公共服务要素的积累。与此形成对比的,南京市作为省会,在社保领域就做得较好。这个现象具有一定的启示作用①。

表 3.8 2014 年江苏省地级以上城市社会保障和就业支出比重指标评分排名

排名	城市	得分	排名	城市	得分
1	常州市	1.934	8	泰州市	−0.397
2	南京市	1.099	9	盐城市	−0.744
3	宿迁市	0.868	10	无锡市	−0.959
4	淮安市	0.785	11	扬州市	−1.017
5	徐州市	0.645	12	连云港市	−1.256
6	苏州市	0.446	13	镇江市	−1.314
7	南通市	−0.124			

表 3.9 2014 年江苏省县级市社会保障和就业支出比重指标评分排名

排名	城市	得分	排名	城市	得分
1	仪征市	2.78	9	海门市	−0.462
2	高邮市	1.462	10	江阴市	−0.482
3	兴化市	0.652	11	扬中市	−0.558
4	金坛市	0.270	12	宜兴市	−0.664
5	泰兴市	0.262	13	句容市	−0.839
6	启东市	0.087	14	丹阳市	−0.913
7	溧阳市	0.041	15	靖江市	−1.289
8	如皋市	−0.367			

4. 基本养老保险参保比例

基本养老保险参保比例衡量着社会养老保险方面的相关资源要素的积累程度。根据人力资源和社会保障部对外发布的《中国社会保险发展年度报告 2014》,目前职工和城乡居民基本养老保险总体覆盖率已到 80% 左右。基本养老保险与失业保险、基本医疗保险、工伤保险、生育保险等共同构成现代社会保险制度,是社会保险制度中最重要的险种之一,在保证劳动力再生产、加强社会安全和促进经济发展中起到举足轻重的作用。一个城市的基本养老保险参保比例直观体现了该城市体系民生系统的发展水平,尤其用以衡量公共事业和公共服务的发展质量。从表 3.10 中不难看出,经济发展的水平会直接影响到人们的认知风险和防范风险的能力。相较于苏北的欠发达城市,经济

---

① 县级市因在此指标上的缺失城市较多,规律不如地级市明显。

发达的苏南地区地级以上城市①在该项指标的排名上,交出了更漂亮的答卷。

表 3.10 2014 年江苏省地级以上市基本养老保险参保比例指标评分排名

排名	城市	得分	排名	城市	得分
1	无锡市	2.063	8	南通市	−0.440
2	苏州市	1.900	9	盐城市	−0.742
3	南京市	0.746	10	扬州市	−0.746
4	常州市	0.176	11	连云港市	−0.851
5	镇江市	0.172	12	徐州市	−0.979
6	泰州市	−0.015	13	淮安市	−1.240
7	宿迁市	−0.047			

5. 医疗卫生财政支出比重、每万人拥有医生数

医疗卫生占财政支出的比例和每万人拥有医生数的指标能够在一定程度上反映出一个城市对当地民众生存权、健康权的关注度,体现了新型城镇化进程中民众"病有所医"的社会权利的实现程度和当地医疗保障水平,是公共服务在医疗卫生层面的重要衡量指标。表 3.11 和表 3.12 给我们展现了"硬币"的另一面。之前普遍排名靠后的苏中和苏北城市在医疗卫生支出上排名靠前,这一点是值得赞赏的。正如之前我们分析的一样,经济更为发达的城市在这一块没有给予同比例的重视,因此在该项指标评估中并未显示出优势。即便如此,表 3.12 和表 3.13 仍然体现出经济发达城市的医疗条件占优,医院的规模和技术水平的领先吸收了更多的医疗工作人员,从而更好地保证了当地居民就医的权利。综合来看,沿江地带和苏北地区的发展具有各自的侧重面和优势,这为公共医疗卫生系统在城际协同层面上的合作提供了很好的基础。②

表 3.11 2014 年江苏省地级市医疗卫生财政支出比重指标评分排名

排名	城市	得分	排名	城市	得分
1	泰州市	1.327	8	扬州市	−0.019
2	南通市	1.135	9	南京市	−0.548
3	盐城市	1.115	10	连云港市	−0.663
4	徐州市	0.769	11	镇江市	−1.087
5	宿迁市	0.692	12	无锡市	−1.625
6	淮安市	0.327	13	苏州市	−1.673
7	常州市	0.250			

---

① 该项指标由于县级市数据缺失严重,故未能列出县级市排名。

② 县级市因在此指标上的缺失城市较多,规律不如地级市明显。

表 3.12　2014 年江苏省县级市医疗卫生财政支出比重指标评分排名

排名	城市	得分	排名	城市	得分
1	兴化市	1.750	10	靖江市	−0.213
2	溧阳市	1.180	11	东台市	−0.364
3	泰兴市	1.000	12	句容市	−0.553
4	海门市	0.844	13	扬中市	−0.715
5	启东市	0.731	14	丹阳市	−0.917
6	高邮市	0.727	15	大丰市	−1.141
7	仪征市	0.582	16	宜兴市	−1.735
8	金坛市	0.558	17	江阴市	−1.743
9	如皋市	0.023			

表 3.13　2014 年江苏省地级市每万人拥有的医生数指标评分排名

排名	城市	得分	排名	城市	得分
1	无锡市	1.406	8	扬州市	−0.546
2	苏州市	1.182	9	泰州市	−0.613
3	镇江市	1.137	10	盐城市	−0.700
4	常州市	0.993	11	淮安市	−0.799
5	南通市	0.602	12	连云港市	−0.868
6	南京市	0.574	13	宿迁市	−1.983
7	徐州市	−0.387			

表 3.14　2014 年江苏省县级市每万人拥有的医生数指标评分排名

排名	城市	得分	排名	城市	得分
1	昆山市	3.374	10	丹阳市	0.074
2	张家港市	1.429	11	溧阳市	−0.144
3	太仓市	1.179	12	金坛市	−0.147
4	常熟市	1.055	13	东台市	−0.333
5	江阴市	0.338	14	仪征市	−0.472
6	靖江市	0.275	15	如皋市	−0.550
7	宜兴市	0.238	16	句容市	−0.560
8	扬中市	0.226	17	泰兴市	−0.596
9	大丰市	0.144	18	高邮市	−0.636

（续表）

排名	城市	得分	排名	城市	得分
19	海门市	−0.649	22	兴化市	−1.147
20	新沂市	−0.908	23	邳州市	−1.229
21	启东市	−0.952			

6. 每百人公共图书馆藏书数

基本公共服务是政府为保障公民的发展权,按照"基本、平等、普遍、均衡"的要求,在一定的经济发展基础之上,为全体公民提供的最基本的公共物品和社会服务,是一个城市社会发展质量的重要体现,"每百人公共图书馆藏书数"指标可从一定程度上反映该领域的发展现状。从表3.15和表3.16的排名中可以看出苏南、苏中地区的城市拥有更好的文教类公共服务要素,除了当地政府的财政支出能力较强外,与当地的社会氛围也有一定关系,比如该指标评分排名第一的镇江市,虽然它的经济实力在全省仅属中上水平,但镇江作为著名的历史文化名城具有深厚的文教传统,并且当地教育资源丰富,这都对当地文教要素的积累产生了积极作用,故在该项指标评估中表现亮眼,甚至超过了本省的文化中心城市—南京市。

表 3.15　2014 年江苏省地级市每百人公共图书馆藏书数指标评分排名

排名	城市	得分	排名	城市	得分
1	镇江市	2.486	8	南京市	−0.242
2	无锡市	0.971	9	连云港市	−0.348
3	苏州市	0.769	10	盐城市	−0.487
4	常州市	0.470	11	淮安市	−0.978
5	扬州市	0.266	12	徐州市	−1.087
6	南通市	−0.053	13	宿迁市	−1.546
7	泰州市	−0.220			

表 3.16　2014 年江苏省县级市每百人公共图书馆藏书数指标评分排名

排名	城市	得分	排名	城市	得分
1	昆山市	2.703	7	靖江市	−0.054
2	常熟市	1.957	8	丹阳市	−0.114
3	张家港市	1.901	9	仪征市	−0.247
4	太仓市	1.620	10	如皋市	−0.250
5	扬中市	0.417	11	海门市	−0.367
6	江阴市	0.042	12	大丰市	−0.374

（续表）

排名	城市	得分	排名	城市	得分
13	宜兴市	−0.402	19	高邮市	−0.720
14	金坛市	−0.446	20	邳州市	−0.743
15	溧阳市	−0.472	21	东台市	−0.749
16	启东市	−0.557	22	兴化市	−0.859
17	句容市	−0.663	23	新沂市	−0.910
18	泰兴市	−0.711			

7. 每万人在校大学生数、每万人专任教师数

每万人在校大学生数和每万人专任教师数指标是一个城市人口素质水平、受教育的基本权利的现状反映。集中体现了一个城市科教文化要素积累状况，同时也是城市经济持续发展的高级劳动力储备的规模指标。另外，在校大学生和专任教师的占比更是公共服务在教育领域的重要衡量指标。表3.17给出一个较为清晰的脉络——以省会南京为中心的周边城市拥有数目多、规模大的大专院校，因此在此项指标的排名上遥遥领先。而苏北部分城市因为大专院校数目少，失分较多。而另一个专任教师的指标排名（见表3.18和表3.19）则集中体现了科教文化水平与经济发展水平的关联程度。但是值得注意的是，这类指标与直接经济指标不同，更多地体现了一个城市的活力和未来的发展潜力，应提请更多的重视。

表 3.17 2014 年江苏省地级以上城市每万人在校大学生数指标评分排名

排名	城市	得分	排名	城市	得分
1	南京市	2.827	8	盐城市	−0.358
2	镇江市	1.332	9	扬州市	−0.381
3	常州市	0.095	10	泰州市	−0.465
4	苏州市	0.074	11	淮安市	−0.710
5	徐州市	−0.069	12	连云港市	−0.911
6	无锡市	−0.088	13	宿迁市	−1.160
7	南通市	−0.187			

表 3.18　2014 年江苏省地级以上市每万人专任教师数指标评分排名

排名	城市	得分	排名	城市	得分
1	南京市	2.360	8	扬州市	−0.428
2	镇江市	1.242	9	盐城市	−0.519
3	苏州市	0.947	10	泰州市	−0.838
4	无锡市	0.598	11	南通市	−0.982
5	常州市	0.103	12	淮安市	−1.063
6	连云港市	−0.002	13	宿迁市	−1.141
7	徐州市	−0.282			

表 3.19　2014 年江苏省县级市每万人专任教师数指标评分排名

排名	城市	得分	排名	城市	得分
1	昆山市	3.231	13	新沂市	−0.197
2	江阴市	1.126	14	溧阳市	−0.372
3	太仓市	1.023	15	海门市	−0.490
4	丹阳市	0.827	16	大丰市	−0.581
5	张家港市	0.592	17	仪征市	−0.612
6	常熟市	0.579	18	句容市	−0.759
7	靖江市	0.459	19	高邮市	−0.892
8	金坛市	0.248	20	东台市	−1.122
9	邳州市	0.235	21	兴化市	−1.163
10	宜兴市	0.224	22	如皋市	−1.184
11	泰兴市	0.117	23	启东市	−1.397
12	扬中市	0.113			

8. 每万人拥有私家车数

作为反映民众收入水平和城市产出水平的重要指标,每万人拥有的私家车数量能够较为直观地反映出一个城市基础交通设施、民众生活水平的高低。公共道路交通作为典型的公共物品和服务,纳入评价体系将全面提升公共服务质量的测评准度,因此具有不可替代的指标地位。如表 3.20 和表 3.21 所示,排名靠前的无一例外都是沿江城市群里的城市,而苏北四市排名垫底。县级市也有类似的区域界限。这个指标由于其独特的能源占用性,给我们提供了更为全面的衡量标准,因此其排名在现下"绿色环保、低碳出行"的社会发展步调下具有更高的参考价值。

表 3.20　2014 年江苏省地级以上城市每万人拥有私家车数指标评分排名

排名	城市	得分	排名	城市	得分
1	苏州市	2.241	8	泰州市	−0.591
2	南京市	1.296	9	徐州市	−0.775
3	无锡市	1.121	10	连云港市	−0.832
4	常州市	0.893	11	宿迁市	−0.864
5	镇江市	−0.070	12	盐城市	−0.871
6	南通市	−0.165	13	淮安市	−0.928
7	扬州市	−0.454			

表 3.21　2014 年江苏省县级市每万人拥有私家车数指标评分排名

排名	城市	得分	排名	城市	得分
1	昆山市	2.950	13	启东市	−0.353
2	太仓市	1.660	14	如皋市	−0.385
3	常熟市	1.375	15	仪征市	−0.513
4	张家港市	1.359	16	大丰市	−0.557
5	江阴市	1.001	17	泰兴市	−0.743
6	宜兴市	0.312	18	高邮市	−0.843
7	扬中市	0.143	19	东台市	−0.864
8	丹阳市	0.019	20	邳州市	−0.940
9	靖江市	−0.111	21	新沂市	−0.958
10	金坛市	−0.168	22	兴化市	−0.965
11	溧阳市	−0.172	23	句容市	−0.975
12	海门市	−0.273			

9.每万人固定电话用户数、每万人移动电话用户数、每万人互联网用户数

固定电话作为地区基础通信水平的传统指标,日益被移动电话和互联网相关指标所取代。我们的测评排名同时选取三个指标是为了从历史沿革和未来趋势两个方面,全面衡量信息化时代下城市的公共服务在通讯和信息发展层面的质量和水平。"手机也许将成为人的又一个器官",在现今互联网+轰炸的社会里,这个排名被赋予了更深刻的时代烙印。从下面三项统计指标的列表中我们看出,高分排名几乎被沿江经济发达城市包揽。在苏北城市里,徐州市表现不俗。在网络经济盛行的 21 世纪,这个排名能更大程度地体现一个城市的经济运营能力,值得我们更多关注。

表 3.22　2014 年江苏省地级以上城市每万人固定电话用户数指标评分排名

排名	城市	得分	排名	城市	得分
1	苏州市	2.270	8	扬州市	−0.387
2	南京市	1.525	9	泰州市	−0.425
3	南通市	0.909	10	镇江市	−0.862
4	无锡市	0.627	11	连云港市	−0.888
5	常州市	−0.156	12	淮安市	−0.965
6	徐州市	−0.233	13	宿迁市	−1.170
7	盐城市	−0.246			

表 3.23　2014 年江苏省县级市每万人固定电话用户数指标评分排名

排名	城市	得分	排名	城市	得分
1	江阴市	2.045	13	东台市	−0.263
2	昆山市	2.038	14	靖江市	−0.447
3	常熟市	1.67	15	金坛市	−0.682
4	如皋市	0.895	16	太仓市	−0.741
5	宜兴市	0.827	17	高邮市	−0.756
6	启东市	0.758	18	邳州市	−0.858
7	海门市	0.669	19	句容市	−0.944
8	张家港市	0.508	20	仪征市	−1.054
9	泰兴市	0.433	21	新沂市	−1.144
10	丹阳市	0.249	22	扬中市	−1.332
11	兴化市	0.081	23	大丰市	−1.424
12	溧阳市	−0.230			

表 3.24　2014 年江苏省地级以上城市每万人移动电话用户数指标评分排名

排名	城市	得分	排名	城市	得分
1	苏州市	2.637	8	扬州市	−0.618
2	南京市	1.309	9	泰州市	−0.740
3	无锡市	0.660	10	淮安市	−0.761
4	徐州市	0.405	11	宿迁市	−0.761
5	南通市	0.075	12	连云港市	−0.789
6	盐城市	−0.158	13	镇江市	−0.945
7	常州市	−0.314			

表 3.25　2014 年江苏省县级市每万人移动电话用户数指标评分排名

排名	城市	得分	排名	城市	得分
1	昆山市	3.007	13	泰兴市	−0.324
2	江阴市	2.174	14	大丰市	−0.416
3	常熟市	1.623	15	东台市	−0.420
4	张家港市	1.033	16	新沂市	−0.529
5	宜兴市	0.260	17	溧阳市	−0.599
6	如皋市	0.198	18	靖江市	−0.677
7	邳州市	−0.090	19	高邮市	−0.700
8	丹阳市	−0.103	20	仪征市	−0.733
9	太仓市	−0.151	21	金坛市	−0.821
10	海门市	−0.190	22	句容市	−0.844
11	启东市	−0.301	23	扬中市	−1.094
12	兴化市	−0.303			

表 3.26　2014 年江苏省地级以上城市每万人互联网用户数指标评分排名

排名	城市	得分	排名	城市	得分
1	苏州市	2.592	8	扬州市	−0.496
2	南京市	1.592	9	泰州市	−0.612
3	无锡市	0.519	10	连云港市	−0.714
4	南通市	0.171	11	镇江市	−0.801
5	常州市	−0.003	12	淮安市	−0.844
6	徐州市	−0.134	13	宿迁市	−0.902
7	盐城市	−0.366			

表 3.27　2014 年江苏省县级市每万人互联网用户数指标评分排名

排名	城市	得分	排名	城市	得分
1	昆山市	2.665	7	丹阳市	0.057
2	江阴市	2.207	8	启东市	−0.056
3	常熟市	1.684	9	海门市	−0.113
4	张家港市	0.981	10	太仓市	−0.137
5	宜兴市	0.961	11	泰兴市	−0.162
6	如皋市	0.166	12	兴化市	−0.290

(续表)

排名	城市	得分	排名	城市	得分
13	靖江市	−0.386	19	仪征市	−0.772
14	东台市	−0.560	20	金坛市	−0.800
15	溧阳市	−0.597	21	句容市	−0.853
16	大丰市	−0.603	22	新沂市	−0.898
17	高邮市	−0.669	23	扬中市	−1.066
18	邳州市	−0.764			

（三）现状小结

由上述数据结果可知，自江苏省明确提出"区域共同发展"战略以来，省委、省政府始终把推进区域共同发展摆在领导工作的重要位置，制定切实有效的政策措施，加强对苏南地区建设的指导，加大对苏北地区和苏中经济薄弱县的扶持力度，区域共同发展战略取得一定的成效，地带间的差异和市间差异虽然也在扩大，但扩大的速度小于总体差异扩大速度，对江苏省整体差异的扩大的作用变小，而市级行政单位内部各个县市之间的差异却在扩大，日益成为差异扩大的重要原因。在积极推进区域共同发展的进程中，苏南地区内部各市之间的差异出现增大后又下降的变化，是因为原先南京市和镇江市经济发展的模式和水平均隶属苏中地区的范畴，经济发展速度与传统的苏南地区相比较慢，因此差异不断扩大，后来两市渐渐转变经济发展模式，缩小与苏锡常地区的差距。苏中、苏北地区内部各市之间的差异由于政策指导和战略调整逐渐变小。

按照传统理论和研究划分，江苏全省共分为四类地区，第一类是苏州市，地处东部沿海，其地理位置紧靠上海；第二类是南京、无锡，南京作为省会城市，在资源获取上拥有得天独厚的优势；第三类是南通、徐州、常州、扬州；第四类是镇江、盐城、泰州、连云港、淮安、宿迁，这些城市远离发达城市，拥有较少资源，科技教育较为落后。值得注意的是，根据 2016 年最新发布的《长江三角洲城市群发展规划》[①]已将除徐州、连云港、淮安和宿迁以外的 9 个城市都划入了长江三角洲城市群。从我们在第二节现状描述里看到的那样，没有被纳入城市群的苏北四市在众多指标中都存在非常显著的劣势，因此在公共服务发展质量上与已列入长江三角洲城市群的城市发展水平差异巨大（见表3.28）。

---

① 《国家发展改革委住房城乡建设部关于印发长江三角洲城市群发展规划的通知》（发改规划〔2016〕1176 号），资料来源：http://bgt.ndrc.gov.cn/zcfb/201606/t20160603_806400.html。

表 3.28　2014 年江苏省内公共服务发展质量区域差异

区域	均值	标准差	最高得分	最低得分
全省	−0.003	7.206	13.545(苏州市)	−8.289(宿迁市)
长三角规划城市	2.723	6.916	13.545(苏州市)	−5.264(扬州市)
苏北四市	−6.136	2.777	−2.117(徐州市)	−8.289(宿迁市)

注:长三角规划城市包括南京市、苏州市、无锡市、常州市、镇江市、扬州市、泰州市、南通市和盐城市。苏北四市是指徐州市、淮安市、连云港市和宿迁市。

三、江苏城市群公共服务协同发展影响因素分析

(一)区域整体差异度

除了城市群内部的单个城市排名外,本报告还将计算江苏省公共服务子系统的锡尔系数,据以进行江苏城市群公共服务子系统区域差异度分析,希望能够更加宏观地把握江苏城市群经济子系统城际协同发展的非均衡程度。

"锡尔系数"是在区域差异分析领域里被普遍应用的测量指标,其计算公式为:

$$T = \sum_1^n y_i \log \frac{y_i}{p_i} \qquad (式 3.1)$$

其中,n 为江苏省内地级市个数;y_i 为地级市 i 的公共服务支出占全省的份额;p_i 为地级市 i 的人口占全省的份额。T 越大,各地级市间的公共服务发展水平差异越大,反之亦然。经过计算,江苏省内的区内熵(T)为 0.045。这个值小于邻省山东省内的区域差异[①]。这个数据说明江苏省"区域共同发展"战略已经取得了初步的成效。

(二)公共服务子系统城际协同影响因素

针对这种城市间发展的差异度,从以往的经验我们应该看到,在推行区域共同发展的过程中,政策引导和战略调整对缩小总体差异确实起到了一定的正面效果,但是各个地区内部的差异没有得到很好的重视,尤其是新文件的出台所带来的影响需要重新评估和测算。之前一些固有的思维模式,比如"一味重视江苏省三大地带之间经济发展差异、强调消除地带间差异"可能需要转变。缩小全省整体的差异并不一定能实现既定的口标,还应该在此基础上重视各个地带内部的差异变化趋势,针对各个区域内部差异的主要来源采取相应措施,促进江苏省内各市的区域合作和发展,尤其是如何促使苏北地区城市更好地利用长三角城市群相关优惠政策,从而带动全省的协同发展显得尤为关键。

根据江苏省现有的情况,在提出具体建议之前,我们首先罗列出以下几个阻碍公共

---

① 吴方军,张二勋.基于锡尔系数的山东省区域经济差异分析[J].聊城大学学报(自然科学版)2014 年 03 期.

服务协同发展的原因:首先是政府官员服务意识淡薄,由于长期历史累积的陈旧观念,公共服务部门的服务意识明显不足;这个主观因素将严重阻碍全省的进一步协调发展;其次,各级地方政府重增长轻发展的绩效观使他们长期忽视公共教育、公共文化、公共卫生、公共安全等方面的建设,这在一定程度上影响了政府能力和公共服务水平;第三,公共服务投入不足,在江苏省内我们可以清晰地发现,越是经济发达的城市,其医疗卫生的支出比重反而相对落后,排名倒数;第四,公共服务供给的决策机制不健全,决策制定过程中缺少公众参与,以至于无法全面掌握公众对公共服务的诉求信息,其结果是政府部门无法准确判断公共服务供给的相关问题,比如该供给哪些公共服务、供给的总量是多少、该如何供给才能最有效率等。公众参与政策制定过程是需要以一定的条件作为保障的,政务信息公开的程度决定了公众是否能及时准确地获得有效信息;公众自身的素质决定了公众是否能获取政策问题的信息;公众的观念意识决定了公众是否愿意并主动积极地参与到政策制定过程中来;公众参与机制是否完善也决定了公众参与政策制定的过程是否顺利;公众参与政策制定的制度是否规范决定了公众参与政策制定是否有法律保障。但是现实中,地方政府在政策制定过程中,现实原因的约束使得上述条件无法得到满足,公民参与机制尚不完善,加上公民主动参与的意识和参与能力都较为薄弱,由于缺少公众的参与,公众对公共服务的需要不能及时反映在公共服务的供给决策之中,公共服务供给的方案设计是否合理缺乏了相应的依据,公众的权益便无法得到有效的保障,公共政策也就失去了公共性这个根本特征,因此也就失去了其应有的公正与公平。最后一点,也是我们现在努力去改进的问题,就是缺乏科学有效的评估和论证。科学有效的评估和论证是检验决策是否正确科学、符合实际的重要途径,是整个决策制定过程中非常重要的一个步骤。但是大多数地方政府公共服务的供给是由决策者的意愿决定,一旦决策通过,处于决策成本的考虑,检验决策是否科学的论证与评估环节便十分粗糙,甚至被忽略。公共部门制定的公共服务的供给决策假如省略了评估和论证的环节,就有可能出现以下几种情况:一是无法准确判断已作出的决策是否能够体现公共服务供给的问题、公共服务供给方案的设计是否合理;二是制定的决策中对公共服务供给的判断是否与公民需求脱节;三是无法为决策的执行提供有效的保障;四是无法确认是否可以实现预期的供给效果,等等。这些情况的出现都有可能导致公共服务的供给决策无法有效地反映公民需求,以至于最终无法满足公民的需求。

四、政策建议

在市场经济持续发展到一定阶段,人民生活水平不断提高的基础上,因此而产生的公共需求也在不断增长,政府提供的公共服务无法满足公共需求,新公共管理理论的局限性凸显出来,新公共服务理论便是在新公共管理理论不足的背景下产生的。新公共服务理论认为,公共管理者的主要任务既不是掌舵,也不是划桨,而是建立更完善、更具执行力的公共机构来为公民服务。登哈特夫妇提出了新公共服务的七大原则:第一,服务而不是掌舵。这也是公共服务理论首要且最重要的原则,公共管理者的重要作用并不是体现在利用手中的权力来控制社会,而是在于帮助公民表达和实现他们的共同利益。第二,公共利益是目标而非副产品。公共利益全体公民共同的利益需求,是公民权益的表达,也是公共部门管理者和公民应共同承担的责任和享受的权益,因此,公共利益理应是目标而不是副产品。第三,战略地思考,民主地行动。公共服务理论认为,符合公共需要的政策只有通过集体组织的合作,才能有效得以贯彻实施。在这个过程中,最重要、最核心的步骤就是公民的参与。第四,服务于公民,而不是顾客。新公共服务理论认为,政府与公民之间的关系与企业与顾客之间的关系在本质上是不相同的。公共利益既不是单个人的利益选择,也不是个人自我利益简单的整合,公务人员不应仅仅满足于回应"顾客"的个人需要,而要将注意力放在与公民建立信任与合作关系的基础上。第五,责任并不是单一的。新公共服务对公务员提出了更高层次的要求,公务员仅仅关注市场是远远不够的,也应该关注社会价值、行为准则、职业标准和公民利益等诸多方面。第六,重视人而不只是生产率。出于相互尊重的人性观,新公共服务理论认为若要要求公务员尊重公民,那么公共部门管理者就要尊重公共部门的每位工作人员。第七,超越企业家身份,重视公民权,进而重视公共服务。政府对应的是公民,企业对应的是顾客,企业家精神也可以应用到政府部门中来,要提倡尊重企业家精神,更提倡尊重公民与公共服务的价值。新公共服务理论明确提出,公共部门人员并不同于某个私人组织的业务者,在增进公共利益方面,公务人员和公民须一同承诺对社会做出应有的贡献。新公共服务理论对新公共管理理论当中许多模糊的概念进行了界定,对构建科学有效的公共服务供给体系提供了许多有益的理论参考。

本报告所利用的评分估算方法,就是在结合新公共服务理论的基础上对江苏省的情况进行针对性的改进和完善。江苏省公共服务发展取得了可喜的成绩,也有亟待解决的问题,本报告将给出如下的相关参考建议:

第一,重视社会政策的科学制定,强调经济领域和非经济领域政策制定的平衡性,重视再分配领域的包容性和公平性,以推行全民共享的福利制度为最终目标,破除二元经济结构带来的社会保障制度的不平等,推进基本公共服务的无差别化。在政策的制定过程中,应加大民众的参与程度,增强民众获得政治咨询的范围,重视民众参与社会事务的能力、意愿和积极性,特别需要注意的是,尽量消除基本公共服务的地区性差别。

第二,全省地区战略应尽快满足全省社会发展的需要,转移支付的力度应进一步加大,以地方政府为主导,通过多种开源方式来筹集社会保障资金,并进行合理保管、增值和支付规划。

第三,各市政府应提高自身效率,进行地方社会发展机制的自我完善。特别是对地方性社会保障制度的科学制定和执行,地方政府应该保证经济和非经济发曼的两条腿走路,在已完成工业化初期积累的历史变革基础上,重视当地非经济领域建设,特别是文教方面的投入,保障地方生产的再循环。

　　第四,针对城市间的差异度,继续发挥苏州、南京、无锡的经济优势,同时提高其对其他不发达城市,尤其是对周边城市盐城市、淮安市、扬州市等的经济辐射能力。对于苏中和苏北地区要实施"人才工程",推进科技教育进步。建立一套切实可行的引进、培养人才的激励约束机制,制定相应配套措施。大力发展科技、教育、文化、卫生等各项社会事业。同时,加强对这些地区的投资力度,改善交通及通讯环境。加快投资建设苏北与苏南之间的交通设施,构建以苏州、南京为中心的经济圈,推动苏北地区经济的发展。注意改善苏中和苏北地区的医疗卫生状况和加强发达城市的污染防治工作,提高这类地区人们的生活环境和医疗保障。重点是加大苏北地区农村医疗体系发展力度,从软硬件设施上改善农村医疗状况,使农村居民能够享受便捷实惠的医疗卫生服务。

第四章 江苏城市群空间协同发展

城市群是特定区域工业化和城镇化发展到较高阶段的城市空间形态,承担着特定区域各种生产要素的集聚与扩散职能,是推动区域经济发展的重要增长极。改革开放以来,中国城市化空间发展战略经历了以小城镇为主——以城市为主——以城市群为主的演变过程。近些年来,伴随着城市化进程的不断加速,城市群已经发展成为中国经济发展格局中最具活力和潜力的核心区域,在全国的经济格局中承担着战略支撑、增长极和核心节点的重大作用,甚至在《国家新型城镇化规划(2014—2020 年)》也把城市群作为推进新型城镇化的主体。为了更好地衡量江苏城市群各城市的空间发展状况以及各城市间的协调发展情况,本章节通过构建指标体系对各城市的空间发展质量要素流的分布状况进行分析,并在城际协同层面给出相应建议。

一、空间发展质量指标体系的构建

(一)指标构建背景

"空间发展质量"是衡量江苏城市群发展质量指标体系的二级指标之一,重点分析城市群体系内各城市土地的利用状况以及空间结构布局的合理性,以此来判断城市发展的质量状况。依据《国家新型城镇化规划(2014—2020 年)》的发展目标,在城镇化发展的过程中要严格控制城镇建设用地规模,优化城市内部空间结构,促进城市紧凑发展。将"空间发展质量"作为城市发展质量状况评估体系的评估指标之一,并细分为 8 个三级指标构建空间发展质量评估体系,这也是推动城市发展和强化城市群集聚能力的内在要求所决定的。

首先,以空间发展质量来评价城市群发展状况,是城市群协同发展客观要求。

近些年来江苏省城市群快速发展,其城市化水平由 2000 年的 42.3% 上升到 2015 年的 66.52%,然而,回顾过去十几年各城市的发展轨迹,在传统城镇化盲目求大求全的"摊大饼式"发展模式下,江苏省城市群表现出城市产业、人口与空间增长规模与速度的失衡,城市之间发展差距较大,城市协调性较差。且长期以来,传统城镇化不仅严重妨害了经济效率,同时也造成了资源浪费。为了解决城市发展过程中暴露出的这些问题,中央政府提出走中国特色的新型城镇化道路、全面提高城镇化质量的要求。然而对于江苏省城市群而言,发展新型城镇化的首要前提是明确城市空间发展水平及其城市之间的协调关系,通过量化问题以达到对症下药、解决问题的目标[1]。

其次,从空间发展质量的内涵出发构建城市协调发展评价的三级指标体系,是科学有效评价的基本保障。

由于城市在空间地域上的整体性、在功能上的综合性和在动力上的内生性,这些特性最终落实到物质空间形态,突出城市空间的健康与合理生长。城市空间的生长在地域上直接表现为空间规模的扩大即数量的增大,然而城市空间规模数量的增大并不代表空间的合理生长,还要从"以人为本"物质空间形态的质量层面去衡量城市空间的合理与否,即城市空间的集约内涵式发展的程度。只有从"质"与"量"两个层面评价城市空间发展状况,才能体现新型城镇化过程中城市的内涵效益和综合发展的质量,进而实现城市内部人口及产业的优化重组、城市建设中资金和资源的集约利用、城市生态环境的改善以及城市职能和设施的更新等。此外在"空间发展质量"的内涵中,始终围绕着城市空间的主体"人"这一核心,以其在城市空间中的需求为主线,来考量城市空间各产业要素与土地资源的匹配程度,这也与新型城镇化发展的基本内涵高度一致。因此,城市空间发展质量的评估主要从城市建设用地的集约程度、人口与各产业用地的组合程度等角度选取相关指标来构建评价的指标体系,进而对城市空间发展质量进行综合评价。

(二)指标构建

以城市空间规模与空间结构布局为主要依据,在本报告中,"空间发展质量"的评估共选取了 8 个三级指标组成其评价体系(如表 4.1 所示)。在该指标体系中,各指标的权重值相同,即江苏省城市群内各个地级市的空间发展质量的总分值由三级指标得分值加总而成。

表 4.1　空间发展质量评价指标体系

指标	说明	指标类型
建设用地占市区面积比重	城市建设用地与市辖区土地面积之比	正向
市区土地单位产出	市辖区 GDP 产值与市辖区土地面积之比	正向
人均房地产开发投资完成额	房地产开发投资完成额与户籍年末总人口之比	正向
人均住宅投资额	住宅投资额与户籍年末总人口之比	正向
城镇人均住房面积	住房总面积与户籍年末总人口之比	正向
人均城市道路面积	城市道路总面积与户籍年末总人口之比	正向
生活用地比重	居住用地面积与城市建设用地面积之比	正向
人均绿地面积	绿地面积与户籍年末总人口之比	正向

---

[1]　朱江丽,李子联. 长三角城市群产业—人口—空间耦合协调发展研究[J]. 中国人口资源与环境,2015,25(2):75-82

依据城市群发展的内在要求以及空间发展质量的基本内涵,构建了影响空间发展质量的影响因素体系,即 8 个三级指标,主要体现了新型城镇化的以人为本的核心,提升发展质量,优化城市空间布局,建设生态文明型城市的发展方向。

首先,城市空间规模与结构的合理与否,是衡量城市空间发展质量高低的关键要素。城市空间的合理发展,是实现区域城市群协调发展的核心要素,对于城市的空间发展而言,城市的规模与结构是保证城市合理健康发展的前提条件。与此同时,依据新型城镇化发展的主要内容,推进城镇化,既要合理控制城市规模,又要搞好城市微观空间治理。在城镇化的快速推进中,依据区域间资源分布的特点,从整体上对区域进行规划布局,以均衡区域土地资源开发的平衡,实现区域内以城市群作为其发展的主体形态,促进大中小城市和小城镇的合理分工、功能互补、协同发展,进而提升区域城市功能的综合性。同时,对区域内部的微观城市根据其在区域中的功能定位以及享有的资源特征,通过合理的规模控制及其规划布局调整其产业形态与结构,调动城市发展动力的内生性,保证城市空间合理健康,充满活力地高质发展,表 4.1 中的人均住房面积、人均城市道路面积、生活用地比重与人均绿地面积等指标都体现了城市空间的结构布局。

其次,提高城镇建设用地效率是新型城镇化的核心任务。土地资源作为城市发展的基本载体,其数量有限性和位置的固定性限制了我们对于城市的开发利用,近些年来土地资源已成为制约城市空间布局的瓶颈问题。随着近些年来中国耕地面积的不断减少,耕地保护的任务非常艰巨。土地资源条件的刚性制约决定中国必须走一条集约化的城市化道路[①]。因此,在城市的建设与发展中,要严控增量,以盘活存量为主,不能无节制扩大建设用地,促进城市空间的集约高效发展,且在集约的前提下还要满足人的生活对于自然的需求,以及逐渐恶化的城市环境对于大自然的需求。因此在城市的发展中还需大力提高城市建设与自然生态要素的融合程度。表 4.1 中的建设用地占市区的面积比、人均住房面积、人均城市道路面积等指标均反映了土地的集约程度。

二、空间发展质量评分排名

(一) 空间发展质量总体排名分析

本章的空间发展质量评分主要针对江苏省城市群体系中各城市的空间发展质量现状进行综合分析,评估对象为江苏省 13 个地级市城市。

首先,在对各地级市各指标数据的处理中,对于原始数据缺失的部分通过 LISREL 软件按照 multiple imputation 程序进行多元替补处理;其次,将 8 个三级指标无量纲化,其标准值设定在[-3,3]之间,若出现极端值则修正为 3 或-3;最后,将各个三级指标的标准评估分值加总以得到各个城市的空间发展质量评分(如表 4.2 所示)。

---

① 钟少颖,陈锐,魏后凯. 中国新型城镇化空间布局研究[J]. 城市发展研究,2013,23(12):18-23.

评分结果显示,目标城市的空间发展质量平均得分约为 0.004,整体水平较低,省域内城市体系内部存在较大的差异,尤其是排名靠前的城市与排名靠后的城市其排名存在着较大的差异,详见江苏省 13 个地级市的空间发展质量评分排名表(表 4.2)。

表 4.2　江苏省地级以上城市空间发展质量总体排名

排名	城市	得分	排名	城市	得分
1	无锡市	10.889	8	连云港市	−2.195
2	苏州市	5.580	9	扬州市	−3.692
3	常州市	3.222	10	盐城市	−3.878
4	南通市	2.816	11	淮安市	−4.251
5	南京市	2.202	12	宿迁市	−5.692
6	镇江市	2.031	13	徐州市	−5.912
7	泰州市	−1.071			

依据表 4.2 可知,江苏省空间发展质量的综合排名中,无锡市位于全省 13 个地级市之首,其空间发展质量的综合得分最高,总得分为 10.889;由上表显示,综合得分位于前三名的分别为无锡、苏州、常州三市;反之,综合得分位于后三名的城市分别为淮安市、宿迁市、徐州市,其中徐州市的得分最低,空间发展质量的总得分为−5.912。总之,从上表的排名中显而易见,13 个地级市的空间发展质量排名从区域上而言,基本上整体呈现出苏南、苏中及苏北的格局次序,可见,江苏省域范围内经济发达的沿江经济带上的主要城市,包括南京、苏州、无锡、常州、镇江五个城市,其城市空间发展质量较高;而经济发展相对落后的苏北各市(宿迁、淮安、盐城、徐州等)其城市空间发展质量相对较低,综合得分较低,排名靠后。可见,江苏省各城市空间发展质量状况与其城市经济发展水平相对应。

为了更进一步地深入分析省域范围内各城市的空间发展水平情况,对江苏省县级市的空间发展质量情况进行进一步的排名分析,具体的排名结果如表 4.3 所示。

由于县级市三级指标缺失较多,在 23 个县级市中数据完整的县级市仅有 11 个。据仅有数据排名,质量较高的县级市均为苏南地区城市,虽然县级市城市由于数据缺失,并未显示出明显的规律,但在以参与排名城市中仍然可见城市空间发展质量与经济发展水平相对应,即经济越发达的地区,其城市空间发展质量越高。

(二)三级指标排名分析

为了更进一步探究形成各城市空间发展质量差异的因素,在上述省内城市空间发展质量总体排名分析的基础上,进一步对 13 个地级市三级指标进行对比分析,同时结合 23 个县级市各指标值的对比分析,剖析各城市空间发展状况。

1. 市区土地单位产出

市区土地单位面积产出是衡量经济发展水平的指标,它能在一定程度上反映单位土地面积上经济产出值的水平。从直观上而言,土地单位面积产出值越大,所处单位面积上的产业对经济发展的带动作用越大,反映了城市建设用地的集约度越高,这不仅是土地资源供需矛盾日趋尖锐下城市发展的客观要求,同时也是城市空间健康高效发展的内涵所在。基于此,为了更加合理地判断江苏省各城市空间发展状况,对其单位土地产出进行了对比分析,详见表 4.3 和 4.4。

表 4.3　江苏省地级以上城市市区土地单位产出指标排名

排名	城市	得分	排名	城市	得分
1	无锡市	2.306	8	徐州市	−0.290
2	常州市	1.436	9	泰州市	−0.311
3	苏州市	0.670	10	盐城市	−0.912
4	南京市	0.381	11	淮安市	−1.005
5	镇江市	0.357	12	连云港市	−1.163
6	扬州市	−0.066	13	宿迁市	−1.218
7	南通市	−0.186			

根据上表显示,在 13 个地级市中处于前五名的无锡、常州、苏州、南京、镇江均为苏南五市,位于后四位的均为苏北城市,虽然泰州市低于徐州市,但整体上市区土地单位产出仍然呈现出苏南、苏中、苏北的格局。

表 4.4　江苏省县级市市区土地单位产出指标排名

排名	城市	得分	排名	城市	得分
1	昆山市	2.827	13	金坛市	−0.498
2	江阴市	2.306	14	如皋市	−0.512
3	张家港市	1.599	15	溧阳市	−0.518
4	常熟市	0.829	16	启东市	−0.561
5	扬中市	0.570	17	邳州市	−0.686
6	太仓市	0.513	18	句容市	−0.696
7	靖江市	0.149	19	新沂市	−0.724
8	丹阳市	0.086	20	兴化市	−0.768
9	海门市	−0.196	21	高邮市	−0.804
10	宜兴市	−0.334	22	东台市	−0.852
11	泰兴市	−0.383	23	大丰市	−0.888
12	仪征市	−0.459			

通过对 23 个县级市市区土地单位产值的排名,由表 4.4 所示,可见处于前十名的县级市中,除了扬中、靖江、海门三市之外,其余七个城市,即昆山、江阴、张家港、常熟、太仓、丹阳以及宜兴均为经济发达的沿江经济带上的城市;而位于后五名的城市也均为苏中、苏北城市。由此可见,县级市市区土地单位产值也基本呈现出与经济发展水平相协调的格局,与地级市呈现出同样的规律。也就是说,经济越发达的地区,其城市土地单位产值越高,城市用地的集约度越高,进而推动城市空间的合理健康发展。

2. 城市建设用地占市区用地比重

近些年来,随着城镇化进程的不断推进,城镇人口不断增加,随之,城镇用地也实现了同比快速增加。尤其是近些年来由于许多设区市都在进行大规模地扩区或者撤县(市)设区,致使市辖区范围不断扩张,而城市建成区面积所占比重实际上很低。据相关数据统计,中国 287 个地级及以上城市建成区面积占市辖区的比重还不到 5%。使得在市辖区总人口中,实际上包含了相当数量的农业人口,进而造成我国当前的城镇化进程出现土地城镇化快于人口城镇化的现状。因此,为了合理控制城市发展的空间规模,通过选取市区建设用地面积与市辖区总用地面积的比值来城市建设用地的规模,即建设用地占市区面积比重,通过这一指标来衡量城镇化的深度,反映城市发展过程中城市空间规模增长的合理程度。基于此,对江苏省 13 个地级市的该指标进行排名对比分析,详见表 4.5。

表 4.5　江苏省地级以上城市建设用地面积占市区用地比重指标评分排名

排名	城市	得分	排名	城市	得分
1	无锡市	2.421	8	徐州市	−0.375
2	镇江市	0.966	9	淮安市	−0.553
3	南京市	0.593	10	连云港市	−0.777
4	常州市	0.576	11	扬州市	−0.888
5	南通市	0.407	12	盐城市	−1.135
6	苏州市	0.169	13	宿迁市	−1.487
7	泰州市	0.069			

如上表可以看出,排在前六位的城市中,除了排名第五的南通市之外,其余城市均为经济发达的沿江经济带城市(无锡、镇江、南京、常州以及苏州),反之,排在后五位的城市中,除了苏中城市扬州市之外,其余均为苏北城市。可见建设用地规模与城市的经济发展水平相关联,经济越发达的地区,建设用地占市区用地比重越大,其城镇化的进程越快,相对应的城市空间发展质量越高。

3. 人均房地产开发投资完成额

房地产开发投资完成额作为反映房地产市场状况最重要的指标之一,是指从本年

1月1日起至本年最后一天止完成的全部用于房屋建设工程和土地开发工程的投资额。近些年来,随着城镇化进程的不断加快,城镇人口不断增加,对于城市住房的需求将持续增大,同时给城市中的住房造成了较大的压力。然而住房需求的增加势必会引起房地产开发投资完成额的增加[①],且房地产开发投资额的增加最终都要转化落实到城市空间,将直接影响着城市空间物质要素的增加和布局的变化,进而影响到城市空间的发展质量。可见房地产开发投资完成额是衡量城市空间发展质量必不可少的要素之一。基于此,通过对江苏省13个地级市以及23个县级市的人均房地产开发投资完成额进行对比分析,详见表4.6和4.7。

表 4.6　江苏省地级以上城市人均房地产开发投资完成额指标评分排名

排名	城市	得分	排名	城市	得分
1	无锡市	1.950	8	扬州市	−0.614
2	苏州市	1.675	9	泰州市	−0.732
3	常州市	1.163	10	宿迁市	−0.752
4	南通市	0.575	11	徐州市	−0.804
5	南京市	0.159	12	淮安市	−0.958
6	镇江市	0.025	13	连云港市	−1.174
7	盐城市	−0.512			

如上表所示,江苏省人均房地产开发投资完成额的各城市排名之间存在一定差异,尤其是排名靠前的城市和靠后的城市差异较大;排名靠前的城市主要是经济较发达的沿江经济带城市,相对应的,排名靠后的基本均为苏北城市。

表 4.7　江苏省县级市人均房地产开发投资完成额指标评分排名

排名	城市	得分	排名	城市	得分
1	昆山市	3.847	8	靖江市	−0.156
2	江阴市	1.700	9	丹阳市	−0.260
3	张家港市	0.621	10	高邮市	−0.295
4	太仓市	0.541	11	溧阳市	−0.309
5	常熟市	0.420	12	扬中市	−0.424
6	句容市	0.385	13	大丰市	−0.456
7	宜兴市	0.281	14	泰兴市	−0.498

---

① 陈胤辰,蒋国洲.城市化进程对房地产业影响的空间计量分析[J].统计与决策 2013 年,第 5 期·总第 377 期:122−125

（续表）

排名	城市	得分	排名	城市	得分
15	仪征市	−0.519	20	金坛市	−0.570
16	海门市	−0.521	21	新沂市	−0.643
17	东台市	−0.535	22	邳州市	−0.702
18	启东市	−0.538	23	兴化市	−0.819
19	如皋市	−0.550			

为了更进一步地掌握各县级市的人均房地产开发投资完成额情况，对县级市23个城市进行排名对比，结果显示，排在前10位的城市中除了靖江和高邮两市之外，其余均为苏南地区城市所辖的县级市；排名靠后的城市中，可以看到其排名与城市经济发展水平并无直接关联，排名靠后的苏中和苏北城市交替排名，并未呈现出显著规律。可见，总体上而言，虽然县级市各城市的人均房地产开发投资完成额所呈现格局不如地级市显著，但整体上还是显现与经济发展水平具有一定关联的根据。根据城市化发展的基本特征，城市化发展水平与国民生产总值成正比，也即城市化发展程度与当地的经济发展水平相关联，经济发展水平越快，城市化水平越高，相对应的，城镇人口增加越快，对城市住房的需求量将越大，从供需平衡的角度而言，人均房地产的开发投资完成额将越大，这也将促进城市的空间发展更为成熟完善，城市的空间发展质量越高。

4. 人均住宅投资额

根据《国家新型城镇化规划(2014—2020年)》所提出的发展目标，新型城镇化的发展要以人为中心，发展以人为核心的城镇化，推进城镇常住人口的就业、养老以及保障性住房等基本公共服务的全覆盖。然而，"住"作为人类生存的基本需求，居者有其屋是社会发展的核心目标，同时也是城市发展的主要任务，尤其是在城市化快速发展过程中，城镇常住人口快速增加，相对应的住房需求也将大幅度增加。因此，城市发展中住宅投资额就成为判断城镇化过程中城市发展质量的重要依据，也是衡量是否实现真正城镇化的重要标准。此外，住宅投资额的完成最终都将落实在城市空间，影响着城市空间的布局与发展，可见住宅投资额是衡量城市发展空间质量的关键指标，为了与其他城市之间具有可比性，更好地把握每个城市住宅投资额的完成情况，此处应用人均住宅投资额的概念，来衡量与比较分析城市的空间发展质量程度。若人均投资完成额越高，其在城市空间的投入与转化越高，促进城市的建设与发展，城市空间发展质量越高；反之，人均投资完成额越低，其在城市空间的物质转化力度越弱，城市空间发展质量就越低。因此，为了更好地了解江苏省各城市的发展状况，此处对13个地级市的人均住宅投资额进行了排名分析，详见表4.8。

表 4.8 江苏省地级以上城市人均房地产开发投资完成额指标评分排名

排名	城市	得分	排名	城市	得分
1	苏州市	1.847	8	盐城市	−0.557
2	无锡市	1.798	9	泰州市	−0.630
3	常州市	1.067	10	宿迁市	−0.816
4	南通市	0.560	11	淮安市	−0.940
5	南京市	0.169	12	徐州市	−1.011
6	镇江市	0.163	13	连云港市	−1.148
7	扬州市	−0.503			

由上表所示,苏南及苏中城市排名靠前,其人均住宅投资额较高,尤其是苏南三市苏锡常,分别位居前三;而苏北城市排名靠后,排在后四位的宿迁市、淮安市、徐州市及连云港市均为苏北城市。可见,人均住宅投资额与经济发展密切相关,经济发展水平较高的城市,在城市的开发建设过程中住宅的投资额较高,城市在空间发展方面较为完善,城市的城镇化质量较高;反之,经济发展水平较弱的地方,其人均住宅投资额相对较低,城市空间发展质量较低。可见,人均住宅投资额不仅影响着城市空间发展的质量,同时还呈现出与经济发展水平相关联的格局。为了验证这一规律,对 23 个县级市进行了对比分析,其具体排名见表 4.9。

表 4.9 江苏省县级市人均房地产开发投资完成额指标评分排名

排名	城市	得分	排名	城市	得分
1	昆山市	3.744 517	13	启东市	−0.466 12
2	江阴市	1.848 615	14	仪征市	−0.469 25
3	张家港市	0.572 921	15	大丰市	−0.479 71
4	常熟市	0.542 329	16	泰兴市	−0.493 67
5	太仓市	0.486 146	17	海门市	−0.514 47
6	句容市	0.433 156	18	东台市	−0.564 02
7	宜兴市	0.361 473	19	如皋市	−0.601 98
8	靖江市	−0.243 14	20	新沂市	−0.620 9
9	溧阳市	−0.289 97	21	邳州市	−0.671 16
10	丹阳市	−0.296 61	22	金坛市	−0.703 67
11	高邮市	−0.321 02	23	兴化市	−0.822 76
12	扬中市	−0.430 69			

根据上表排名显示,排在前6位的城市中,均为苏南城市,排名靠后的城市除了金坛市之外,其余均为苏中及苏北城市,且城市之间的人均住宅投资额差异较大,经过数据的标准化处理,排在第一位的昆山市人均住宅投资额得分为3.745,而排在最后一位的兴化市得分为−0.823,其值差异较大。由此可见,县级市之间人均住宅投资额的发展不均衡,存在较大差异。此外,与地级市相比,县级市人均住宅投资额与各城市经济发展水平之间的关联度较弱,但从排名上也可看出县级市与其城市的经济发展水平基本上呈现出相同的格局。

5. 城镇人均住房面积

在新型城镇化高速发展过程中,随着城镇化水平的提高,城镇人口迅速增加,然而城镇人口的增加并不代表城镇化的真正实现。国家统计局数据显示,截至2013年末,我国城镇化率已达53.73%,比上年提高1.16个百分点。不过,若考虑到“身体进城,权益不入城”的“伪城镇化”现象,我国户籍城镇化率实际仅有36%左右。这其中差距的10多个百分点,即是农民工。因此面对大量增加的城市常住人口,如何实现其居者有其屋也已成为城镇化过程中的主要难题,也是实现真正城镇化,消除伪城镇化的关键,以避免在城镇化过程中出现贫民窟等现象。可见,人均住房面积是衡量城镇化实现程度以及城市发展质量的关键指标。通过人均住房面积的多少来衡量增加的常住人口在城市空间上是否得到了合理、有序的落实,是否推动了城市空间的发展。基于此,为了更好地掌握江苏省城镇化过程中的城市空间发展质量的程度,对13个地级市的人均住房面积进行排名对比分析,详见表4.10。

表4.10 江苏省地级以上城市人均住房面积指标评分排名

排名	城市	得分	排名	城市	得分
1	泰州市	1.512	8	常州市	0.004
2	宿迁市	0.986	9	淮安市	−0.032
3	南通市	0.916	10	盐城市	−0.347
4	连云港市	0.565	11	扬州市	−0.558
5	无锡市	0.389	12	徐州市	−1.119
6	镇江市	0.179	13	南京市	−2.593
7	苏州市	0.109			

如上表所示,江苏省人均住房面积位居前三的分别为泰州市、宿迁市和南通市,而排名后三位的分别为扬州市、徐州市以及南京市。通过评分排名也可看出,排名首位的泰州市与末位的南京市之间差异较大,尤其是省会城市南京市处于末位,这说明了南京市近年来城镇化进程较快,新增加城镇常住人口较多,对住房的需求量较大,导致人均住房面积较小。而像泰州市、宿迁市,其城镇化进程较为缓慢,其新增加的城镇常住人

口较少,其人均住房面积较大。

表 4.11　江苏省县级市人均住房面积指标评分排名

排名	城市	得分	排名	城市	得分
1	邳州市	1.95	13	仪征市	−0.28
2	江阴市	1.61	14	新沂市	−0.36
3	太仓市	1.46	15	海门市	−0.60
4	张家港市	1.26	16	金坛市	−0.74
5	扬中市	0.96	17	句容市	−0.74
6	东台市	0.88	18	启东市	−0.86
7	泰兴市	0.70	19	大丰市	−1.01
8	靖江市	0.55	20	高邮市	−1.21
9	如皋市	0.24	21	溧阳市	−1.24
10	丹阳市	0.18	22	兴化市	−1.28
11	常熟市	0.14	23	昆山市	−1.48
12	宜兴市	−0.13			

根据上表所示,县级市排名中位于前五名的城市分别为邳州市、江阴市、太仓市、张家港市和扬中市,位于后五名的城市分别为大丰市、高邮市、溧阳市、兴化市和昆山市。可见全国百强县之首的昆山市,城市化快速发展,在 2015 年昆山市的城市化水平达到了 80%,其大量增加的城镇人口对于住房的需求量逐渐增加,此外,昆山市产业较为发达,其产业发展用地比重较高,这就加剧了土地的供需矛盾,使得人均住房面积较小。

6. 人均城市道路面积

城市基础设施的完善程度是衡量城市发展质量的重要指标,也是城市空间布局的基础要素。而人均城市道路面积作为城市基础设施的核心要素之一,可用其来衡量城市空间发展的完备与合理程度。作为城市发展的基础要素,人均城市道路面积越大,证明城市发展的基础设施较为完备,城市空间发展较快。为了衡量江苏省内各城市空间构成要素的完善程度,对 13 个地级市的人均道路面积进行排名分析,详见表 4.12。

表 4.12　江苏省地级以上城市人均城市道路面积指标评分排名

排名	城市	得分	排名	城市	得分
1	无锡市	1.638	4	南京市	0.842
2	苏州市	1.494	5	镇江市	0.837
3	南通市	0.922	6	常州市	0.135

排名	城市	得分	排名	城市	得分
7	盐城市	−0.401	11	扬州市	−1.039
8	泰州市	−0.437	12	淮安市	−1.080
9	徐州市	−0.544	13	连云港市	−1.414
10	宿迁市	−0.963			

如上表所示,在13个地级市人均城市道路面积的排名中,可以看出位列前五的分别为无锡市、苏州市、南通市、南京市以及镇江市,而位于后五位的分别为徐州市、宿迁市、扬州市、淮安市和连云港市。由此排名可以看出,位于前五位的城市均为经济发达的沿江经济发展带上的主要城市,而处于后五位的城市中除了扬州市之外,均为苏北城市,由此可以看出,经济越发达的城市,对于基础设施投入越多,其基础设施的建设相对较为完备,这也促进了城市空间的发展。因此,经济越发达的地区,其基础设施的建设越完备,人均城市道路面积越大,城市空间的发展质量越高;可见,对于经济发展较弱的城市来讲,人均城市道路面积相对较小,在城镇化的发展过程中,基础设施的提升空间较大,还需加大对基础设施的投入与建设,以促进城市的空间发展质量。

7. 生活用地比重

生产、生活、生态用地是城市用地的重要组成部分,也是相互作用的有机整体,只有三者的比例达到和谐,才能满足经济、社会、环境的协调健康发展。当前,我国不少城镇用地空间结构不尽合理,生产用地比例过高,而生活用地明显不足,且配置效率低,导致城市用地空间布局不尽合理。根据新型城镇化规划的发展目标,以人为本是其发展的基本原则,发展以人为核心的城镇,同时也是科学发展观的核心,也就是以最广大人民群众的根本利益为本。而城市是承载人们生产、生活活动的主要场所,保障城镇居民住宅、教育、医疗、文化等民生用地。可见保障生活用地,并进行合理布局,是推进新型城镇化发展核心任务,同时也是提高城市空间发展质量的重要举措。基于此,对江苏省13个地级市的生活用地比重进行了排名分析,详见表4.13。

表4.13　江苏省地级以上城市生活用地比重指标评分排名

排名	城市	得分	排名	城市	得分
1	连云港市	2.628	8	苏州市	−0.495
2	淮安市	0.841	9	镇江市	−0.499
3	盐城市	0.690	10	南京市	−0.584
4	扬州市	0.399	11	常州市	−1.004
5	南通市	0.174	12	宿迁市	−1.015
6	泰州市	0.115	13	徐州市	−1.348
7	无锡市	0.087			

如上表所示,排在前三位的分别为连云港市、淮安市和盐城市,均为苏北城市,排在最后两位的城市为宿迁和徐州两市,但从排名中可看出,苏州、无锡、常州、镇江、南京等苏南城市的排名均靠后。可见,当前经济发展较快的城市虽然城市化水平快速增加,但其产业用地在城市中所占比重较高,生活用地所占比重较高。对于苏南各城市而言,在城镇化水平快速提升的同时,如何实施产业转型与转移,增加生活用地比重,已成为其未来城市发展过程中的主要任务,是推进城市用地空间布局、结构不断优化,提升城市空间质量的重要保障。

8. 人均绿地面积

生态用地有如城市的"肝脏",是解毒排毒、维护健康的生态系统。同时,通过提供优美的景观,使居民身心愉悦。提高生态用地比例,强调城镇建设要始终把人的需求放在首位,通过合理的用地安排,使人民生活在有利于身心健康的城镇环境中,实现经济发展和人口资源环境相协调。在本章的分析中,由于数据的关系,以人均绿地来反映生态用地情况,对江苏省 13 个地级市的人居绿地面积进行排名分析,详见表 4.14。

表 4.14　江苏省地级以上城市人均绿地面积指标评分排名

排名	城市	得分	排名	城市	得分
1	南京市	3.235	8	扬州市	−0.424
2	无锡市	0.299	9	宿迁市	−0.428
3	连云港市	0.287	10	淮安市	−0.523
4	苏州市	0.111	11	南通市	−0.552
5	镇江市	0.003	12	泰州市	−0.657
6	常州市	−0.154	13	盐城市	−0.703
7	徐州市	−0.421			

如上表所示,人均绿地面积居于首位的城市为南京市,且南京市的人均绿地面积值为 3.235,远高于其他城市;与位列第二的无锡市相差较大,无锡市的人均绿地面积值为 0.299,两城市相差 2.936,且除南京市之外,其余城市人均绿地面积值之间相差较小,位于最后一位的盐城市为 −0.703,与无锡市之间差值为 1.002,远小于南京市与无锡市之间的差值,由此可见南京市的生态用地比重远高于其他城市,这也是新型城镇化发展的根本要求,通过控制生产用地、保障生活用地、提高生态用地比例,来不断优化城市用地内部的结构和布局,由此构建经济发达、社会和谐、资源节约、环境友好、文化繁荣、生态宜居的城镇环境。总体而言,江苏省 13 个地级市的人均绿地面积除了南京市之外的其他城市水平相当,而南京市远高于其他城市人均绿地面积,城市用地的空间结构更加合理,提升了城市空间发展质量。

(三) 现状小结

根据城际间空间发展质量的现状比较结果可知,不论是地级市还是县级市,其各城市间的空间发展质量不均衡,存在着一定的差异。综合上述指标分析可知,不论是空间发展质量的总体分析,还是三级指标体系的分析,其绝大多数指标基本呈现出苏南、苏中及苏北的三区域差异格局。尤其是苏北区域城市与其他区域城市相比在各指标上均体现出一定程度的发展弱势。根据2016年国家发改委最新发布的《长江三角洲城市群发展规划》,已将江苏省除徐州、连云港、淮安和宿迁以外的9个城市都划入了长江三角洲城市群。据表4.15所示,苏北四市与长三角城市群之间存着较大的差异,其平均值为-4.513,小于全省的平均水平,且远小于长江三角洲城市群的平均值2.011;且长三角城市群中的最大值与苏北四市的最小值之间相差悬殊,可见苏北四市与长三角城市群之间存在着较大的显著差异,这对于江苏省城市群整体的协同发展而言造成了较大的阻力。为了进一步分析省内城市群之间空间发展质量的差异程度,用锡尔系数来表征省内城市发展不均衡的程度。

表 4.15　2014 年江苏省内空间发展质量区域差异

区域	均值	标准差	最高得分	最低得分
全省	0.004	4.975	10.889(无锡市)	-5.912(徐州市)
长三角规划城市	2.011	4.615	10.889(无锡市)	-3.878(盐城市)
苏北四市	-4.513	1.712	-2.195(徐州市)	-5.912(徐州市)

注:长三角规划城市包括南京市、苏州市、无锡市、常州市、镇江市、扬州市、泰州市、南通市和盐城市。苏北四市是指徐州市、淮安市、连云港市和宿迁市。

三、江苏城市群空间协同发展影响因素分析

(一) 区域整体差异度

除了城市群内部的单个城市排名外,本报告还将计算江苏省空间质量子系统的锡尔系数,据以进行江苏城市群空间质量子系统区域差异度分析,希望能够更加宏观地把握江苏城市群空间质量子系统城际协同发展的非均衡程度。

我们采用"锡尔系数"这一在区域差异分析里普遍应用的测量指标进行江苏城市群内空间质量要素流集聚的整体差异度的进一步分析[1]。其计算公式为:

$$T = \sum_1^n y_i \log \frac{y_i}{p_i} \qquad (式 4.1)$$

其中,n 为江苏省内地级市个数;y_i 为地级市 i 的城市建设用地面积占全省建设用

① 梁政骥,吕拉昌.基于锡尔系数的广东省城市创新能力差异研究[J].地域研究与开发,2012,31(3):73-77

地面积的份额；p_i 为地级市 i 的人口占全省的份额。T 越大，各地级市间的空间发展质量水平差异越大，反之亦然。

经过计算，江苏城市群空间发展质量的区域锡尔系数为 0.037 2。按照是否入围长三角城市群的城市来分，可以分为长三角规划城市（9 个城市）以及剩余的苏北四市，苏北四市的锡尔系数为 -0.057，与小于全省的总体差异水平 0.037 2，即苏北四市对江苏城市群空间发展质量的影响较小。同时，苏北四市的锡尔系数均为负值，其原因是苏北四市城市建设用地占全省的比重小于其人口占全省的比重，说明在城市空间扩张发展的同时，其人口增长的速度更为明显。同时也说明建设用地面积的扩张增大对于城市空间发展的影响较弱，其中以徐州市最为显著。反之，纵观已划为长江三角洲城市群的各城市间存在较大的差异，该地区范围的锡尔系数为 0.093 9，远大于江苏省总体差异水平 0.037 2，可见已纳入长三角规划的城市间空间质量不均衡的差异对江苏省总体差异的贡献度较高。虽然苏中、苏南两地区的多个城市都同时被纳入到了最新的长三角地区规划当中，但由于的差异较大，苏州、南京、无锡等苏南地区的锡尔系数较高，而泰州、扬州以及盐城的锡尔系数较低，均低于省平均水平。由此可见，城市空间发展质量并不是推动苏北四市发展的主要因素，也即除了建设用地规模之外，还有其他的动力推动苏北城市的发展，建设用地面积对苏北四市的城市发展而言并不是最主要的，但有一定的贡献。反之，与苏北四市不同的是，长江三角洲城市群建设用地增长的速度大于人口对于城市空间发展的推动，保障一定数量的建设用地规模对长三角城市发展有着较为重要的作用。与省内其他城市相比，苏州、南京及无锡等城市的空间发展质量差异较大，长此以往与其他城市间的差异将会越来越明显，最终形成以长三角城市群为城市空间质量提发展的高地，进一步推动江苏省城市群的协同发展。

（二）空间子系统城际协同影响因素

江苏省内各城市间的空间发展质量存在着较大的区域差异，且整体上呈现出以苏州、无锡、南京等城市为首的长三角城市群的城市空间发展质量较高，而苏北四市的城市空间发展质量较低的格局，导致这一现象产生的影响因素大致有以下几个方面：

第一，经济因素。经济因素是城市空间演变的主要影响因素。城市空间作为城市经济运行的载体，其空间物质形态的布局是经济运行的基础，可见，经济的发展变化影响着空间物质形态的结构布局。此外，经济市场化使得城市空间结构的形成更加多元化和复杂化，而城市空间合理的物质形态布局，将提升区域经济运行的活力和效率，推动区域经济功能性的综合发展，进而推动区域空间的发展质量。纵观城市空间发展质量的分析可知，在 13 个地级市的排名中，苏州、无锡、常州及南京均排在前列，在 23 个县级市的排名中位于前 11 的也均为苏南经济发达城市，而苏北城市排名基本都在最末尾，可见空间发展质量与经济发展格局完全一致。因此城市的经济发展程度直接影响着城市空间发展质量。

第二，技术因素。绝对地理距离往往成为人们直接感受生活空间的制约因素，城市有形空间和无形空间在技术的影响下都发生着深刻的变化。科学技术的进步大大缩短了空间的相对地理距离,便利了人们的生产和生活。比如交通、通信技术及计算机的快速发展,大大改变了城市内部的联系方式与紧密程度,促使了城市的空间形态由紧凑型向松散型演化的趋势逐步突显①。根据新型城镇化发展规划,城市群依然承担着未来新型城镇化发展中的主体形态的责任,引领和优化重组区域经济格局②。2016 年国家发改委发布的《长江三角洲城市群发展规划》中提出,长三角城市群在上海市、江苏省、浙江省、安徽省范围内,由以上海为核心、联系紧密的多个城市组成,江苏省的南京、无锡、常州、苏州、南通、盐城、扬州、镇江、泰州均纳入到长三角城市群体系中,在上海中心城市的带动下,对其辐射范围内的地区作为高度协同发展的区域,并在科技的支撑下,随着空间距离的不断缩短,江苏省内的苏州和南通两市被纳入上海都市区体系之中,以促进和带动城市群内部各城市的由协调发展向协同发展逐渐转变。可见,技术因素影响着城市空间发展。

第三,人口因素。人口因素对于城市空间发展质量的影响体现在多个方面:(1) 人口的老龄化程度越来越重。根据相关研究,老年人口对于公共服务的需求较大,老年人的人均公共支出是儿童的两倍,并且老年人口对于健康设施、家庭看护、生活环境等都有着特殊的要求,这些需求对城市空间布局提出了新的要求,直接或间接地形成了新的城市空间结构特征;(2) 生活观念的变化。随着人们生活水平的不断提高,城市环境的不断改变,人们逐渐厌倦大都市的拥挤喧闹,越来越向往郊区化的田园生活,因此居住的郊区化发展对城市的居住空间也将产生深刻的影响;(3) 人口增长率降低。对于当前社会来讲,双职工家庭已经非常普遍,女性就业率不断提高,晚育现象普遍,生育率得到了有效的控制。城市空间结构受到的人口压力相对减小,但是家庭活动空间和经济活动空间时间的矛盾增多,影响城市空间结构的变化。

第四,政策因素。城市政府为了达到理想的城市空间结构,必然通过规划管理等政策手段来规范城市的开发建设。此外,经济发展政策、区域政策、城市规划以及土地使用与住房分配制度、财政投资等政策对城市空间的形成与发展都起着极其重要的作用。然而各类政策的实施效果都将间接或直接落实到城市空间的物质要素,虽然在城市规划的引导下城市的空间布局与发展基本上能够与产业发展趋势相契合,但在用地和人口的规模以及城市空间形态的发展上仍然存在着一定的差异,进而产生了土地城市化与人口城市化步调不一致的现状,导致城市空间结构布局不合理,最终限制了城市的发展。

---

① 陈辞,李强森.城市空间结构演变及其影响因素探析[J].经济研究导刊,2010,92(18):144-146.

② 邹军,姚秀利,侯冰婕."双新"背景下我国城市群空间协同发展研究——以长三角城市群为例[J].城市规划,2015,39(4):8-14.

四、政策建议

基于上述分析可知,当前江苏省内城市空间发展质量存在一定差异,各城市的发展不均衡,影响了城市群的协同发展。为了更进一步推动省内城市群的协同发展,加快调整城市群内各城市的协调发展向协同发展的转变,提出以下建议对策:

第一,进一步明确省域内核心城市的主要职能,寻找区域经济联系的主导方向。区域性中心城市一般承担相对综合而又复杂的区域性功能,这些功能对空间布局的方向要求和偏向也不一样,因此需要充分分析各方向承担的主要职能,突出多元差异化发展;此外合理确定省内各都市圈中的核心城市,是新一轮经济发展中加速发展的主体,如何能够在竞争中占领先机,提升区域地位是这类城市经济发展的重点,因此,地区性中心城市空间拓展需要更为注重区域经济联系主导方向,承担承上启下的功能。

第二,协助建立省内城市群经济产业协同发展的空间载体。随着城镇化进程的不断推进,城市产业随之不断更新调整,由此引起的城市产业地域空间组织方式的变革也直接导致了城市产业空间的变化。这种变化不可阻挡地对城市空间整体结构形成巨大影响,推动城市空间的重组;而城市空间结构的调整又会对产业形态及其产业空间形成反作用,二者互动发展是整体和局部的辩证关系,是作用和反作用的关系。因此,为城市群经济产业发展创造良好的外部条件,优化城市空间发展质量,推动城市群协同发展。协助建立跨市、甚至跨省产业园区等空间载体以及相关的准入机制、高污染产业退出机制、产业履约激励与惩罚机制等,协助建立城市群跨界市场合作平台、招商引资平台、投融资平台以及组织开展合作洽谈会等,加强对科技研发的投入、科学创新的支持以及产学研体系的建立,构建服务于城市群的科研空间载体,推进和引导产业进一步高端化,深化省内各城市的协同发展。

第三,推动区域城市体系的发展,凸显长三角城市群对省域内各都市圈城市的带动作用。城市体系是城市化水平发展到一定水平的必然产物,在经济全球化迅速发展的今天,国际国内的专业化生产和分工程度达到了前所未有的高度,劳动地域分工格局正在发生着深刻而又全面的重组和演化,城市体系作为经济活动的主要载体和重心,在城镇化的发展中具有举足轻重的意义。江苏省现已形成三大都市圈协同发展的格局,长三角城市群是省域内各都市圈发展的主体形态,科学设置区域城市的开发强度,合理限定区域城市体系中的城市规模结构,把每个城市特别是城市群体系中核心城市、特大城市开发边界划定,发挥节点城市对城市群中周边城市的带动作用,促进大中小城市和小城镇合理分工、功能互补、协同发展,从而实现区域的整体发展。

第四,科学建立城市群空间协同发展的保障机制。优化省内三大城市圈,及苏锡常都市圈、南京都市圈和徐连都市圈的协同发展,探索建立省内各都市圈之间重点领域的协调机制,强化苏锡常都市圈与上海都市圈的衔接与协同发展,建立省内城市群多变合作机构,缩小省内各城市的差异,同时深化各都市圈与长三角城市群的协同发展。

第五章　江苏城市群绿色城镇协同发展

过去 30 年来城镇化的快速发展已被广泛认为是我国经济持续高速增长的重要引擎。然而在快速城镇化的同时也产生了交通拥堵、雾霾天气等"城市病"问题[1]。中共十八大报告明确提出"要坚持走中国特色新型城镇化道路",而新型城镇化势必要去面对和解决传统城镇化所带来的一系列问题,这些问题都和生态文明联系在一起。然而,生态文明的城镇化真谛是绿色城镇化[2],即对我国传统粗放、无序式城镇化发展模式转型与变革适应生态文明的要求,是要实现城镇的绿色发展。截至 2015 年,江苏省的城市化率达到了 66.52%,但省内各城市间城市化水平差异较大,南京市及苏锡常苏南三市的城市化率均超过了 70%,而苏北城市的城市化水平约在 60% 左右,江苏省的城市化水平还将快速发展。可见,走新型城镇化的道路,实现绿色城镇化的发展将是十三五期间江苏省城市群发展方向。除此之外,根据上述省内城市化水平的差异,可看出省内各城市的发展存在较大的差异,因此,如何推进江苏省城市群的绿色城镇化的发展以及城市群的协同均衡发展,已然是江苏省城市发展面临的主要方向。在本章,我们将对江苏省地级市及县级市的绿色城镇协同发展现状进行深入分析。首先,依据各地级市的"绿色城镇"指标进行评分的横向比较,在此基础上,针对"绿色城镇"评价的指标体系,进行地级市以及县级市的三级指标的详尽分析;其次,对江苏省内各城市"绿色城镇"的实现程度进行差异度的分析,并在此基础上进一步分析影响绿色城镇协同发展的影响因素以及相关政策建议。

一、绿色城镇发展质量指标构建

(一) 指标构建背景

绿色城镇是在人口、产业、土地、地域空间等发生转变的过程中注重社会、经济与环境协同发展城镇化模式[3]。它以资源节约、环境友好、低碳减排、经济高效为主要特征,以可持续发展为基础,以集约高效为约束条件。以高新科技为技术手段,旨在实现环境

---

① Yuan L, Gong W F, Dang Y F, et al. Study on ecological risk of land use in urbanization watershed based on RS and GIS: a case study of Songhua River watershed in Harbin section [J]. *Asian Agricultural Research*, 2013, 5(3): 61 - 65.

② 高红贵,汪成. 生态文明绿色城镇化进程中的困境及对策思考[J]. 统计与决策,2014,24: 64 - 66

③ 冯奎,贾璐宁. 我国绿色城镇化的发展方向与政策重点[J]. 经济纵横,2016,7:27 - 32.

与经济对的共融共生。在《"十三五"规划》[①]提出的发展理念中,绿色发展是其中的主要方面,在推动绿色发展方面,城镇化是重要领域与主要内容,因此推动绿色城镇的建设与发展是十三五期间核心任务,也是实现新型城镇化的主要内容。基于此,将"绿色城镇"作为江苏省城市群协同发展指标体系的二级指标之一,来衡量江苏省城市的发展质量以及协同发展的程度。"绿色城镇"侧重于分析城市中绿色"源泉"和非绿色"来源"的状况,突出污染排放与治理的综合效果。可见将"绿色城镇"作为衡量江苏省城市群协同发展的二级指标,是由我国新型城镇化发展的基本内涵和建设生态文明可持续社会的要求所决定的。

首先,绿色城镇的本质与科学发展观的核心相吻合。绿色城镇化的本质是"以人文本",着眼于人与自然和谐、经济效益与社会环境效益兼容,让人们生活得更加幸福和快乐,全面提高人们的生活质量,一方面要求建造舒适宜居、环境优美的生活环境;另一方面要推动建筑的低碳化、经济的集约型和生态文明型的综合发展。而科学发展观重在强调社会、经济和生态的协调发展,传统的一味追求经济增长的粗放型发展模式已不适应新时期城镇化发展的要求。可见绿色城镇化具有低消耗、低排放、高效有序的基本特征,是一种城镇集约开发与绿色发展相结合,城镇人口、经济与资源、环境相协调的新型城镇化模式,集中体现了全面协调可持续发展的科学发展的理念[②]。

其次,绿色城镇建设是新型城镇化发展的基本内涵和根本要求。中共十八大报告提出的"新型"城镇化本质上是绿色城镇化。绿色城镇化是我国传统粗放、无序式城镇化发展模式适应生态文明要求的转型与变革。要将推行新型城镇化建设与绿色城镇建设结合起来,通过绿色城镇建设调整产业结构,转变消费方式,实现资源节约、环境友好、低碳减排、经济高效的可持续发展的绿色的新型城镇化道路。

再次,绿色城镇建设是建设生态文明社会的根本要求。自从进入 21 世纪新时期以来,生态文明战略已经成为我国发展的基本方针。中共十八大报告指出,面对资源约束趋紧、环境污染严重、生态系统退化的严峻形势,必须树立尊重自然、顺应自然、保护自然的生态文明理念,把生态文明放在突出地位,并融入经济建设、政治建设、文化建设、社会建设各方面和全过程,以推进我国实现绿色、低碳、高效、循环发展,而这也正是新型绿色城镇化道路的根本要求。

(二) 指标构建

从绿色城镇的内涵出发,通过深入挖掘影响绿色城镇发展影响因素,合理划分三级评价指标体系,保证绿色城镇发展质量评估的科学性。绿色城镇的实现主要有两种途径:一是增加"碳源"的数量,二是减少污染物排放源的数量。因此在本年度报告中,绿

---

① 全文详见《中国国民经济和社会发展第十三个五年规划纲要(全文)》,资料来源于:http://www.china.com.cn/lianghui/news/2016 - 03/17/content_38053101.htm.

② 魏后凯,张燕.全面推进中国城镇化绿色转型的思路与举措[J].经济纵横,2011,9:15 - 19.

色城镇的评估共选取了8个三级指标组成其评价体系(如表5.1所示)。在该指标体系中,各指标的权重值相同,即江苏省城市群内各个地级市的绿色城镇的总分值由三级指标得分值加总而成。

表5.1　绿色城镇发展质量评价指标

指标	说明	指标类型
人均绿地面积	绿地面积与户籍人口数的比值	正向
建成区绿化覆盖率	建成区绿地占建成区总面积的比值	正向
工业固体废物综合利用率	工业固体废物综合利用量占工业固体废物产生量的百分率	正向
污水集中处理率	城市污水处理量与污水排放量的百分比	正向
生活垃圾无害化处理率	经无害化处理的市区生活垃圾数量占市区生活垃圾产生总量的百分比	正向
人均工业二氧化硫排放量	工业二氧化硫排放总量与户籍人口之比	负向
人均工业烟(粉)尘排放量	工业粉尘排放总量与户籍人口之比	负向
每万人拥有公共汽车	公共汽车总量与户籍人口之比	正向

依据城市群发展的内在要求以及绿色城镇发展的基本内涵,构建了8个影响绿色城镇发展三级指标体系。该指标体系指标数值的高低直接反映了新型城镇化发展中的"生态文明型"绿色城镇的实现程度,8个三级指标体系由三个层面的指标构成,主要包括城镇创造增加绿色的正向指标、恢复绿色的正向指标和绿色消退的负向指标构成。其中,绿色创造增加的指标主要包括人均绿地面积、建成区绿化覆盖率;绿色恢复的正向指标包括工业固体废物综合利用率、城市污水集中处理率、生活垃圾无害化处理率和每万人拥有公共汽车数量;绿色消退的负向指标包括人均工业二氧化硫排放量和人均工业烟(粉)尘排放量。

二、绿色城镇发展质量评分排名

(一) 绿色城镇发展质量总体排名分析

本章的绿色城镇评分主要是针对江苏省城市群体系中各城市的绿色城镇发展现状进行综合分析,评估对象为江苏省13个地级市城市。

首先,在对各地级市各指标数据的处理中,对于原始数据缺失的部分通过 LISREL 软件按照 multiple imputation 程序进行多元替补处理;其次,将8个三级指标无量纲化,其标准值设定在[−3,3]之间,若出现极端值则修正为3或−3;最后,将各个三级指标的标准评估分值加总以得到各个城市的绿色城镇发展的评分(如表5.2所示)。

评分结果显示,目标城市的绿色城镇实现的平均得分约为−0.017,整体水平较低,省域内城市体系内部存在较大的差异,尤其是排名靠前的城市与排名靠后的城市其排名存在着较大的差异,省内城市群的发展不均衡,详见江苏省 13 个地级市的空间发展质量评分排名表(表 5.2)。

表 5.2　江苏省地级以上城市绿色城镇指标评分排名

排名	城市	得分	排名	城市	得分
1	镇江市	5.979	8	扬州市	−2.319
2	常州市	5.178	9	盐城市	−2.564
3	苏州市	4.540	10	泰州市	−3.935
4	无锡市	4.385	11	连云港市	−4.515
5	徐州市	1.581	12	宿迁市	−5.124
6	南通市	1.451	13	淮安市	−5.151
7	南京市	0.277			

依据表 5.2 的城市排名可以看出,绿色城镇排在前五位的城市中,前四位城市均为苏南城市,镇江市为首,常州市、苏州市、无锡市分列二、三、四位,且其绿色城镇得分差距较小;而位于第五的徐州市,其绿色城镇得分为 1.581,与前几位的城市差距较大,但均高于江苏省平均得分−0.017;绿色城镇排名的后五位中除了泰州市之外,其余均为苏北城市,且其城市间的差值较大,最后一名的淮安市,其得分为−5.151,远小于江苏省的平均得分。由此可看出,绿色城镇的发展程度与其经济水平有一定的关联性,也即经济发展较快的地区,政府在城市建设中对于生态环保的意识更强,对于生态环境的建设和投资力度更大,更加注重绿地的开发保护、减少污染物的排放等措施,改善城市及人居的环境。根据经济发达城市的建设实践表明,经济发到的城市相比较经济落后欠发达地方而言,在城市发展中基本遵循着资源节约、低碳减排、环境友好以及经济高效的发展原则,最终取得经济效益、社会效益和生态环境效益的有机统一。

而排名相对靠后的城市,由于其较弱的经济实力,政府将资源主要投入到经济建设中去,以期获取较高的经济效益,而往往忽略了社会效益和生态效益,以致造成了资源的高消耗、粗放浪费以及高污染等现象。由上表可看出,排名靠后的城市得分均为负值,证明其对江苏省绿色城镇的评分产生了负向影响。

(二)三级指标排名分析

1. 人均绿地面积

人均绿地面积反映了一个城市中绿地所占的比重与人口之间的配比关系,也反映了城市中绿化程度。该指标也是最常用来反映城市中生态效益状况的指标。人均绿地面积作为直接创造的正向指标,人均绿地面积越大,证明城市的绿化程度越高,生态效益越高,反之,人均绿地面积越小,生态效益越低。为了衡量江苏省绿色城镇的建设程度,对于创造绿色的正向指标人均绿地进行排名分析,详见表 5.3。

表 5.3　江苏省地级以上城市人均绿地面积指标评分排名

排名	城市	得分	排名	城市	得分
1	南京市	2.500	8	南通市	−0.531
2	连云港市	1.125	9	常州市	−0.563
3	镇江市	0.656	10	扬州市	−0.813
4	无锡市	0.594	11	盐城市	−0.875
5	苏州市	0.250	12	淮安市	−1.031
6	宿迁市	−0.188	13	泰州市	−1.031
7	徐州市	−0.281			

由上表所示排名可见，南京市在人均绿地面积中排名第一，且其人均绿地面积评分值远高于其他城市，也远高于江苏省人均绿地面积的平均得分，说明南京市作为省会城市，政府对于生态环境的建设与保护较为重视，其在城市绿地建设方面取得了显著的成效，生态效益较高，这也符合长三角城市群规划中对于南京市作为特大城市的定位，在绿色城镇的建设中，创造绿色的正向影响力较强。而处于第二位的连云港市与第一位的南京市之间有较大的差距，且与第三位的镇江市之间也存在较大的差异，但整体来看，处于前五位的城市其人均绿地面积均高于全省的平均水平−0.014；从排名第六开始，剩余城市其人均绿地面积均小于江苏省平均水平，这也充分说明了江苏省各地级市的人均绿地面积整体处于较低的水平，超过一半的城市其人均绿地面积在绿色城镇的构建中都产生了负向的影响；从城市的区域位置来看，排名靠前的城市基本都是属于苏南城市，而排名靠后的城市主要为苏中、苏北城市，可见，省内各地级市人均绿地面积与城市的经济发展水平有着相同的格局。因此，在新型城镇化发展的过程中，省内各地级市还需对直接增加绿色的源泉加大建设力度，提升城市的绿地面积，进而提高城市的生态效益。

2. 建成区绿化覆盖率

建成区绿化覆盖率反映在建成区内绿地面积与总面积比值。在《国务院关于加强城市绿化建设的通知》中以及先关城市园林绿化、生态环境的评价中，建成区绿化覆盖率均作为重要评价指标。现行的行业标准《城市绿地分类标准》CJJ/T85—2002 中 3.0.6 要求"城市绿化覆盖率应作为绿地建设的考核指标"。因此，在本报告中作为衡量增加绿源的因素中，该指标是不可缺少的重要指标。因此对省内各地级市的建成区绿化覆盖率进行排名分析，详见表5.4。

表 5.4　江苏省地级以上城市建成区绿化覆盖率指标评分排名

排名	城市	得分	排名	城市	得分
1	南京市	1.631	8	苏州市	0.033
2	扬州市	1.082	9	宿迁市	−0.074
3	徐州市	0.918	10	淮安市	−1.025
4	常州市	0.615	11	泰州市	−1.115
5	无锡市	0.557	12	盐城市	−1.451
6	南通市	0.311	13	连云港市	−1.770
7	镇江市	0.254			

由上表中所示评分可得,江苏省地级以上城市建成区绿化覆盖率指标的平均得分为 −0.003,可见其整体水平较低,且绿化覆盖率对于绿色城镇建设产生负向影响。从具体排名来看,排名在前五位的城市中,可以看到南京市依然排在第一位,且其得分远高于平均水平,可见作为省会城市,南京市在城市生态建设方面取得了一定的成效;而排在前五位的城市中有三个城市为苏南城市,排在后五名的城市除了泰州市之外均为苏北城市,这在一定程度上也说明经济发展和生态环境是相辅相成的,苏南地区的城市经过经济的快速发展,地方政府开始重视生态环境的建设,加大对于绿地等增加绿源的要素投入。

3. 工业固体废弃物综合利用率

工业固体废弃物综合利用率就是指工业工体废物综合利用量占工业固体废物产生量的百分率。根据《国民经济和社会发展第十二个五年规划纲要》明确要求,到 2015 年,我国工业固体废物综合利用率要达到 72%。根据统计,江苏省在 2014 年全省工业固体废物综合利用率平均达到 95.8%,远超过国家的标准,且省内城市群中每个城市都超过国家标准,最低的城市也达到 91%,可见,省内的工业固体废物综合利用率达到了国家标准。然而,据了解,目前我国工业固体废弃物处理时长还处于初级发展阶段,起步慢于污水、废气治理。长期以来,除了粉煤灰等可利用的工业废弃物被循环利用外,其他的均采取露天堆放、自然填沟和填坑和掩埋的原始方式处理。采用此种处理方式,一些难以降解的废弃物对土壤、地下水、大气等都会造成严重的影响和潜在的危险。据粗略统计,目前全国固体废弃物累积堆存量已超过 200 亿吨,它不仅侵占耕地、污染土壤、水体与大气,影响环境卫生,更直接危害着人类的健康。从目前来看,工业固体废弃物的填埋,实属无奈之举。基于此,对江苏省内 13 个地级市的工业固体废物综合利用率进行排名分析,详见 5.5。

表 5.5　江苏省地级以上城市工业固体废弃物综合利用率指标排名

排名	城市	得分	排名	城市	得分
1	淮安市	1.259	8	宿迁市	−0.618
2	徐州市	1.089	9	盐城市	−0.652
3	镇江市	0.952	10	连云港市	−0.720
4	南通市	0.850	11	扬州市	−1.198
5	泰州市	0.850	12	南京市	−1.334
6	常州市	0.816	13	无锡市	−1.608
7	苏州市	0.304			

　　由表 5.5 中所示分值可得,江苏城市群该指标平均得分为−0.003,并且城市之间分值差异较小,排在第一位的淮安市为 1.259,而排在最后一位的无锡市为−1.608,可见其余各城市之间的工业固体废物综合利用率水平相当。从排名上来看,工业固体废物综合利用率与经济发展不存在显著的正相关关系或者负相关关系,且其对江苏省绿色城镇的构建影响较小。

　　固体废弃物填埋占有土地资源、二次污染严重等问题。另外,在现实生产过程中,工业固体废弃物的处理,通常会耗费企业大量的资金成本、人力成本和时间成本。加上受制于技术的发展和政策法规法律体系的不完善,一些企业对生产过程中产生的废弃物的处理,流于表面形式,给环境保护造成巨大压力。也有学者提出,固体废弃物资源化是环境保护最有效和最根本的途径,固体废弃物建材资源化是固体废弃物资源化最有效的方式。固体废弃物资源化既可解决固体废料排放问题,保护环境不受污染,又能形成新的产业链,合理利用资源,使真正的生态工业成为现实,产生较好的经济效益和社会效益。因此固体废物循环利用是各国垃圾废物综合治理的主导方向,再循环理念也是推进废物污染治理与资源化有机结合的推动力。它既可以保证实现垃圾废物治理的无害化,也可以推进垃圾废物的循环再生,同时也是实现绿色城镇的关键所在。

　　4. 污水集中处理率

　　城市的每天运转都要产生大量的污水,包括生活污水、工业废水、雨水径流等。这些污水应该得到有效处理,而不能直接外排,目的是避免造成水污染,加剧水资源短缺,促进城市经济社会的可持续发展。城市污水集中处理率是指城市、市区经过城市集中污水处理厂处理,且达到排放标准的污水量与城市污水排放量的百分比。反映一个城市污水集中收集处理设施的配套程度,是评价一个城市污水处理工作的标志性指标。基于此,为了衡量江苏省对于污水的集中处理程度,对 13 个地级市进行了排名分析,详见表 5.6。

表5.6　江苏省地级以上城市污水集中处理率指标评分排名

排名	城市	得分	排名	城市	得分
1	常州市	1.246	8	苏州市	0.066
2	无锡市	0.998	9	淮安市	−0.183
3	徐州市	0.923	10	盐城市	−0.431
4	南通市	0.886	11	连云港市	−1.114
5	扬州市	0.662	12	南京市	−1.698
6	宿迁市	0.488	13	泰州市	−1.947
7	镇江市	0.103			

根据表5.6所示得分可知,江苏城市群的污水集中处理率指标的平均得分为0,各城市的污水集中处理率指标评分整体差异度较小,且绝对分值较低。可见当前江苏省城市体系的污水集中处理子系统对于绿色城镇子系统的构建并未产生积极的推动作用。根据中央"十三五"规划建议提出的实现城镇生产污水垃圾处理设施全覆盖和稳定运行的要求,将"十三五"城市污水集中处理率目标设置为95%。"十三五"时期,我国将进一步推进城市污水处理设施升级改造,力争实现建制镇污水处理设施全覆盖,进一步提高城镇污水处理能力,要确保目标如期实现。而2014年江苏省污水集中处理率的平均水平为79%,可见于国家十三五规划目标还有一定差异,且江苏省13个地级市,截止到2014年,没有一个城市达到国家的目标,最高的仅为86%,最低的仅为63%。经过标准化处理后的得分可知,与工业固体废物综合利用率相似,污水集中处理率与经济发展也不存在显著的正相关关系或负相关关系,在前五名和后五名的城市排名中,既有苏北城市,又有苏中、苏南城市,与经济发展无显著规律。为了进一步验证此结果,对江苏省内23个县级市的污水集中处理率指标进行排名分析,详见表5.7。

表5.7　江苏省县级市污水集中处理率指标评分排名

排名	城市	得分	排名	城市	得分
1	溧阳市	1.419	8	如皋市	0.492
2	金坛市	1.327	9	启东市	0.121
3	太仓市	1.327	10	高邮市	0.121
4	东台市	1.327	11	江阴	0.028
5	海门市	1.141	12	泰兴市	0.028
6	张家港市	0.863	13	常熟市	−0.065
7	扬中市	0.863	14	兴化市	−0.065

(续表)

排名	城市	得分	排名	城市	得分
15	宜兴市	−0.158	20	大丰市	−1.364
16	新沂市	−0.343	21	丹阳市	−1.456
17	句容市	−0.436	22	邳州市	−1.735
18	昆山市	−0.622	23	靖江市	−2.106
19	仪征市	−0.714			

由表5.7所示,在23个县级市污水集中处理率的排名中可看出,排在前五位的城市主要以苏南和苏中城市为主,甚至前十位的城市也是以苏中、苏南城市为主;而排名后五位的城市中,苏中、苏南、苏北城市均出现,但其平均得分依然为零,这与地级市的得分完全一致。可见,不论是地级市还是县级市,在绿色城镇的构建中,其对绿色城镇建设的影响力为零。而该指标排名也未能显示出与经济发展水平显著相关的现象,且该指标在省内各城市间的差异较小,整体水平相当。

5. 生活垃圾无害化处理率

城镇生活垃圾处理是城镇管理和环境保护的重要内容,是社会文明程度的重要标志,关系人民群众的切身利益。近年来,我国城镇生活垃圾收运网络日趋完善,生活垃圾处理设施数量和能力快速增长,城镇环境总体上有了较大改善。但同时,由于近些年来城镇化的快速发展,生活垃圾激增,垃圾处理能力相对不足,一些城市面临"垃圾围城"的困境;同时,部分处理设施建设水平和运行质量不高,配套设施不齐全,存在污染隐患,影响城镇环境和社会稳定。根据《"十二五"生活垃圾无害化处理设施建设规划》,2015年,全国城镇生活垃圾无害化处理率由"十一五"末的50.7%提高到90%以上。鉴于江苏省近些年来城镇化进程快速推进,为了衡量江苏省各城市的管理和环境保护落实程度,本报告对江苏省13个地级以上城市的生活垃圾无害化处理率进行排名分析,详见表5.8。

表5.8 江苏省地级以上城市生活垃圾无害化处理率指标评分排名

排名	城市	得分	排名	城市	得分
1	无锡市	0.684	8	扬州市	0.523
2	常州市	0.684	9	连云港市	−0.087
3	苏州市	0.684	10	南京市	−0.568
4	南通市	0.684	11	淮安市	−0.873
5	盐城市	0.684	12	徐州市	−1.114
6	镇江市	0.684	13	宿迁市	−2.671
7	泰州市	0.684			

　　根据上表显示,排名靠前的城市主要以经济发达的"沿江经济带"城市为主,苏南三市无锡、常州和苏州均位列前三;排名靠后的除了南京市之外,均为苏北城市。根据南京市原始数据,南京市的生活垃圾无害化处理率为92％,超过了全国90％的平均水平,但南京市由于人口增长速度快,生活垃圾数量激增,垃圾处理能力较其他城市弱。但全省的平均水平来看,其对绿色城镇的形成没有影响,且省内各城市间的生活垃圾无害化处理率差异较小,各地级市的整体水平较高。且总体来看,其生活垃圾无害化的处理能力与经济发展水平有一定的相关性,即当经济发展水平越发达,政府对于民生保障和生态环境建设水平越重视。

　　6. 人均工业二氧化硫排放量

　　人均工业二氧化硫排放量是绿色城镇构建体系中重要的绿色消退的负向指标之一,二氧化硫也是造成酸雨污染的重要来源。当前我国的大气环境形势十分严峻,部分区域和城市大气灰霾现象突出,许多地区主要污染物的排放量超过了环境容量。同时据统计,我国二氧化硫、氮氧化物的排放量巨大,2014年位居世界第一,均远超出环境承载能力,不仅影响着农林牧渔业,而且对城镇人居环境也产生不利影响。因此控制工业二氧化硫的排放量,对保持城市经济持续健康的发展,打造生态文明的环境友好型社会具有十分重要的意义。为了衡量江苏省各城市绿色消退因素的水平,对13个地级市的人均工业二氧化硫排放量进行对比分析,详见表5.9。

表 5.9　江苏省地级以上城市人均二氧化硫排放量指标评分排名

排名	城市	得分	排名	城市	得分
1	镇江市	2.040	8	连云港市	−0.459
2	苏州市	1.809	9	扬州市	−0.666
3	徐州市	0.491	10	南京市	−0.917
4	泰州市	0.457	11	常州市	−0.991
5	无锡市	0.376	12	淮安市	−1.018
6	南通市	0.131	13	宿迁市	−1.204
7	盐城市	−0.043			

　　根据上表结果显示,排名靠前的城市意味着其人均二氧化硫排放量较多,如镇江市、苏州市、徐州市以及泰州市和无锡市,这些城市由于其较为发达的工业产业,其二氧化硫排放量较多;对于徐州来说,由于自煤炭资源的原因,其二氧化硫排放量居高不下;比较而言,排名靠后的城市主要以苏北城市为主,其人均二氧化硫的排放量较少,比如淮安、宿迁两市,与排名在前的两城市的人均二氧化硫排放量有着较大的差距。为了更进一步地了解省内城市群城际间人均二氧化硫指标的评分差异度,将对23个县级市进行对比排名分析,详见5.10。

表 5.10　江苏省县级市人均二氧化硫排放量指标评分排名

排名	城市	得分	排名	城市	得分
1	高邮市	0.987	13	泰兴市	0.356
2	新沂市	0.843	14	句容市	0.253
3	兴化市	0.763	15	溧阳市	0.188
4	金坛市	0.734	16	昆山市	−0.096
5	如皋市	0.713	17	宜兴市	−0.202
6	邳州市	0.661	18	靖江市	−0.335
7	丹阳市	0.655	19	仪征市	−0.552
8	海门市	0.654	20	江阴市	−1.466
9	扬中市	0.652	21	常熟市	−1.687
10	东台市	0.610	22	太仓市	−2.048
11	大丰市	0.597	23	张家港市	−2.680
12	启东市	0.398			

对比地级市和县级市人均二氧化硫排放量的平均得分可知,其均值相同,均为0,这也说明江苏省内城市群绿色城镇构建中该指标对其影响微弱,几乎为零,但省内城市内部存在一定差异。排名表显示,排名靠前的城市均为苏北、苏中城市,而人均二氧化硫排放量较大的城市均为苏南经济发达城市,可以看出,这些城市由于其自身产业结构的影响,导致其二氧化硫的排放量较大,对这些城市绿色城镇的建设造成了较大的压力。

7. 人均工业烟(粉)尘排放量

近些年来,我国中东部地区相继出现了长时间和大范围的雾霾天气,整个华北、黄淮,甚至江南地区都出现了不同程度的雾霾污染。而引发雾霾天气的重要的诱因是大气中细颗粒物含量严重超标,它主要来源于工业生产、汽车尾气以及挥发性有机物等[1]。其中工业烟(粉)尘是大气细颗粒物的主要来源,火电、冶金、水泥、化工、机械等行业是现阶段我国工业烟(粉)尘排放的主要污染源。可见,人均工业烟(粉)尘的排放量直接影响着绿色城镇的形成与发展。因此,为了衡量江苏省城市群绿色城镇的建设程度,对其13个地级市的人均工业烟(粉)尘排放量进行对比分析,详见表5.11。

---

① 白洋,刘晓源."雾霾"成因的深层法律思考及防治对策[J].中国地质大学学报:社会科学版,2013,13(6):27−33.

表 5.11　江苏省地级以上城市人均工业烟(粉)尘排放量指标评分排名

排名	城市	得分	排名	城市	得分
1	常州市	2.342	8	南通市	−0.285
2	无锡市	1.500	9	连云港市	−0.335
3	盐城市	0.738	10	南京市	−0.692
4	镇江市	0.259	11	泰州市	−0.802
5	宿迁市	0.007	12	淮安市	−1.169
6	苏州市	−0.015	13	扬州市	−1.392
7	徐州市	−0.158			

如上表所示,省内各城市间的人均烟(粉)尘排放量存在一定的差异,尤其是排在前两位的常州市和无锡市,其得分分别为 2.342 和 1.500,人均烟(粉)尘排放的程度远大于其他城市,可见对于经济发达的这两个以工业产业为主的城市,在工业生产的过程中产生了大量的烟(粉)尘,阻碍了绿色城镇的建设和发展,可见,产业结构的调整转型依然是常州和无锡在生态环境建设方面需要重点考虑的因素。整体平均得分为 0,可见该指标对江苏省绿色城镇的构建并没有产生负向指标。为了进一步了解江苏省内各城市的人均烟(粉)尘排放的程度,对 23 个县级市进行了进一步的排名分析,详见表 5.12。

表 5.12　江苏省县级市人均工业烟(粉)尘排放量指标评分排名

排名	城市	得分	排名	城市	得分
1	高邮市	0.843	13	如皋市	0.347
2	兴化市	0.803	14	丹阳市	0.264
3	扬中市	0.793	15	宜兴市	0.090
4	东台市	0.757	16	靖江市	−0.035
5	泰兴市	0.733	17	太仓市	−0.065
6	邳州市	0.729	18	金坛市	−0.273
7	海门市	0.714	19	常熟市	−0.992
8	仪征市	0.652	20	张家港市	−1.147
9	启东市	0.600	21	大丰市	−1.372
10	新沂市	0.559	22	溧阳市	−1.589
11	昆山市	0.440	23	江阴市	−3.234
12	句容市	0.380			

根据上表所示,排名靠前的县级市主要以苏中地区的县级市为主,而排名靠后的城市主要是苏南地区的城市,其中江阴市的人均工业烟(尘)排放量最多,这与江阴市自身的产业结构有着直接的关系。可见减少工业烟(粉)尘排放量的有效办法就是调整产业结构,若在产业结构调整有难度的情况下,要加大环保设施的建设,以减少污染源。

8. 每万人拥有公共汽车数量

每万人拥有公共汽车数量作为绿色恢复的正向指标之一,也是城市公共交通的主要形式。公共汽车数量的多少是实现城市现代化的主要标志,同时也是衡量政府提供公共服务能力的要素之一。对江苏省13个地级市的每万人拥有公共汽车数量进行排名分析,详见表5.13。

表5.13 江苏省地级以上城市每万人拥有公共汽车数量指标评分排名

排名	城市	得分	排名	城市	得分
1	苏州市	1.410	8	盐城市	−0.534
2	南京市	1.355	9	南通市	−0.595
3	无锡市	1.284	10	宿迁市	−0.865
4	常州市	1.030	11	泰州市	−1.030
5	镇江市	1.030	12	淮安市	−1.113
6	徐州市	−0.287	13	连云港市	−1.154
7	扬州市	−0.518		平均得分	0.001

根据上表排名结果显示,排在前五位的均为经济发达的苏南地区的地级以上城市,而排名靠后的城市以苏北的地级市为主。而徐州市是苏北地区的地级市中排名最靠前的,甚至高于苏中的地级市,可见徐州市作为徐连都市圈的中心城市,其政府提供了相对优良的公共服务。从排名分布来看,每万人拥有公共汽车数量与经济发展有着较强的相关性,整体来看,13个地级市之间的差异较小,且其平均得分为0.001,说明其对江苏省绿色城镇的建设产生正向的影响,每万人拥有的公共汽车数量多,有利于缓解交通压力,有利于减少汽车尾气的排放,同时有利于构建生态文明型的社会。

(三) 现状小结

根据上述绿色城镇发展质量的城际排名分析可知,不论是地级市还是县级市,其各城市间的绿色城镇发展不均衡,存在着一定的差异。综合上述指标分析可知,不论是绿色城镇发展的总体分析,还是三级指标体系的分析,其绝大多数指标基本呈现出苏南、苏中及苏北的三区域差异格局。尤其是苏北区域城市与其他区域城市相比在各指标上均体现出一定程度的发展弱势。根据2016年国家发改委最新发布的《长江三角洲城市群发展规划》,已将江苏省除徐州、连云港、淮安和宿迁以外的9个城市都划入了长江三角洲城市群。据表5.14所示,全省绿色城镇的平均水平较低,仅为−0.017,且其省内城市群之间的绿色城镇的发展差异较大;苏北四市与长三角城市群之间存着较大的差异,其平均值为－3.302,与全省的平均水平有一定的差距,且远小于长江三角洲城市群的平均值1.443;长三角城市群中的最大值与苏北四市的最小值之间相差悬殊,可见苏北四市与长三角城市群之间存在着较大的显著差异,这对于江苏省城市群整体的协同发展而言造成了较大的阻力。为了进一步分析省内城市群之间绿色城镇发展的差异程度,用锡尔系数来表征省内城市发展不均衡的程度。

表 5.14　2014 年江苏城市群绿色城镇发展质量区域差异

区域	均值	标准差	最高得分	最低得分
全省	－0.017	4.160	5.979(镇江市)	－5.151(淮安市)
长三角规划城市	1.443	3.763	5.979(镇江市)	－3.935(泰州市)
苏北四市	－3.302	3.269	1.581(徐州市)	－5.151(淮安市)

注:长三角规划城市包括南京市、苏州市、无锡市、常州市、镇江市、扬州市、泰州市、南通市和盐城市;苏北四市是指徐州市、淮安市、连云港市和宿迁市。

三、江苏城市群绿色城镇协同发展影响因素分析

(一) 区域整体差异度

为了进一步印证省内各城市间绿色城镇发展的差异程度,我们采用"锡尔系数"这一在区域差异分析里普遍应用的测量指标来做进一步分析[①]。其计算公式为:

$$T = \sum_1^n y_i \log \frac{y_i}{p_i} \qquad (式5.1)$$

其中,n 为江苏省内地级市个数;y_i 为地级市 i 的工业二氧化硫排放量占全省二氧化硫排放量的份额;p_i 为地级市 i 的人口占全省的份额。T 越大,各地级市间的绿色城镇发展水平差异越大,反之亦然。

首先,经过计算,江苏城市群绿色城镇要素子系统的整体锡尔系数为0.1,和其他要素子系统相比,分值较高,这显示出绿色城镇相关要素的一体化困难程度要高于其他要素子系统。其次,对要素流城市节点进行禀赋区位细分后,按照是否进入长三角规划来划分,可将省内城市划分为长三角城市群以及苏北四市两大类,笔者随后将二者的绿色城镇要素子系统的锡尔系数进行细分分析。经分析发现,长三角规划城市圈的锡尔系数为0.122,高于全省的整体水平,这表明长三角规划城市之间的绿色城镇相关要素流集聚程度较高,且大于全省整体集聚度,可见长三角城市群内部发展不均衡的差异对全省总体差异的贡献度较高。

---

① 梁政骥,吕拉昌.基于锡尔系数的广东省城市创新能力差异研究[J].地域研究与开发,2012,31(3):73-77

反之,纵观苏北四市范围内的绿色城镇要素子系统的锡尔系数可知,其差异小于全省各城市间整体的差异程度,可见苏北四市对于江苏省绿色城镇协同发展的影响较小,且苏北四市的锡尔系数,除了徐州市之外,其余三市均为负值,其原因主要是除徐州市之外,其余三个城市的二氧化硫排放量占全省的比重均小于其人口占全市的比重,说明苏北城市二氧化硫的排放量相对较小,对于绿色城镇的发展影响较弱,尤其是淮安市,其二氧化硫排放量最小。而在苏北四市中,可明显观察到徐州市的锡尔系数为0.033,在全省各城市的锡尔系数中排名第三,这充分说明徐州市的二氧化硫排放量对全省绿色城镇的发展影响较大,这主要是由于徐州有着大量的煤炭资源,自身为资源型城市,使其在开采利用的过程中排放出大量的二氧化硫。

整体而言,经济发达城市的差异度更大,对于全省绿色城镇的协同发展有着较大的影响。以苏州市的锡尔系数为首表明,在工业产业较为密集的区域由于生产特点其二氧化硫排放量较大,由此可见,要推行全省城市群绿色城镇的协同发展关键在于经济较为发达的长三角城市群改变其产业结构,降低其二氧化硫排放量,加大环保设施的建设,以此推动全省绿色城镇的协同发展。

(二)绿色城镇子系统城际协同影响因素

根据上文所述,江苏城市群绿色城镇要素流的城际分布的区域集聚度很高,绿色城镇指标所代表的环境要素子系统的一体化进程任重而道远,且整体上呈现出以苏州、无锡、镇江等城市为首的长三角规划城市间的要素分布更为集中,与全省水平存在较大的差异;而苏北四市之间环境要素分布差异较小。苏南、苏中、苏北在环境要素一体化发展呈现了较大的城际差异,导致这一现象产生的影响因素大致有以下几个方面:

第一,城镇化水平。城镇化的发展水平标志着城市的发展程度。长期以来,我国城镇化基本上走的是一条外延扩张的发展道路,以高消耗、高排放、高扩张为基本特征,属于非绿色的粗放型城镇化发展模式。经相关研究表明[①],城镇化发展水平与绿色发展程度之间呈现显著的U形关系。这也就意味着在城镇化发展初期,会抑制城市发展绿源的产生,影响城市绿色发展效率,主要是由于在城镇化初期会偏重于数量上的进程,而往往忽略了城镇化质量的提升,进而导致城市生态的破坏和环境污染等一系列问题;但当城镇化水平达到一定阶段后,相比较数量的提升更重视质量内涵上的发展。

第二,经济发展水平。在上述众多三级指标的分析中都显示,绿色城镇的建设与经济发展水平呈现出一定的相关关系。根据相关研究表明,经济发展水平和影响绿色城镇发展的负向指标污染物之间存在着一种倒U形曲线关系,这使其绿源消退的负向指标污染物排放量最多的城市出现在经济中等发达的城市,比如在上述人均烟(粉)尘排放量的排名中,排放量最多的基本集中在苏中城市,这也显示出在城市发展过程中,多

---

① 王兵,唐文狮,吴延瑞等,城镇化提高中国绿色发展效率了吗?[J].经济评论,2014(4):38 - 49

是采取"先污染、后治理"的方式,而经济发达城市已意识到环境问题,开始实施环境治理,比如南京市,在众多指标中都显示出南京的污染物排放量较小。

第三,产业结构。对于绿色城镇发展中的主要负向指标是指污染物的排放。然而污染物的排放来源主要来自于工业产业。根据产业对不同生产要素的依赖程度,可将产业划分为资本密集型产业、劳动密集型产业和技术密集型产业,其中资本密集型产业和劳动密集型产业分别对应重污染产业和轻污染产业。以钢铁、石油、煤炭等为主导产业的城市其污染物的排放量相对比较严重,可见产业结构对于污染物的排放量有着直接的影响。因此,在绿色城镇的发展中构建绿色产业体系已是必然趋势。

四、政策建议

我国城镇化发展的基本趋势是实现绿色城镇化的发展,绿色城镇化是城镇集约开发与绿色发展相结合的新型城镇化发展模式。这也与我国资源稀缺,人口总量大的基本国情相吻合。绿色城镇发展的特征表现在生态发展、以人为本、和谐健康方面。生态发展特征是以生态文明为理念趋向,利用多样化手段发展,大力发展生态生产力,注重经济效益的同时不以资源环境为代价,促进城镇化中各方面协调,最终实现物质文明、精神文明、政治文明和生态文明的共同发展[①]。在上述的分析中,可以看出在江苏省内,各城市绿色城镇的发展均存在着不同程度的差异,因此为了均衡区域发展,推动绿色城镇的协同发展,提升绿色城镇化水平,提出对策建议:

第一,积极推进构建绿色产业体系。发展绿色产业体系是实现绿色经济的基础,而发展与提高城市的绿色经济是绿色城镇发展的重点方向。因此推进绿色产业体系已是绿色城镇发展的客观要求。绿色产业的核心思想就是实现经济增长与优化保护资源环境的双赢,这也是传统产业结构向绿色产业结构转型的根本方向。因此在当前城镇化的过程中,首先,对高消耗、高污染的行业要实行增量的控制、存量的转化调整,要高度重视能源结构的绿色优化,积极推进该科技支撑的高效能源产业的成长与发展,使其符合绿色城镇化发展的基本要求;其次,通过产业政策引导绿色产业的转型与发展。构建绿色产业目录清单,划分鼓励、限制和淘汰的产业体系,且要体现出区域的资源环境的约束条件,在空间上合理布局重点绿色项目作为区域的绿色产业发展的支撑点;最后,鼓励和推进绿色企业的发展。通过以科技为支撑,大力推广绿色生产技术和管理技术,以此来实现绿色企业的发展。企业作为经济的微观主体,绿色企业的转型与实现将极大地改变聚集经济发展中的资源消耗曲线和污染控制模式[②],推动生产消费方式由资源密集型向资源节约型的转变发展。

第二,引导社会消费方式的转变。建设绿色城镇,还需强化行为主体的绿色意识,

①　李颖琦,李茜.国内绿色城镇化发展趋势研究述评[J].管理观察,2015,21:9-11
②　罗勇.城镇化的绿色路径与生态指向[J].辽宁大学学报,2014,42(6):84-89

引导社会消费方式的转变,构建绿色的城市布局、基础设施、生活方式和消费导向,引导居民消费观念及消费方式的转变,让绿色发展理念融入公众的生产和生活当中。比如通过地表软化、屋顶绿化等工程措施,实现对绿色生态占用的补偿;改变居民过度追求物质享受的消费理念和高碳消费方式,大力提供公共交通环保低碳的出行方式。应尽量避免将居民居住区与功能区分割过远,增加居民上班距离,增加资源的消耗。在城市建设布局中也要体现节约资源、保护环境、减少污染物排放的原则,将不同功能区同区域布局。因此在江苏省城市群的发展中,依赖于长三角城市群协同发展的区域优势,大力推进交通、能源等低碳基础设施建设,实现城市集聚辐射能力和城乡联动发展能力的持续提升,进而推动江苏省城市群的绿色城镇化的发展。

第三,构建绿色城镇发展的激励约束机制,完善绿色政绩考核制度。通过构建合理的激励约束机制,引导行为主体的绿色行为。对于政府来讲,通过建立生态政绩考核机制,在考核经济增长指标的同时,重视资源、环境等指标,将经济发展过程中的环境损失和环境效益纳入到政绩考核评价体系中;与此同时,把生态文明建设作为年度政绩考核的主要指标,比如环境整治、垃圾处理、污水处理等具体指标作为年度考核各市乡镇和部门的重要内容;最后,将生态文明建设考核结果与干部政绩考核相挂钩,强化绿色生态城镇的落实与建设,强化责任体系,厉行考核奖惩,树立"不以 GDP 论英雄"的理念,激发各地市实施绿色城镇建设的力度[①]。对于企业,激励企业在工业中使用节能环保技术,实现低消耗、低污染、高产出的发展模式,对于污染物排放不符合相关规定的,要加大处罚力度,甚至整顿退出。鼓励居民低碳出行,使用环保产品,节约资源,减少污染物的排放。

第四,构建绿色生态人居环境。绿色城镇化在推进建设的过程中,充分体现了生态文明的理念和内涵,因此发展绿色城镇的建设,实现城镇的社会、经济发展与其自身的资源供应能力和生态环境容量相协调,逐步实现一个以人为中心的经济发展、社会进步和生态保护三者高度和谐的绿色城镇系统。然而,面对当前省内各市绿色城镇建设不均衡的现状,应针对区域差异及特点实施生态环境状况的持续改善,这是绿色城镇协同发展的基本纲领,也是绿色城镇化的基础和支撑。因此建立科学系统的生态规划,以规划来引导经济、社会和环境的协调发展,这也是绿色城镇化发展的必然途径。首先,通过严格执行椎体功能区制度,明确生产、生活和生态空间的开发管制界限;其次,改善人居环境,通过从社会、经济、技术和文化多个层面来综合解决人居领域问题,增加居住房屋,改善居住环境,完善基础设施服务;最后,控制污染排放,在城镇化快速发展的过程中,如何控制人口增加、经济增长、产业转型等对环境造成的污染,这已是绿色城镇化发展过程中的重要问题,比如当前雾霾天气的形成,因此制定高效科学的生态环境的保护管理机制,完善环境保护的相关政策,推动环境保护和治理的新技术,是当前发展绿色城镇、改善人居环境的基础与保障。

---

① 史巍娜. 浅析生态文明建设中的绿色城镇化道路[J]. 知与行,2016,6(1):77-80

第六章　江苏城市群集约城镇协同发展

在本章,我们将依据城际协同与要素协同理论的基本原理对江苏省城市群的集约城镇子系统协同发展现状进行分析。城市群集约城镇协同发展,本质上是集约要素流在整个城市群内部的一体化进程,其良性循环机制建立在城市群集约子系统的城际协同发展之上,因此,我们将首先依据各个城市的集约城镇发展质量指标评分排名对城际间集约要素流的集聚状况进行评估,进而计算江苏城市群集约要素子系统区域差异锡尔系数,据以分析整个江苏省城市群的区域集约要素协同发展水平,最后,鉴于江苏城市群存在极化区域与规划区域相冲突的特点,同时考虑城市系统的要素协同和城际协同的复合性特点,我们将探讨在经济新常态和"一带一路"大背景下江苏城市群集约要素子系统城际协同发展的可行性路径。

一、集约城镇发展质量指标构建

(一)指标构建背景

目前,集约已经运用到经济社会的各个领域,诸如集约增长、集约化管理、集约化经营等提法屡见不鲜。与集约相对的是粗放,二者经常被用于形容生产经营方式或经济增长方式。在经济领域的范畴之下,集约就是主要通过改进生产要素的质量和合理使用生产要素来实现经济增长的连续不断的社会再生产过程。相对,粗放是指主要通过不断增加劳动、资本和资源等生产要素的数量推动经济快速增长的社会化再生产的一种模式。从微观层面来看,集约和粗放是方式迥异的生产、管理和经营过程,比如,生产中人均使用的资本、资源越多就说明该生产经营方式是集约的,反之就是粗放的。进而延伸至宏观领域,二者则是截然相反的经济增长过程方式,但是不容否认的是经济增长往往伴随量的粗放增长与质的集约提升。黎诣远(1996)[①]曾对集约与粗放的微观和宏观区别做过细致的阐述:"农业领域的集约经营是指单位面积的土地上能够拥有较多数量的劳动力或资本,并使用先进的技术改善耕作方式以达到精耕细作目标的一种生产经营方式;集约经营在工业发展上则表现为劳动力密集型产业让步于其他要素(资金、技术和知识)密集型产业,在这个过程中,尤其是要重视引进新技术改造传统产业,将以基础建设为依托的外延扩张再生产方式转向以技术创新应用为支撑的内涵深化再生方式。纵观经济发展历程,可以看到常常是粗放经营先出现,在资源约束趋紧导致经济增

---

①　黎诣远.增长:从粗放到集约[J].报告与参阅,1996(3):2-6.

长的效益逐渐下降时,方才逐渐转向以知识、技术投入为主的集约经营。"

集约不同于紧凑,但包含紧凑。主要是用来描述空间或时间等连接得非常紧密,中间没有间隔,比如,日常工作安排得非常紧凑、城市遍地林立的高层住宅及其户型日趋紧凑,等等。我们可以看出,紧凑侧重于说明空间使用的高效率、时间利用的高效率以及物体表面排列的紧密性,如紧凑型城镇化的提法就特别强调了城镇化进程中土地的空间安排要合理高效。而集约不仅强调了外在空间上的紧凑,更加强调要在其基础上,采用新理念、新技术、新模式等深挖紧凑背后的经济和社会效益,是一种质的、内在的飞跃。集约不同于集中,但包含集中。"集中"是指把散布各处的、同类的或不同类型的人与物等用某种方式集合到特定地点的状态,如农村人口向城镇集中、企业向园区集中等。这种状态可能是杂乱无章的,也可能是有一定规律的。而集约的"集"字,便包含集中之义,是指将人力、财力和物力等多种资源要素集中在一起,通过合理的、优化的组合配置,用于社会化的大生产、经营和管理;同时,集约还有一个重要的关键字——"约",它是指在生产过程中,集中统一配置人力、物力和财力等要素时,要充分考虑资源、资金的有限性,秉承"节约、节俭、高效"的原则,最大程度降低各种约束的阻碍力,提高要素的使用效率,以达到较高的经济效益、较强的竞争力和可持续的发展潜力。由此可见,集中被包含在了集约之内,二者是包含与被包含的关系。集约与集聚不同,但涵盖了集聚之义。"集聚"强调"集中",侧重于描述人口、企业以及经济活动向某一特定地域空间集中分布的一种形式。从经济学的视角来看,集聚的产生源于规模经济利益的可获得性,如便捷快速的沟通交流、低成本的交通运输条件、共享的公共设施等,集聚一经产生便会自我强化,通过集聚效应不断推动集聚程度的提高,为经济增长提供强有力的动力。与集聚的内涵相比较,集约不仅包含了集聚所涉及的要素、生产和生活的集中及其所带来的经济效益,而且囊括了社会效益和环境效益,还涉及了为获取这些效益而确定的空间利用模式、资源使用方式以及生产要素配置方式等。由此可以看出,集约所包含的内容比集聚包含的要广。

从"投入—产出"的角度来看,如果我们将城镇比作最终产品,将城镇涉及的人口、地理空间、产业、资源、生态环境以及现代文明视为投入性要素,那么集约型城镇就是各种要素优化配置组合,集约化生产得到的产物。所以,集约型城镇的特征可以体现在各种投入要素的集约配置上,具体为人口居住的集中、空间布局的集约、产业发展的集约、资源利用的集约、生态环境的友好和现代文明的共享。

"集约城镇"理念是根据城镇化发展的普遍规律和我国城镇化发展的特殊性提出的。在我国过去几十年的粗放式城镇化建设当中,对城镇化理解的片面性导致了一味追求城镇空间及人口规模的盲目扩张。从世界其他城镇化先行国家的经验看,粗放式的城镇化建设只能造成资源的巨大浪费和畸形配置。与以高投入、高污染、高排放为特征的粗放型经济发展模式相伴随的传统城镇化主要表现为数量日益增长、规模不断扩大、空间快速拓展,这种外延式城镇化带来了人口拥挤、交通堵塞、环境污染和生态破坏等一系列的发展难题。随着经济发展方式的转型，城镇化发展方式也由传统城镇化向资源节约、环境友好、发展高效的新型城镇化发展方式转型。在转型期，区域城镇化必然要在政府的强力引领、干预和宏观调控之下向前发展。

"集约城镇发展质量"指标是"城市协同发展质量"评估体系的二级指标之一，侧重于分析城市系统的"成本"问题，集约城镇指标中体现的是城市系统中可持续发展相关要素流的循环状况。所谓集约型城镇化就是以经济发展和城镇化发展的基本规律为基准，以科学发展观理论和科学合理的城镇体系规划为指导，以资源节约和生态环境保护为基本原则，以人的无差别化综合发展为核心目标，以内生和外生的多元因素为动力，最终实现城镇经济精明增长、乡村传统型的社会向城镇现代型的社会转变、现代文明城乡全面共享的和谐状态。在集约型城镇化推进的过程中，城镇空间结构布局日益紧凑、人口规模渐次合理、产业集聚度逐渐提高、产业集约发展和支撑能力逐渐增强、资源利用日趋集约、生态环境不断美化。因而，与新型城镇化相比较而言，新型城镇化是一种发展战略，集约城镇化则是在这一战略指导下形成的一种城镇化发展路径或模式。

从目前的国内外研究中，我们发现，这个从经济学概念引申出的"集约模式"日趋受到重视。它不再以单纯的城镇化规模为衡量成果的标准，而是同时注意投入成本的规模大小，以"低消耗、高质量"为衡量城镇化发展质量的主要标准，与"效率城镇"指标一起承担城镇化发展效率性方面的评估。

具体可分为以下几个特征：

第一，人口集中居住。人口集中居住不仅是传统城镇化的核心内容，也是集约型城镇化的关键一环，它至少涉及农村人口的城镇集中转移、居住模式的小区化、社区化三大方面。首先，移民就业的非农化，就农村人口向城镇集中转移而言，农村人口在乡村推力和城镇拉力的驱动下逐渐由原住地向城镇迁移，这里的城镇包括了巨型城市、特大城市、大城市、中小城市以及众多小城镇，随着城市规模的扩大，容量逐渐达到顶峰，资源与环境承载力不断下降，城市周边的卫星城也将成为农村人口向城镇集中转移的地点。这是集约型城镇化最为直观的外在特征之一。其次，移民居住模式的小区化、社区化主要是指城镇化和工业化进程中，由农村转移至城镇的人口的住房不再是乡村的散落分布状态，而是空间立体发展的高层或多层楼房，形成了小区化、社区化的集中居住和民主管理模式。已经进城居住的农村人口与未转移的农村人口之间的密切往来，使得集约型城镇化进程中这一城市现代的生活方式加快向农村的传播。移民就业的非农化是指从主要从事农业生产转移到城镇的农民为了获得收入，提高生活水平，需要进入非农产业的劳动市场获取工资。这也与城镇集聚人口，形成专业化的劳动市场，为经济发展提供充足劳动力的利处之一是吻合的。然而，大部分农民的科学文化水平不高，素质较低，难以成为企业所需劳动力的有利支撑。这就要求需要对集中迁移到城镇、集中居住的农民进行专业化培训，提高谋生技能，使其能真正进入城镇非农产业劳动力市场。这是集约型城镇化以人的无差异综合发展为核心的一个体现。

第二,空间布局的集约,城市体系发展离不开空间的支撑,城市空间规划本就是城镇化建设的外在表现。在过去几十年摊大饼式的城镇化建设过程中,土地资源浪费严重,土地要素趋紧态势倒逼粗放型城镇化模式转型为集约型城镇化。集约型城镇化建设必须充分利用土地资源,形成合理的、集约的空间布局结构。具体来说,空间结构布局的集约体现在宏观、中观和微观三个方面:

首先,在宏观层面上形成科学合理、特色突出的集约型城镇体系。佩鲁的增长极理论表明增长点在通过聚集要素资源获取自身发展的同时,也通过辐射作用带动腹地的经济增长。因此,在构筑科学合理、特色突出的集约型城市体系之时,不应盲目全面推进,而应以科学的城镇化规划为指导,加强城镇化的顶层设计,重点培养发展,真正形成以特大城市、超大城市或大城市为依托,以互补的中小城市城市群为支撑,以特色突出的专业中心城镇群为基础的城市体系,以形成"多点多极"模式的城市体系空间格局,最大程度上发挥各个城镇节点的辐射扩散效应,最终带动整个国民经济的快速增长。

其次,在中观层面上形成多中心鼎立的区域城镇空间格局。中国人口众多、地域广阔,不同区域经济发展差异较大,从城镇化建设促进经济发展的视角进行考察,抓住城镇化加速推进这一契机,依托既有的区域空间格局形成合理的区域城镇空间格局是推动区域经济协调发展的重要抓手。目前,中国区域经济格局表现出东部、东北部、中部、西部四足鼎立的状态,依托现有区域空间格局,切忌"遍地开花"式的城镇化发展模式,在不同大区空间范围内,积极推进以城镇群为主体发展形态的区域城镇化进程,充分发挥城镇群的极化与辐射功能,推进区域空间布局的优化集约,以多中心鼎立的区域城镇格局为基础,促进区域经济协调发展。江苏城市群的经济格局与中国整体区域经济格局相似,因此国家规划原则对江苏城市群规划有着切实的实践意义。

再次,在微观层面上形成紧凑型的城镇内部结构。城镇内部空间结构的紧凑性意味着城镇的建筑密度较高,土地利用效率较高,单位面积的土地产出较高,这就要求城镇发展必须要节约、集约利用城镇土地,尽可能提高土地的利用效率,增加土地效益。紧凑型的城镇内部空间布局一般通过改建和扩建两种方式实现。对于改建来说,是针对城区的一些老式建筑予以拆除,重新规划布局,使用现代技术重新建设。尽管这一方式在不扩大城区建设面积的同时提高了城镇建筑密度,但是这种方法的成本较高,城市管理者往往弃之而选择扩建这一方式。扩建则是沿着城区的边缘线以建立开发区或卫星城等方式向外不断扩张。这一途径在提高城镇建成区密度的同时,也扩大了城区面积,城镇发展空间进一步扩大,然而不容忽视的是这一途径也往往导致了诸如城市内部区域景观的不一致、人口密度和经济密度的不均衡、区域发展差距有所扩大等现象的产生。

第三,产业发展的集约。产业发展与城镇化相辅相成,互相促进。一方面,产业发展最终要落脚到具体的地理空间;另一方面,城镇化的发展需要产业予以支撑,否则会导致没有产业的城镇化或城镇空心化现象的发生。集约型城镇化不只是要实现产业发

展与城镇化发展的同步,它更加强调产业集约化的发展对城镇化的支撑作用。集约型城镇化进程中的产业集约发展有六大特征:

第一个特征是产业发展集聚化,城镇的一个重要作用是集聚产业,会为城镇经济发展提供强有力的动力。有发展潜力的城镇化必然伴随着大规模的产业集聚,产业在城镇集聚的发展避免了分散生产经营带来的"点污染"、沟通不便、运输成本高昂等弊端,反而可以获得因集聚而产生的规模经济效益。当然,这里的产业集聚并不是指产业在城镇的无序聚集,而是向园区有序、组团集中;也不是所有的城镇均设立产业园区,而是在有条件的、有特色的城镇,设立产业集聚园区。集约型城镇化就是通过规划有特色的产业园区聚集产业,形成比较优势,为城镇化和经济发展提供强大的动力支撑。

第二个特征是产业结构高度化。世界发展经验表明,产业结构往往伴随着城镇化的发展不断优化升级,由以农业为主的产业结构向以第二产业为主的产业结构和以第三产业为主的产业结构转变。集约型城镇化要求城镇以园区形式聚集产业时,要科学规划,合理布局产业聚集区;要有选择地聚集产业,在发挥本地特色产业的同时,规划的园区既要引进高新技术产业,也要引进现代制造业,还要适当发展现代农业;要统一协调,不要搞大而全,重在突出区域内各个城市的特色,组团发展优势互补的产业集聚园区,带动整个区域产业结构的优化升级。

第三个特征是企业发展集约化。地区产业的集约发展最终要通过微观企业生产、经营和管理的集约化予以实现。首先,产业的城镇集聚表现为企业在城镇地理空间上的聚集,散布各地的企业在各种城镇引力的驱动下,向城镇区域集中,企业及其相关企业彼此之间地理距离的缩小,能够共享信息、平台和基础设施等,大大降低了沟通成本和交通运输成本,在获得外部规模经济的同时,也延伸了产业链条,提高了区域的产业集中度,增强了城镇产业发展的竞争力;另外,企业向城镇聚集后将面对较大的市场,生产规模将随之扩大,利润不断上涨,但随着市场竞争的加剧,企业的利润空间将会被逐渐压缩,企业需要通过引进新的设备、新的生产技术和新的管理模式等,努力降低内部生产成本,加大新产品的开发和推广,从中获取内部规模经济,进一步强化企业的集约化发展。

第四个特征是资源利用的集约。资源,是现代经济发展的血液,是社会大生产顺利循环的基础保障。狭义的资源是指自然资源,广义的资源除了自然资源以外,还包括人力资源、资本资源、技术资源和信息资源等。城市体系的可持续发展离不开多样化资源的支撑,集约型城镇化便要求城镇化建设中要节约、集约利用资源,优化组合配置各种资源,增强城镇化可持续发展的潜力。集约型城镇化的资源集约利用的特征,可从狭义和广义的资源两个角度加以理解。

从狭义的角度即集约利用自然资源。20 世纪 60 年代末,罗马俱乐部在《增长的极限》一书中对自然资源过度消耗将遏制经济增长的论述,给我们敲响了警钟。我们姑且不谈论资源是否有限,但是现实经济发展过程中的资源约束的确呈现出不断趋紧的现象。在自然资源紧的约束下,城镇化建设集约化程度和可持续发展能力的提高,一方面要节约集约使用现有资源,大力积极倡导发展循环经济,积极引进新技术提高资源使用率,尽可能地回收利用尾料、废料和边角料,充分利用资源;另一方面要开发研究新的勘探开采技术,高效开采能源,并积极使用新能源和清洁能源替代传统的石化能源,降低非可再生能源对城市经济发展的约束力度。

从广义的角度即集约利用非自然资源。与自然资源一样,人力、资本、技术、信息等非自然资源是城镇化建设过程中不可或缺的要素。人力资源是生产的执行者、是城镇化建设的基本主体;资本资源是生产循环持续的保障、是城镇化建设的必备要素;技术资源是生产集约化、产业结构高级化、城镇结构合理化和低碳化的关键;信息资源是生产经营管理高效化、城镇生活智能化的根本保障。21世纪的今天是非自然资源高速流动的时代,有必要采用集约、节约使用非自然资源的模式,最大程度上优化配置城镇地域空间上的非自然资源,降低单位非自然资源占用自然资源的比率,提升城镇化建设的资源集约利用效益。

第五个特征是生态环境的友好。城市体系是一个"经济——社会——资源——环境"复合的巨型生态系统,经济发展和社会进步为人们的生活提供了坚实的物质基础和精神文明,而生态环境的改善为人们提供了良好的安居环境,为经济社会发展提供了可持续的动力。生态城镇发展理论认为,城镇发展不能够只看重经济效益、社会效益,经济社会发展过程中带来的环境污染,已经逐渐地蚕食了经济社会进步带来的效益,居民的生活质量也随着环境的恶化而逐渐下降,管理者们应该加强资源的合理利用和保护,主动治理环境污染,改善城镇日益恶化的生态环境,提升城镇发展的生态效益。集约型城镇化的内涵融入了生态学范畴的生态文明理念和发展经济学范畴的可持续发展理念,主张尊重大自然、尊重生态环境,保护和集约利用自然资源,在经济社会发展的同时主动修补、修复生态环境,尽可能弥补"生态欠账",运用现代科技技术和已有的经济发展成果,主动协调人与自然生态环境的关系,形成生态环境友好型的社会形态,试图努力打造一个"宜居、宜业、宜产"的人、社会、经济以及自然生态环境相互融合统一的城镇生态系统,力争经济效益、社会效益和生态效益统一于城镇化的建设过程当中,从经济、社会和生态环境三个层面,提升城镇可持续发展的综合潜力和城镇化的质量。

第六个特征是现代文明的共享。一直以来,人们对城镇化的理解尤其强调了城镇的集聚功能,即吸引人口和经济活动向城镇集中,往往容易忽视城镇化的扩散功能,即城镇的生活方式、价值观念、道德规范、生产技术、发明创新等特征、品质或产品向城镇区域外部(乡村)逐渐扩散。农业剩余产品理论认为,农业的快速发展是城镇继续存在的基础条件,即城镇化的发生源于农业劳动生产率的提高带来了富余的农业产品和过剩的农业劳动力。在农村、农业、农民为城镇居民提供基本的农产品、为城镇经济发展提供大量的原材料和劳动力的背景下,集约型城镇化理论主张城镇与乡村共享经济发展的成果,共享物质文明和精神文明,引导乡村生活方式、思维方式、价值理念等向城镇模式转变;强调在城镇化进程中,工业、技术、工商资本应该积极主动反哺农业,推动现代农业发展,提升农业劳动生产率,夯实城镇持续发展的基础;注重教育、卫生、医疗、社会保障等基本公共服务的均等化,促进城乡分配的公平和发展差距的缩小;积极营造城乡良性的互动机制,促进人口、资本、技术等城乡间的自由流动,促进城乡经济一体化、城乡共发展、共繁荣的格局。

(二) 指标构建

集约型城镇化是一个涉及经济、人口、空间、社会、资源、环境六个维度的和谐共生发展的过程。以现代城市功能的完整度和集约度的综合内涵为主要依据,"集约城镇"评估板块共由6个三级指标构成(见表6.1)。6个三级指标权重相同,各个地级市和县级市的集约城镇的总分值由三级指标得分值加总而成①。从发挥城市功能的角度来看,"集约城镇"指标数值的高低直接反映了各个城市在新型城镇化发展中"制度保障力"、"产业驱动力"、"资源(自然资源和非自然资源)支撑力"与"环境约束力"的水平的高低和发展状况和趋势。这四种能力已被证明是集约型城镇化的主要发展力。

表 6.1 集约城镇发展质量评价指标

指标	说明	指标类型
土地产出率	GDP 与市区面积之比	正向
劳动力密度	从业人员总数与市区面积之比	正向
资本密度	固定资产存量与市区面积之比	正向
城区人口比率	市区人口与全市人口之比	正向
非农业从业人员比重	非农产业从业人员数与全体从业人员数之比	正向
第三产业人员从业比重	第三产业从业人员书与全体从业人员数之比	正向

二、集约城镇发展质量评分排名

(一) 集约城镇发展质量总体排名分析

本章的集约城镇评分主要是为了对江苏省 13 个地级市和 23 个县级市的集约城镇现状进行综合分析。首先对原始数据缺失的部分通过软件 LISREL 按照 Multiple Imputation 程序进行多元替补处理;其次,将 6 个三级指标无量纲化,其标准值设定在 [−3,3] 之间,若出现极端值,则修正为 3 或 −3;最后,将各个三级指标的标准评估分值加总,以得到各个城市的集约城镇评分(见表 6.2 和表 6.3)。

---

① 县级市评估中因数据不可得,故无"劳动力密度"和"城区人口比率"指标。

表 6.2　2014 年江苏省地级以上城市集约城镇发展质量指标评分排名

排名	城市	得分	排名	城市	得分
1	无锡市	8.412	8	泰州市	−1.338
2	常州市	5.358	9	徐州市	−2.711
3	南京市	5.082	10	淮安市	−3.347
4	镇江市	3.095	11	盐城市	−4.325
5	苏州市	1.392	12	宿迁市	−4.659
6	扬州市	−0.943	13	连云港市	−4.879
7	南通市	−1.103			

表 6.3　2014 年江苏省县级市集约城镇发展质量指标评分排名

排名	城市	得分	排名	城市	得分
1	昆山市	6.839	13	仪征市	−1.133
2	江阴市	6.351	14	泰兴市	−1.372
3	张家港市	4.658	15	句容市	−1.592
4	扬中市	4.416	16	海门市	−2.268
5	太仓市	3.475	17	启东市	−2.725
6	常熟市	3.137	18	溧阳市	−2.905
7	丹阳市	1.937	19	如皋市	−2.925
8	靖江市	0.947	20	高邮市	−2.945
9	宜兴市	0.224	21	兴化市	−3.196
10	金坛市	−0.382	22	邳州市	−3.844
11	东台市	−1.008	23	新沂市	−4.695
12	大丰市	−1.020			

从表 6.2 和表 6.3 中,我们得到一个比较清晰的印象:江苏省经济发达的沿江经济带上的主要城市(南京、苏州、无锡、常州、扬州等)有着较好的集约城镇得分,排名靠前。与此形成鲜明对比的是,经济发展相对落后的苏北各市(宿迁、连云港等)在集约城镇的排名也较为落后。我们在县级市的排名中也发现了相似的规律,这体现出,江苏省内的集约城镇与它们所处的经济发展水平保持一致。

(二)三级指标排名分析

1. 土地产出率

土地产出率是指单位土地上的平均年产值,是反映一个城市土地利用效率的重要指标之一。集约城镇之所以成为评估新型城镇化发展质量的重要内容,是因为集约城镇评估板块中的土地产出率指标是衡量一个城市是否改变了以往盲目扩充城区面积的"摊大饼"式的发展模式的重要依据。集约城镇的本质要求即为"低物耗、低能耗和高效率"的发展,最大限度地节约资源(节能、节地等)就是其主要目标。而土地放出率就是衡量各个城市在土地利用方面的效率水平。从表 6.4 和表 6.5 我们可以看出,这个指标有着鲜明的区域特色,经济发达沿江城市,无论是地级市还是县级市,基本都占据着排名的前列。排名后几位的基本在苏北地区,然而南京作为省会城市,也在此列,不得不让人产生一定的思考。

表 6.4 2014 年江苏省地级以上城市土地产出率指标评分排名

排名	城市	得分	排名	城市	得分
1	无锡市	2.551	8	徐州市	−0.403
2	镇江市	0.796	9	扬州市	−0.418
3	苏州市	0.768	10	南京市	−0.650
4	南通市	0.492	11	宿迁市	−1.038
5	常州市	0.484	12	淮安市	−1.152
6	泰州市	0.062	13	连云港市	−1.252
7	盐城市	−0.240			

表 6.5 2014 年江苏省县级市土地产出率指标评分排名

排名	城市	得分	排名	城市	得分
1	昆山市	2.827	13	金坛市	−0.498
2	江阴市	2.306	14	如皋市	−0.512
3	张家港市	1.599	15	溧阳市	−0.518
4	常熟市	0.829	16	启东市	−0.561
5	扬中市	0.570	17	邳州市	−0.687
6	太仓市	0.513	18	句容市	−0.696
7	靖江市	0.149	19	新沂市	−0.724
8	丹阳市	0.086	20	兴化市	−0.768
9	海门市	−0.197	21	高邮市	−0.804
10	宜兴市	−0.334	22	东台市	−0.852
11	泰兴市	−0.383	23	大丰市	−0.888
12	仪征市	−0.459			

2. 劳动力密度

劳动力密度是指一个城市内部单位面积上的劳动力数量。作为人类生产活动中不可或缺的生产资源劳动力集中促使了社会分工的进一步细化。该项评估的得分反映了一个城市进行社会活动的效率性,是一个城市集约化生产的重要反映指标。由表 6.6 我们不难看出,这个指标有着鲜明的区域特色,排名靠前的无一例外的都是沿江经济发达地区,而苏北城市,包括徐州,劳动力密度都比较低,具有较大的发掘空间和潜力。

表 6.6　2014 年江苏省地级以上城市劳动力密度指标评分排名

排名	城市	得分	排名	城市	得分
1	无锡市	2.382	8	镇江市	−0.247
2	常州市	1.464	9	徐州市	−0.649
3	苏州市	0.468	10	盐城市	−0.892
4	南京市	0.449	11	淮安市	−0.961
5	扬州市	0.185	12	宿迁市	−1.043
6	泰州市	0.037	13	连云港市	−1.199
7	南通市	0.007			

3. 资本密度

资本密度指标是以单位面积上的固定资产存量作为主要的衡量标准,对一个城市整体的投资状况进行评估。资本作为一个地区生产活动的基本动力源,资本密度指标的高低能够反映一个城市进行经济活动时利用资本的效率性,是判断一个城市的生产资本是否实现高效投入的重要标准,也能够反映一个城市生产活动再循环的投资潜力的大小。与劳动力密度非常类似,从表 6.7 和表 6.8 中我们可以看到,经济发达地区占据着排名的前列,苏北地区需要迎头赶上。县级市的排名也有相似的规律。

表 6.7　2014 年江苏省地级以上城市资本密度指标评分排名

排名	城市	得分	排名	城市	得分
1	无锡市	2.419	8	徐州市	−0.297
2	常州市	1.460	9	扬州市	−0.525
3	镇江市	0.956	10	盐城市	−0.816
4	南京市	0.147	11	连云港市	−0.913
5	南通市	−0.040	12	淮安市	−0.985
6	苏州市	−0.114	13	宿迁市	−1.093
7	泰州市	−0.199			

表 6.8 2014 年江苏省县级市资本密度指标评分排名

排名	城市	得分	排名	城市	得分
1	江阴市	2.594	13	溧阳市	−0.472
2	昆山市	1.959	14	如皋市	−0.484
3	张家港市	1.462	15	启东市	−0.486
4	扬中市	1.015	16	金坛市	−0.511
5	太仓市	0.908	17	邳州市	−0.565
6	靖江市	0.847	18	新沂市	−0.641
7	常熟市	0.359	19	句容市	−0.860
8	海门市	0.134	20	高邮市	−1.025
9	泰兴市	−0.064	21	东台市	−1.091
10	丹阳市	−0.139	22	兴化市	−1.131
11	仪征市	−0.223	23	大丰市	−1.177
12	宜兴市	−0.408			

4. 城区人口比率

城区人口比率指标是反映城市人口集中度的重要指标,由于我国行政管理体系的自身特点,我国城区人口规模和城市人口规模是有差异性的,城区人口比率更能够反映出该城市的实际人口在中心区域的聚集情况。当城区人口比率指标得分较高时,说明该城市居民的城镇生活模式及城市文明覆盖范围较广,且城市生活生产资源的供给较为有效,符合集约性发展模式的根本要求。如表 6.9 所示,这个指标的排名比较复杂,没有很强的区域界限,在一定程度上体现了江苏省整体城市文明程度较高的特征。[①]另外,城市人口的增多与当地城市基础建设和城市规划密不可分,展现了省内城市间存在较强的差异度。

表 6.9 2014 年江苏省地级以上城市城区人口比率指标评分排名

排名	城市	得分	排名	城市	得分
1	南京市	2.775	8	镇江市	−0.373
2	常州市	0.915	9	徐州市	−0.659
3	淮安市	0.336	10	泰州市	−0.670
4	无锡市	0.308	11	宿迁市	−0.804
5	苏州市	0.285	12	南通市	−0.897
6	扬州市	0.247	13	盐城市	−1.268
7	连云港市	−0.193			

---

① 县级市排名因数据缺失而未能列出,就现有数据来看其城际特征与地级市相似。

5. 非农业从业人员比重

非农业从业人员比重指标反映了一个城市第二、三产业劳动力规模占地区劳动力整体规模的比重,也从就业结构的角度折射出该地区城市经济产业体系的发达程度,是反映当地城市经济发达程度的较为直观的指标。如表 6.10 和表 6.11 所示,排名靠前的基本都是沿江城市群里的城市,宿迁市在这里表现不俗,苏北其他城市排名垫底。县级市也有类似的区域界限。这个指标具有一定的时代特色,即一些在计划经济时期作为大型国企所在地的资源型城市,其非农人员比重较高,然而整体经济发展水平较低会有所制约,因此呈现出了一种"抵消"效应。

表 6.10　2014 年江苏省地级市非农业从业人员比重指标评分排名

排名	城市	得分	排名	城市	得分
1	常州市	0.717	8	镇江市	0.491
2	苏州市	0.717	9	南通市	0.377
3	无锡市	0.660	10	淮安市	−0.321
4	扬州市	0.642	11	盐城市	−1.189
5	南京市	0.604	12	徐州市	−1.283
6	宿迁市	0.604	13	连云港市	−2.547
7	泰州市	0.566			

表 6.11　2014 年江苏省县级市非农业从业人员比重指标评分排名

排名	城市	得分	排名	城市	得分
1	昆山市	1.583	13	句容市	−0.426
2	常熟市	1.390	14	海门市	−0.500
3	江阴市	1.296	15	如皋市	−0.503
4	太仓市	1.234	16	东台市	−0.623
5	张家港市	1.229	17	高邮市	−0.626
6	扬中市	1.176	18	启东市	−0.652
7	丹阳市	0.915	19	大丰市	−0.683
8	宜兴市	0.725	20	泰兴市	−0.692
9	靖江市	0.136	21	兴化市	−0.861
10	金坛市	0.112	22	邳州市	−1.787
11	溧阳市	−0.171	23	新沂市	−2.053
12	仪征市	−0.217			

6. 第三产业从业人员比重

第三产业从业人员比重是指服务业从业人员占全体就业人员的比重。第三产业是除了第一、二产业之外的所有部门,包括流通部门、生产生活服务部门、提高科学文化水平和居民素质的服务部门等。第三产业的繁荣是城市产业结构演进的高级阶段,该指标的得分可在一定程度上反映一个城市的生活质量水平。同时,这一指标也从一个侧面体现了集约城镇"以最终实现城镇经济精明增长、乡村传统型的社会向城镇现代型的社会转变、现代文明城乡全面共享的和谐状态"的终极追求。与城区人口比例类似,这个指标的排名没有很分明的界限(见表 6.12 和表 6.13):一些经济发达城市(如苏州市)排名并不高,这体现我们城市体系大多处于第二产业拉动地区经济发展的工业化中后期,服务业对于中小城市的 GDP 贡献率并不高,服务业的发展比重不能直接反映当地的整体经济实力。

表 6.12　2014 年江苏省地级市第三产业从业人员比重指标评分排名

排名	城市	得分	排名	城市	得分
1	南京市	1.758	8	淮安市	−0.264
2	镇江市	1.472	9	苏州市	−0.732
3	连云港市	1.225	10	南通市	−1.041
4	徐州市	0.581	11	扬州市	−1.073
5	常州市	0.318	12	泰州市	−1.132
6	无锡市	0.091	13	宿迁市	−1.286
7	盐城市	0.080			

表 6.13　2014 年江苏省县级市第三产业从业人员比重指标评分排名

排名	城市	得分	排名	城市	得分
1	大丰市	1.728	13	靖江市	−0.185
2	扬中市	1.655	14	泰兴市	−0.234
3	东台市	1.559	15	仪征市	−0.235
4	丹阳市	1.076	16	兴化市	−0.435
5	太仓市	0.819	17	高邮市	−0.491
6	常熟市	0.560	18	邳州市	−0.806
7	金坛市	0.514	19	启东市	−1.025
8	昆山市	0.469	20	新沂市	−1.277
9	句容市	0.390	21	如皋市	−1.427
10	张家港市	0.368	22	海门市	−1.704
11	宜兴市	0.241	23	溧阳市	−1.744
12	江阴市	0.155			

(三) 现状小结

根据已有研究,江苏省处于我国集约型城镇化的较高水平(仅次于北上广和天津市),与邻省山东、浙江同档[①]。通过对省内各城市的排名分析,我们可以看出在集约城镇的发展上,苏南、苏中和苏北有着不同的路径。在众多指标中都出现了区域界限的模糊化。这是一个很有意思的现象,值得我们去深入发掘城市间的差异度以及其所能解释的内容。目前我们可以看到,经济欠发达的苏北地区的部分城市有着比较高的城区人口和非农人口(如淮安、宿迁),说明我国中小地级市体系的形成受计划经济的影响较大。产业结构和工业化的发展水平直接决定了集约城镇质量的高低,同时城市规模的合理性也影响着集约发展的质量。这就有可能出现一些经济总体实力较强,城区规模发展超速的地级市没有很高的集约发展水平。这些都需要在今后的工作中去作进一步的思考和规划。

按照传统理论和研究划分,江苏全省共分为四类地区,第一类是苏州市,地处东部沿海,其地理位置紧靠上海;第二类是南京、无锡,南京作为省会城市,在资源获取上拥有得天独厚的优势;第三类地区是南通、徐州、常州、扬州;第四类是镇江、盐城、泰州、连云港、淮安、宿迁,这些城市远离发达城市,拥有较少资源,科技教育较为落后。值得注意的是,根据 2016 年国家发改委最新发布的《长江三角洲城市群发展规划》已将除徐州、连云港、淮安和宿迁以外的 9 个城市都划入了长江三角洲城市群规划当中。从我们在第二节现状描述里看到的那样,没有被纳入长三角规划的苏北四市在众多指标中都有不同的亮点和特色,但是总体劣势仍然较大,因此在集约城镇发展上与长江三角洲城市群的差异巨大(见表 6.14)。下一小节我们将使用锡尔系数的分析来进一步印证省内发展不均衡的现象。

表 6.14　2014 年江苏城市群集约城镇发展质量区域差异

区域	均值	标准差	最高得分	最低得分
全省	.0027	4.315	8.412(无锡市)	−4.879(连云港市)
长三角规划城市	1.737	4.066	8.412(无锡市)	−4.325(盐城市)
苏北四市	−3.899	1.042	−2.711(徐州市)	−4.879(连云港市)

注:长三角规划城市包括南京市、苏州市、无锡市、常州市、镇江市、扬州市、泰州市、南通市和盐城市。苏北四市是指徐州市、淮安市、连云港市和宿迁市。

三、江苏城市群集约城镇协同发展影响因素分析

(一) 区域整体差异度

这一节,我们采用"锡尔系数"这一在区域差异分析里普遍应用的测量指标来做进

---

①　李标. 中国集约型城镇化及其综合评价研究[D]. 西南财经大学,博士学位论文. 2014 年.

一步分析。其计算公式为：

$$T = \sum_{1}^{n} y_i \log \frac{y_i}{p_i}$$

（式6.1）

其中，n为江苏省内地级市个数；y_i为地级市i的全社会固定资产投资额占全省的份额；p_i为地级市i的人口占全省的份额。T越大，各地级市间的集约城镇水平差异越大，反之亦然。

通过计算，我们得到江苏城市群集约城镇发展质量的区内熵（T）为0.067。这个值略小于邻省山东省内的区域差异[①]。说明江苏省内集约城镇上的协同合作还是取得了比较可观的成绩，"区域共同发展"战略在实施上初见成效。

（二）集约城镇子系统城际协同影响因素

第一，"以人为本"的人口城镇化模式的实现程度。人口向城镇集中是城镇化最为根本的特征，它应该包含"三个转变"的含义，即地域的城镇化、职业的非农化和身份的市民化三重转变。传统的粗放型城镇化发展模式下，往往片面强调农村人口地域层面上的单一化转变，忽视了职业与身份层面的转变。因此，集约型城镇化发展应遵循以人为本的原则，不仅要实现农村人口或外来人口在地理空间上的转移集中，更要注重搭建进城农民的就业平台，构建进城农民的公平保障体系，着力破除城镇内部的二元经济社会结构现象，推动进城人员融合发展的高度化，促进城镇化发展成果的共享和人的高级综合发展。

第二，改革创新机制的发展成熟度。过去多年的改革创新为中国的经济社会前进发展的提供源源不断的动力，城镇化也在改革创新中获得了长足的发展。随着城镇化的快速发展，诸如人与空间、人与自然等各种矛盾日益凸显，倒逼既有的城镇化发展转型。因此，相对于过去的城镇化而言，本身就是一种变革、创新的集约型城镇化发展模式更应该确立更加稳定的综合性创新机制，稳妥推进重点领域和关键节点的改革，从顶层设计的高度积极构建有利于城镇化发展的制度体系，打破阻碍城镇化发展质量提高的土地、管理、户籍等制度的束缚、约束，破除城乡二元、城镇内部二元结构，重塑城镇化发展的动力结构，推动城镇化发展质量的稳步提升。

第三，城市体系空间布局的优化度。空间布局是城镇化发展的一项重要内容，合理的空间布局有利于城镇的提质扩容，推动城镇化的健康与持续发展。中国过去多年粗放模式下的城镇化发展，导致了城镇水平空间拓展的盲目化，城镇体系结构失衡的加剧以及城镇布局的混乱等问题，严重制约了城镇化发展质量的提升。因此，集约型城镇化的推进应遵循优化布局的基本原则，制定科学的城镇宏观布局规划，积极打造功能互补、协调分工的大、中、小城市（镇）体系结构；同时要制定合理的城镇中观布局规划，坚

---

① 吴方军，张二勋. 基于锡尔系数的山东省区域经济差异分析[J]. 聊城大学学报（自然科学版）2014年03期。

持以区域性的城市群、城市带或城市圈为主体,促进区域城镇化的协调发展;也要制定科学合理的城镇微观布局规划,充分借助主体功能区思想,科学合理布局工业区、商贸区、住宅区等,合理把握开发的广度和深度,全面促进城镇内部功能建设,优化城镇化发展的空间支撑。

第四,城市体系生态环境的维护度。城镇化是人不断地改造自然,不断地与自然互相交换物质能量的过程,人与自然和谐发展的城镇化才是高质量、高水平的城镇化。在改革开放以来的三十多年中,人从自然界获取了大量物质推动了城镇化的快速发展,但人们对生态保护和污染治理的疏忽使得城镇化进程中向自然排放了大量有害物质,导致人们赖以生存的生态环境日渐恶化,如 PM10 超标、雾霾频现、水质下降、土壤退化,等等,严重威胁了城镇化发展的健康水平。因此,集约型城镇化发展应该遵循生态美化的基本原则,将生态理念融入城镇化建设过程,提倡绿色、低碳发展,在加快积累物质财富和社会财富的同时,应尽可能地降低城镇化发展对生态环境的损害,并加强生态保护力度,促进生态自我修复能力的提升,最终实现经济、社会和生态三种效益的统一。

第五,产业集约原则的执行力度。产业发展是城镇化推进的根本动力,产业发展模式在一定程度上决定了城镇化的模式、质量和持续性等。改革开放以来,中国各产业都得到了快速而长足的发展,推动了城镇化进程的加快,但是中国过去多年的产业发展是以粗放高速模式为主的,带动了人口向城镇的快速集中,城镇空间加速向外拓展,由此引发的点污染、资源紧张等问题极大地降低了资源环境的承载能力,严重制约了城镇化水平的提高和持续发展。因此,集约型城镇化的推进应该遵循产业集约发展的基本原则,构建集约型的现代产业体系,促进产业结构的协调化、高度化;合理利用土地,引导产业向城镇的园区有序集聚,避免产业盲目扩张过度占用土地;加快技术革新,推动产业转型升级,大力发展循环经济,降低生产过程中的物质消耗和废物排放。

第六,基础设施建设水平。世界城镇化发展经验表明,基础设施是城镇化有序推进、稳妥提升质量的重要保障,城镇化的快速发展需要基础设施建设现行。中国过去多年的城镇化进程中,基础设施建设的整体水平要滞后于城镇化水平,基础设施的供给总量也明显不足,尤其是存在着严重的区域差异,如中西部地区的基础设施水平,要落后于东部、大城市的基础设施水平,要高于中小城市和小城镇,城镇基础设施水平要比农村高。因此,集约型城镇化的推进应遵循基础设施现行的基本原则,坚持物质基础设施和社会基础设施统筹发展,完善基础设施建设的投资融资机制,优化基础设施建设的投资结构,加大基础设施建设的投资力度,促进不同区域、不同规模等级城镇、城镇与农村的基础设施建设的协调发展,促进基础设施供给能力的提升,尤其是人均基础设施水平的提高。

四、政策建议

概括地说,选择合理的产业支撑集约型城镇化发展可以起到一箭双雕的作用。既可以优化产业结构升级达到集约城镇化的目的,又可以依托各区域的资源禀赋,选择发展有利于促进产业发展转型,促进省内各城市间的协同合作,尤其利用当前国家各种城镇体系新规划在江苏境内叠加的政策利好,长三角规划覆盖的城市要发挥领头作用,加快苏北四市的融合进度。

具体来说,首先,在经济发达地区要积极发展高新技术产业和高端制造业,加快新技术的应用,促进产业转型升级,推动产业结构的高度化,使城镇成为高端人才的集聚地,提高城镇化发展的科技含量支撑。其次,要加快发展劳动密集的深加工制造业和现代服务业,提升城镇创造非农就业岗位的能力,增强城镇非农产业吸纳劳动力的能力,促进城镇非农化率的提高。再次,要优化第一产业的就业结构,同步发展农、林、牧、渔业及其相关服务业,促进不愿进城的农村剩余劳动力就地就业,同时还要大力发展现代农业,提高农业劳动生产率和农民素质,促进农业的集约化发展。最后,要全面优化教育、文化、医疗、交通等基础产业的发展,强化城镇的软实力,为其他产业的发展提供坚实的配套设施基础,进而支撑集约型城镇化的快速发展。

除了产业体系建议外,我们进一步在城际协同层面给出若干建议:

第一,以创新的制度设计为保障,破除制度约束。制度保障力是集约型城镇化的关键动力,制度创新是破除传统制度障碍,推进集约型城镇化的保障路径。在省内协同合作时,我们需要注意以下几点:首先,要继续深化户籍制度改革,促进城乡人口的自由流动;其次,要继续推进土地制度改革,促进土地要素的市场配置;再次,要继续强化社会保障制度创新,加快推进集约型城镇化发展;再次,要继续推进城镇管理体制改革,降低等级化的体制对城镇化发展的负面影响;最后,要继续完善城镇化建设的投融资机制,强化金融对集约型城镇化发展的支持。

第二,以合理的规划安排为指导,优化空间布局。在新出台的城市规划中,江苏省内被分为长江三角洲城市群和苏北四市。这就需要我们合理利用城市群的优势带头作用,协调发展“扁平化”的城镇体系,促使苏北地区的城市更好地融入整个经济发展群体中来。

第三,以集约的产业发展为动力,加快模式转型。其一,要推动传统农业发展的转型,以集约发展的农业促进农民从土地上加快解放,推动集约型城镇化发展。其二,要加快非农产业的集约发展,提高非农产业对集约型城镇化发展的支撑能力。其三,要强化微观企业的自主创新能力,推动产业升级转型发展。有一些非农人口比例较高的苏北城市(如宿迁)就可以在此基础上更好地利用自身优势进行产业转型。

第四,以高效的资源利用为抓手,夯实发展基础。苏北很多城市都是能源重镇,我们需要依托能源优势在协同发展中发挥特长:第一,坚持资源节约型发展战略,不断促进资源使用方式的转型;第二,发挥市场机制的调节作用,促进资源的合理与优化配置及高效使用;第三,重视城镇高碳发展模式向低碳发展模式的转变,促进资源集约高效的利用;第四,充分利用非自然资源,强化非自然资源对自然资源的替代能力与作用,降低自然资源瓶颈的约束力度。

第五,以优美的生态环境为目标,强化生态建设。以往粗放型发展模式需要在协同合作里避免,特别是要避免走"先污染再治理"的老路。首先,坚持"环境友好型与资源节约型"并举的绿色城镇化发展战略,积极倡导循环经济发展模式;其次,加大环境治理的强度和环境保护的力度,促进生态环境的优化与美化;第三,加强环境保护与环境治理的制度建设,努力完善健全城镇环境管理的体制机制;第四,利用省内教育资源丰富、人文氛围浓厚的特色,加大生态文明的宣传力度,强化人们的生态环境保护理念。

第七章 江苏城市群效率城镇协同发展

本章将依据城市效率理论的基本原理对江苏省城市群产出效率的相关要素一体化发展现状进行分析。城市群效率城镇协同发展,本质上是产出效率相关的要素流在整个城市群内部的一体化进程,其良性循环机制建立在城市群效率要素子系统的城际协同发展之上,因此,我们将首先依据各个城市产出效率相关的指标评分排名对城际间效率产出相关的各个要素的集聚状况进行评估,进而计算江苏城市群产出效率要素子系统的区域差异锡尔系数,据以分析整个江苏省城市群效率城镇协同发展水平,最后,鉴于江苏城市群存在极化区域与规划区域相冲突的特点,同时考虑城市系统的要素协同和城际协同的复合性特点,我们将探讨在经济新常态和"一带一路"大背景下江苏城市群效率城镇子系统城际协同发展的可行性路径。

一、效率城镇发展质量指标构建

(一) 指标构建背景

"效率城镇发展质量"是"城市协同发展质量"指标体系的二级指标之一,侧重于分析城市产出的效率水平。集约型城镇化与粗放型城镇化的区别之一就是对于资源的有效利用,提升城市体系产出效率和技术效率水平是我国建设资源节约型社会的内在要求,是我国新型城镇建设的本质要求。城市体系的产出效率水平一定程度上决定了城市体系的可持续发展能力,因为产出效率直接反映了城市发展物质生产体系的动力源泉的效率性。

从城市体系发展的动力机制角度看,国外专家们认为现代城镇化的发展受农业现代化、工业化以及现代服务业等多元力量的驱动;国内的学者除了认同国外的研究成果外,还重点研究了制度变迁对城镇化发展的推动作用。城镇化发展是区域经济社会发展的核心动力之一,城镇化发展质量在很大程度上决定着地区社会的可持续发展能力。在当前我国新型城镇化建设初期阶段,确立当前城市体系发展模式转型的动力机制具有重大的实践意义,决定了新型城镇化可持续发展的成败与否。政府制定、评估和调整城镇化发展战略以及出台相应的管理对策,推动区域新型城镇化发展的主要基础和核心依据就是新型城镇化建设中城市体系的产出效率性,因为新型城镇化是强调发展效率、经济效益、社会效益和生态效益相统一的内涵式城镇化。

产出效率要素子系统决定了当前新型城镇化发展所依赖的资源基本配置关系和生产运行过程中的利用模式,进而决定城市体系发展中有形和无形资源的投入——产出效率,最终决定整个城市体系的循环水平与发展质量。在现在的宏观经济新常态的历史背景下,产业体系处于重大历史转型期,产业升级创新的重点就是产出效率的提高,以减少人类活动对自然环境的过度利用,特别是城市体系运行中对资源的过度浪费,因此,城市体系产出效率性的进一步提高有着巨大的现实意义。

城市体系发展中的效率要素整合优化与否决定着资源节约型社会是否能够顺利成型。资源节约型社会建设对于我国这样人口众多、资源相对不足的国家是个异常繁重的任务,水资源、耕地资源、能源总量丰富但人均贫乏是我国的基本国情。如何更加合理高效地利用自然资源,实现人与自然的和谐共存,从而解决资源短缺对人类社会可持续发展的约束是亟待解决的关键问题。这一问题解决程度现阶段主要表现在城市体系的资源利用效率性高低上。可以预见的是,我国新型城镇化建设步伐将进一步加快,城市生产体系对自然资源的需求还将持续增加,资源供需矛盾和环境压力将越来越大,缓解乃至解决这些问题的根本出路在于如何节约资源,提高资源利用效率,以较少的投入换取较多的产出,从而最终实现城市体系的良性循环和可持续发展。因此,在城市协同发展质量的评价中,本报告对产出效率相关要素子系统的运行情况给予了特别关注,构建了"效率城镇发展质量"二级指标,用来评估效率要素流在城市群内部各个城市节点中的集聚状况,分析效率要素流在整个城市群的一体化循环状况。

(二)指标构建

以城市体系产出效率基本内涵和集约型城镇化标准为依据,本报告以 7 个三级指标构成了"效率城镇发展质量"二级指标评估板块(见表 7.1)。7 个三级指标权重相同,各个城市的效率城镇发展质量评估的总分值由三级指标得分值加总而成[①]。从城市系统要素一体化的角度来看,"效率城镇发展质量"指标评分的数值高低直接反映了城市节点中产出效率相关的要素集聚情况,城市之间的评分差异也显示了效率要素流的城际不均衡分布,按照协同学原理,要素分布不均衡是常态,是推动要素子系统完成自组织循环的根本动力,城市群内部的城际不均衡是要素分布不均衡的外在表现和空间组织形式,因此,效率城镇要素子系统的一体化表现即为城际间要素系统评估分数差距的不断缩小。

表 7.1　效率城镇发展质量指标

指标	说明	指标类型
单位 GDP 耗电量	总耗电量与 GDP 之比	负向
单位 GDP 耗水量	总耗水量与 GDP 之比	负向
单位固定资产投资产出率	GDP 与全社会固定资产投资额之比	正向

---

① 县级市无"单位劳动生产率"指标。

（续表）

指标	说明	指标类型
单位劳动生产率	GDP 与从业者人数之比	正向
单位 GDP 二氧化硫排放量	二氧化硫排放总量与 GDP 之比	负向
单位 GDP 废水排放量	废水排放总量与 GDP 之比	负向
单位 GDP 工业烟尘排放量	工业烟尘排放总量与 GDP 之比	负向

二、效率城镇发展质量评分排名

（一）效率城镇发展质量总体排名分析

本章的效率城镇评分主要是为了对江苏省 13 个地级市和和 23 个县级市的效率城镇现状进行综合分析。首先,对原始数据缺失的部分通过软件 LISREL 按照 Multiple Imputation 程序进行多元替补处理;其次,将 7 个三级指标无量纲化,其标准值设定在 [−3,3] 之间,若出现极端值,则修正为 3 或 −3;最后,将各个三级指标的标准评估分值加总,以得到各个城市的效率城镇评分(见表 7.2 和 7.3①)。

表 7.2　2014 年江苏省地级以上城市效率城镇发展质量指标评分排名

排名	城市	得分	排名	城市	得分
1	扬州市	6.700	8	镇江市	−0.489
2	常州市	3.523	9	淮安市	−0.512
3	南京市	3.179	10	南通市	−1.411
4	苏州市	2.786	11	盐城市	−3.904
5	无锡市	1.760	12	连云港市	−5.529
6	徐州市	1.296	13	宿迁市	−8.174
7	泰州市	0.982			

表 7.3　2014 年江苏省县级市效率城镇发展质量指标评分排名

排名	城市	得分	排名	城市	得分
1	昆山市	5.274	5	邳州市	0.604
2	海门市	3.825	6	泰兴市	0.145
3	高邮市	2.123	7	东台市	0.043
4	兴化市	2.018	8	江阴市	−0.037

① 在县级市里,启东市、如皋市、丹阳市、扬中市和句容市因关键指标(单位 GDP 耗水量)缺失而未计算得分及相关排名。

（续表）

排名	城市	得分	排名	城市	得分
9	常熟市	−0.095	14	太仓市	−2.229
10	靖江市	−0.367	15	仪征市	−4.354
11	宜兴市	−1.013	16	金坛市	−4.466
12	张家港市	−1.259	17	溧阳市	−5.198
13	新沂市	−1.531	18	大丰市	−6.661

表7.2和表7.3的评分排名显示出江苏省经济发达的沿江经济带上的主要城市（南京、苏州、无锡、常州、扬州等）有着较好的产出效率要素的评估结果，排名靠前。作为江苏城市群中最发达的城市梯队，苏南地区有着产业技术和创新的绝对优势。扬州在2014年经济增速为全省第一，并且科技创新领域成绩斐然。《2015年扬州政府工作报告》中显示，扬州2014年新开工科技产业综合体22个，累计建成231万平方米、在孵创新型企业521家；省级以上企业研发机构突破400家；创省级以上品牌79个、新产品638个；扬州市开发区获批国家级知识产权集群管理试点，全市新增高新技术企业92家，总数达524家；高新技术产业产值突破4000亿元，占规上工业总产值比重43.5%。雄厚的经济实力和良好的技术创新环境，为扬州市产出效率相关要素的集聚创造了必要条件。

徐州是苏北地区的一个亮点，除徐州以外，经济发展相对落后的苏北各市（宿迁、连云港等）在效率城镇发展质量指标的排名也较为落后。这体现出江苏省各个城市节点的产出效率和资源利用效率的高低与他们自身的经济子系统和公共服务子系统的良性循环是息息相关的[1]。

（二）三级指标排名分析

1. 单位GDP耗电量

单位GDP耗电量指标是城市生产体系的成本类指标，该指标评分的高低反映了一个城市生产体系运行时耗费的电量规模，单位GDP耗电量越多，越表明了该城市生产体系产出的非效率性，因此，该指标在整个指标体系评价中属于负向指标，在评分时做了非负处理，以符合阅读习惯。评分排名如表7.4和表7.5所示。

表7.4和表7.5分别显示了单位GDP耗电量指标评分的地级以上城市和县级市排名。在地级市以上城市中，与其他要素指标的评分相比，该指标的城市评分整体较低，并且在单个城市排名出现了较大变动。盐城超越了传统的经济强市，位居排名第一位，而苏州、无锡、常州评分都远远低于其他要素子系统的评分。该指标评估结果也一定程度上反映了江苏城市群的城市生产中对电力资源的利用效率性不高，即使是经济

---

[1]　县级市因在此指标上的缺失城市较多，规律不如地级市明显。

强市,对电力资源的利用也依旧是粗放模式。

电力资源是现代工业体系最重要的能源之一,电力利用的非效率与城市体系中的支柱产业类型存在相关性。苏南地区虽然经济发达,但多以耗能较多的电子元件、服装加工等产业为支柱产业,因此在该指标中评估结果差强人意。而排名第一的盐城市拥有江苏省最长的海岸线、最大的沿海滩涂、最广的海域面积,同时也是丹顶鹤的家园、麋鹿的故乡,在沿海滩涂上建有麋鹿和丹顶鹤两个国家级自然保护区,其第三产业产出与第二产业产出比例基本持平,因此,与以其他高耗能产业为主的城市相比,盐城的单位GDP耗电量指标评分较高。

表 7.4　2014 年江苏省地级以上城市单位 GDP 耗电量指标评分排名

排名	城市	得分	排名	城市	得分
1	盐城市	1.542	8	徐州市	−0.204
2	扬州市	1.341	9	镇江市	−0.309
3	南京市	0.897	10	常州市	−0.457
4	泰州市	0.749	11	苏州市	−0.587
5	淮安市	0.236	12	连云港市	−1.343
6	无锡市	0.196	13	宿迁市	−2.202
7	南通市	0.142			

表 7.5　2014 年江苏省县级市单位 GDP 耗电量指标评分排名

排名	城市	得分	排名	城市	得分
1	启东市	1.523	13	仪征市	−0.008
2	扬中市	1.499	14	常熟市	−0.205
3	邳州市	1.474	15	新沂市	−0.284
4	海门市	1.285	16	泰兴市	−0.334
5	句容市	0.885	17	太仓市	−0.513
6	靖江市	0.775	18	江阴市	−0.591
7	如皋市	0.459	19	溧阳市	−1.000
8	东台市	0.364	20	金坛市	−1.043
9	昆山市	0.322	21	兴化市	−1.241
10	丹阳市	0.304	22	大丰市	−1.506
11	高邮市	0.225	23	张家港市	−2.427
12	宜兴市	0.036			

2. 单位 GDP 耗水量

关于水资源利用问题已在各界取得共识,已被提升到关乎"经济安全、生态安全、国家安全"的高度。在城镇化、工业化加速推进进程中,存在于各行业、各地区的各种高耗水行业日益加剧了城市体系用水危机。单位 GDP 耗水量也是属于产出成本指标中具有代表性的一个三级指标。该指标与单位 GDP 耗电量指标一样,均属于负向指标,在评估中进行了非负处理,以方便阅读。水资源是城市体系中不可或缺的资源,耗水量与耗电量同样都可以用作整个生产体系资源利用效率性的代表性数据。

表 7.6 和表 7.7 分别显示了单位 GDP 耗水量指标评分城市排名,泰州市和兴化市分列第一。该指标排名与单位 GDP 耗电量指标的排名具有相同的城际特征,均和城市节点的支柱产业耗能与否存在关联性。评分排名第一的泰州市拥有医药、机电、船舶、化工等四大优势主导产业,这些产业与传统的高耗能行业[①]相比,拥有节水优势,虽然泰州的化工产业依然也占较大比重,因此该项指标评估中泰州的绝对分值并不高。与以众多高耗水行业为支柱产业的经济强市相比,泰州市的评估结果较好。这样的排名也说明了江苏城市群的苏南地区城市虽然经济整体实力强劲,但是节能型产业体系基础仍然较差。

表 7.6 2014 年江苏省地级以上城市单位 GDP 耗水量指标评分排名

排名	城市	得分	排名	城市	得分
1	泰州市	1.467	8	苏州市	−0.290
2	常州市	1.367	9	南通市	−0.562
3	盐城市	1.200	10	淮安市	−0.576
4	扬州市	1.095	11	宿迁市	−0.662
5	徐州市	0.171	12	镇江市	−1.000
6	无锡市	−0.005	13	南京市	−2.014
7	连云港市	−0.167			

表 7.7 2014 年江苏省县级市单位 GDP 耗水量指标评分排名

排名	城市	得分	排名	城市	得分
1	兴化市	1.948	4	东台市	0.912
2	江阴市	1.261	5	泰兴市	0.793
3	张家港市	1.146	6	溧阳市	0.645

---

① 高耗水工业包括煤炭开采和洗选业、黑色金属冶炼加工业、非金属矿采选业、电力、热力生产、%纺织业、造纸、纸制品业、有色金属冶炼、化学、非金属矿物制品业、石油加工、炼焦和核燃料加工业等行业。

（续表）

排名	城市	得分	排名	城市	得分
7	海门市	0.397	13	太仓市	−0.617
8	大丰市	0.119	14	邳州市	−0.738
9	常熟市	0.114	15	金坛市	−0.970
10	靖江市	0.075	16	新沂市	−1.349
11	高邮市	0.066	17	宜兴市	−1.611
12	昆山市	−0.492	18	仪征市	−1.652

3. 单位固定资产投资产出率

单位固定资产投资产出率指标是一项与城市生产体系资本利用率有关的指标，该项指标评分越高，则说明该城市的资本利用效率性越高，资本要素（特别是有形资产部分）在该城市节点得到了有效利用，资本要素流在该城市实现了良性循环和积累。

表7.8和表7.9分别显示了单位固定资产投资产出率指标评分的地级以上市和县级市排名，苏州市和昆山市分列第一。本报告依然以地级市为主进行分析。不出意外的是，在该项指标的评分排名中，经济增长强劲的苏州名列首位。作为距离上海最近的城市，上海经济强大的辐射力为苏州提供了充足的资本来源，苏州本地的经济基础也是全国地级市当中的翘楚，在经济领域，苏州产生巨大的人才与资本虹吸效应，各种有形资本均得到了较高的利用率，因而该项指标的排名中，苏州表现出了经济强市的实力。

表7.8　2014年江苏省地级以上城市单位固定资产投资产出率指标评分排名

排名	城市	得分	排名	城市	得分
1	苏州市	2.266	8	泰州市	−0.307
2	扬州市	1.767	9	南通市	−0.363
3	南京市	0.615	10	盐城市	−0.488
4	徐州市	0.047	11	宿迁市	−0.947
5	常州市	0.024	12	镇江市	−0.977
6	无锡市	−0.060	13	连云港市	−1.422
7	淮安市	−0.158			

表 7.9　2014 年江苏省县级市单位固定资产投资产出率指标评分排名

排名	城市	得分	排名	城市	得分
1	昆山市	2.664	13	海门市	−0.463
2	常熟市	2.011	14	靖江市	−0.506
3	张家港市	1.479	15	溧阳市	−0.517
4	江阴市	1.115	16	高邮市	−0.593
5	丹阳市	1.076	17	启东市	−0.691
6	兴化市	0.397	18	大丰市	−0.717
7	太仓市	0.203	19	泰兴市	−0.760
8	扬中市	0.180	20	东台市	−0.763
9	宜兴市	0.160	21	仪征市	−0.770
10	金坛市	−0.325	22	邳州市	−1.141
11	句容市	−0.398	23	新沂市	−1.187
12	如皋市	−0.459			

4. 单位劳动生产率

单位劳动生产率是一个城市体系生产领域的产出类指标,显示着一个城市劳动力的利用效率高低,是衡量城市体系范围内生产先进和落后的根本尺度。该指标评分的高低与一个城市的科学技术的发展程度、劳动组织和生产管理等的好坏、生产资料的规模与效能,以及自然条件等都存在相关性。

表 7.10 显示了单位劳动生产率的地级市排名,镇江市第一。值得注意的是,徐州市排名第二,而同为苏北四市的宿迁市垫底,显示了巨大的城市差异。

表 7.10　2014 年江苏省地级以上城市单位劳动生产率指标评分排名

排名	城市	得分	排名	城市	得分
1	镇江市	2.210	8	盐城市	−0.420
2	徐州市	1.580	9	南通市	−0.470
3	苏州市	0.716	10	扬州市	−0.544
4	无锡市	0.278	11	淮安市	−0.648
5	常州市	0.275	12	泰州市	−0.926
6	南京市	0.041	13	宿迁市	−1.686
7	连云港市	−0.393			

5. 单位 GDP 二氧化硫排放量

单位 GDP 二氧化硫排放量是城市生产体系节能减排的重要指标之一,该指标也是一个负向指标,实际数据规模与城市生态质量成负相关关系,因此,本报告将对其进行"非负"处理,以便阅读。一个城市的该指标评分越高,说明当地节能减排的工作进行得越好,该指标的评估结果为江苏城市群实现低碳发展、建设生态文明、促进经济提质增效升级提供必要的实际标准。与前面几个城市体系成本产出类指标不同,单位 GDP 二氧化硫排放量指标是生产过程的后期环节,直接关系着人类生产活动与环境直接发生作用时人类社会的角色定位。虽然从宏观角度看,该指标代表的减排行为符合城市系统良性循环的长期利益,但从微观层面看,有可能与生产企业经济效益、生产成本发生冲突,现阶段由企业自发进行减排行为以维护环境具有较大困难,属于市场非效用的范畴,因此,该指标更加应该被政府管理层面所重视,该指标评分的高低更能体现当地政府的公共管理水平。

表 7.11 和表 7.12 分别显示了单位 GDP 二氧化硫排放量的地级市和县级市排名,从表中可以看出,苏南地区依旧是具有压倒性优势。排名居首的常州市把改善提升大气环境质量作为一项重要的民生工程,2014 年确保 PM2.5 平均浓度较 2013 年下降7%;严格环境准入,"两高"项目和产能严重过剩行业的新增产能项目均不予核准,力求加快全市落后产能淘汰,进一步推进了该市主城区重污染企业的搬迁工作;并且进一步优化能源结构,控制煤炭消费总量,提高耗煤项目准入门槛,2014 年年内淘汰剩余 50%燃煤小锅炉,完成禁燃区范围内所有燃煤设施淘汰或清洁能源替代;钢铁和水泥行业分别从 1 月 1 日、7 月 1 日起全面执行新排放标准,推动该市相关产业企业进行生产改造,累计完成 40%以上钢铁、水泥、化工、石化、有色金属等重点行业清洁生产审核。大力开展机动车尾气、扬尘、餐饮油烟、秸秆焚烧等污染整治,不断改善空气质量。[①]

南京市作为行政中心城市,市政府对于节能减排的工作也十分重视,鉴于南京的支柱产业中化工、石油、钢铁等产业占有较大比重,因此它的评分绝对值比常州略低,但各项工作依然如期进行。仅 2014 年就制定 39 项环境保护政策文件,严格落实相关治理体系和措施,生态环境不断优化,通过"国家生态市"考核验收;大气环境得到有效治理,大力实施 50 个大气减排重点项目,累计完成 1012 台燃煤锅炉的关停和清洁能源改造,南钢、金陵石化、扬子石化等一批脱硫脱硝工程全部建成投运,全市 PM2.5 年平均浓度下降 5.38%。[②]

---

① 详见《2015 年常州市政府工作报告》。
② 详见《2015 年南京市政府工作报告》。

表 7.11　2014 年江苏省地级市单位 GDP 二氧化硫排放量指标评分排名

排名	城市	得分	排名	城市	得分
1	常州市	1.818	8	宿迁市	−0.182
2	南京市	1.545	9	镇江市	−0.818
3	扬州市	1.000	10	泰州市	−0.909
4	无锡市	0.909	11	徐州市	−1.000
5	苏州市	0.455	12	盐城市	−1.182
6	淮安市	0.000	13	连云港市	−1.364
7	南通市	−0.091			

表 7.12　2014 年江苏省县级市单位 GDP 二氧化硫排放量指标评分排名

排名	城市	得分	排名	城市	得分
1	高邮市	1.571	13	启东市	−0.319
2	扬中市	1.385	14	句容市	−0.471
3	昆山市	1.330	15	宜兴市	−0.493
4	丹阳市	1.224	16	江阴市	−0.513
5	金坛市	1.074	17	邳州市	−0.579
6	海门市	0.846	18	泰兴市	−0.873
7	新沂市	0.701	19	太仓市	−1.088
8	如皋市	0.385	20	靖江市	−1.144
9	大丰市	0.383	21	常熟市	−1.246
10	兴化市	0.166	22	张家港市	−1.495
11	东台市	0.019	23	仪征市	−2.396
12	溧阳市	−0.203			

6. 单位 GDP 废水排放量

单位 GDP 废水排放量与上一个指标类似,属于生产环节中的后期环节,是节能减排的相关指标。从减轻环节负担层面评价一个城市与宏观环境的良性互动,这是该指标评分的根本目的。该指标评分结果也和单位 GDP 二氧化硫排放量类似,在此不再赘述。表 7.13 和表 7.14 分别显示了单位 GDP 废水排放量的地级市和县级市排名,南京市和邳州市分列第一。

表 7.13   2014 年江苏省地级市单位 GDP 废水排放量指标评分排名

排名	城市	得分	排名	城市	得分
1	南京市	1.130	8	连云港市	0.118
2	常州市	0.906	9	镇江市	−0.039
3	扬州市	0.776	10	宿迁市	−0.287
4	徐州市	0.701	11	南通市	−0.414
5	无锡市	0.323	12	苏州市	−0.752
6	泰州市	0.284	13	盐城市	−2.952
7	淮安市	0.218			

表 7.14   2014 年江苏省县级市单位 GDP 废水排放量指标评分排名

排名	城市	得分	排名	城市	得分
1	邳州市	1.288	13	高邮市	0.027
2	扬中市	1.210	14	张家港市	−0.002
3	海门市	1.013	15	如皋市	−0.028
4	丹阳市	0.765	16	江阴市	−0.142
5	启东市	0.729	17	仪征市	−0.176
6	泰兴市	0.718	18	常熟市	−0.624
7	宜兴市	0.712	19	太仓市	−0.782
8	句容市	0.690	20	东台市	−1.114
9	新沂市	0.671	21	溧阳市	−1.775
10	靖江市	0.542	22	大丰市	−1.802
11	昆山市	0.477	23	金坛市	−2.542
12	兴化市	0.163			

7. 单位 GDP 工业烟尘排放量

烟尘是最主要的工业污染气体排放之一,对人类健康和动植物生长都有着严重危害。单位 GDP 工业烟尘排放量指标和单位 GDP 二氧化硫排放量指标类似。表 7.15 和表 7.16 分别显示了单位 GDP 工业烟尘排放量的地级市和县级市排名,扬州市和扬中市分列第一。

表 7.15　2014 年江苏省地级以上城市单位 GDP 工业烟尘排放量指标评分排名

排名	城市	得分	排名	城市	得分
1	扬州市	1.264	8	无锡市	0.118
2	苏州市	0.979	9	徐州市	0.000
3	南京市	0.965	10	常州市	−0.410
4	泰州市	0.625	11	连云港市	−0.958
5	镇江市	0.444	12	盐城市	−1.604
6	淮安市	0.417	13	宿迁市	−2.208
7	南通市	0.347			

表 7.16　2014 年江苏省县级市单位 GDP 工业烟尘排放量指标评分排名

排名	城市	得分	排名	城市	得分
1	扬中市	0.994	13	宜兴市	0.184
2	昆山市	0.971	14	句容市	0.152
3	高邮市	0.826	15	张家港市	0.041
4	海门市	0.747	16	新沂市	−0.083
5	仪征市	0.648	17	靖江市	−0.108
6	东台市	0.625	18	常熟市	−0.145
7	泰兴市	0.600	19	如皋市	−0.362
8	兴化市	0.586	20	金坛市	−0.661
9	太仓市	0.567	21	江阴市	−1.168
10	丹阳市	0.432	22	溧阳市	−2.348
11	启东市	0.430	23	大丰市	−3.140
12	邳州市	0.298			

（三）现状小结

从前文的排名我们可以看出，江苏省内城市间的效率存在集中性和差异性两大特征。例如，在集中性上，二氧化硫和废气废水排放等环境污染方面的指标，排名较高的普遍在沿江苏中一带；而城镇固定资产投资产出率和劳动生产率与经济发展水平呈现正相关关系，经济发达的城市排名普遍较前。这其中我们又看到了同一区域的差异性：苏北城市中，徐州在很多正向指标上表现良好，而宿迁、淮安等苏北城市则排名垫底；与此同时，这些城市在一些污染指标上排名也较后，体现了出一种"低发展、低污染"的状态，这也从侧面反衬出经济发达的地区是以牺牲自然环境为代价的事实。

按照传统理论和研究划分，江苏城市群可分为三大地区，第一类是苏南地区，包括苏州、无锡、常州、南京、镇江,苏南地区紧邻上海,受到上海经济发展的强大辐射,南京虽然靠近苏中地区,但是作为省会城市,在资源获取上拥有得天独厚的优势;第二类是苏中地区,包括南通、泰州、扬州,面积和人口分别占江苏省的 20%、20.6%,该地区也属于长三角大城市群的一部分,是全国经济增长和发展最快的地区之一;第三类地区是苏北地区,包括徐州、盐城、连云港、淮安、宿迁,这些城市远离发达城市,拥有较少资源。但是,近些年由于中国区域发展格局发生变化,区域发展规划数次变化,为了进一步顺应国内外城市体系发展形式的变化,响应"一带一路"倡议,最新发布的《长江三角洲城市群发展规划》[①]已将除徐州、连云港、淮安和宿迁以外的 9 个城市都划入了长江三角洲城市群,该规划所涉及的城市必将受到巨大的政策利好,因此,本报告对江苏省城市群要素流的聚集状况进行了分区域分析。结果显示,没有被纳入城市群的苏北四市在众多指标中都存在非常显著的劣势,因此在城市发展效率要素流的良性循环水平上与长江三角洲城市群的差异巨大(见表 7.17)。但需要指出的,综合城际排名和区域差异两项分析,结果显示江苏城市群的效率要素流分布情况并不乐观,各个城市节点的效率城镇发展质量指标的评分绝对值都较低,在产出规模方面表现优异的苏南地区城市,在效率要素方面表现差强人意,这说明苏南地区的数个城市虽然在改革开放前期取得了巨大的发展成就,其经济社会发展水平均居全国前列,属于现代化建设标杆性地区,但是就城市体系发展可持续性来看,还有较大的发展空间,苏南地区的生产技术效率性仍然需要继续提高。

表 7.17　2014 年江苏省效率城镇发展质量指标评分区域差异

区域	均值	标准差	最高得分	最低得分
全省	0.016	4.042	6.700(扬州市)	−8.174(宿迁市)
长三角规划城市	1.458	3.114	6.700(扬州市)	−3.904(盐城市)
苏北四市	−3.229	4.382	1.296(徐州市)	−8.174(宿迁市)

注:长三角规划城市包括南京市、苏州市、无锡市、常州市、镇江市、扬州市、泰州市、南通市和盐城市。苏北四市是指徐州市、淮安市、连云港市和宿迁市。

三、江苏城市群效率城镇协同发展影响因素分析

(一) 区域整体差异度

为了从宏观层面分析江苏城市群效率要素流的整体空间分布的集聚情况,在此将采用"锡尔系数"这一在区域差异分析里普遍应用的测量指标,对江苏城市群效率城镇相关要素流的整体区域发展差异进行研究。锡尔系数的计算公式为:

---

① 详见《关于印发长江三角洲城市群发展规划的通知》(发改规划〔2016〕1176 号),资料来源:http://bgt.ndrc.gov.cn/zcfb/201606/t20160603_806400.html。

$$T = \sum_{1}^{n} y_i \log \frac{y_i}{p_i}$$

(式 7.1)

其中,n 为江苏省内地级市个数;y_i 为地级市 i 的全社会用电量占全省的份额;p_i 为地级市 i 的人口占全省的份额。T 越大,各地级市间的效率城镇水平差异越大,反之亦然。

通过计算可知,江苏省城市群效率城镇要素发展水平的区内熵(T)为 0.126。这个值远大于邻省山东省内的区域差异[1],表明江苏城市群产出效率相关要素在省内的集聚度较高,空间分布较为集中,各个要素节点(城市)之间要素积累聚集的状况差异较大。这与城际评分排名的结果相一致。

(二)效率城镇子系统城际协同影响因素

我们需要看到,江苏省城市群在经济、公共服务、空间规划等要素子系统良性循环逐渐成形的同时,资源利用效率要素子系统的发展转型却仍在萌芽阶段。即使是在综合发展质量较高的要素流城市节点,资源利用规模虽然庞大,但利用效率低下。通过比较城际间要素集聚的差异性,可以看出城市体系中的效率要素城市节点聚集状况和以下几个要素存在相关性:

第一,城市节点经济发展水平。虽然并非每个指标评分排名的首位城市均由较发达的城市占据,但从大的区域空间来看,城市及其周边地区经济发展水平较高时,其产出效率要素的循环状况(特别是资本、劳动力方面)还是令人满意的,经济发达城市的经济资源和生产体系的整体运行情况良好,保证了效率要素流的整体循环质量维持在一个相对较高的水平。

第二,城市产业类型。产出效率要素主要在城市生产体系发生作用,参与城市物质生产体系的运行,因此,各个城市节点的支柱产业类型和产业本身效率性水平的高低就直接决定了产出效率要素在各个城市的积累和循环状况的好坏。比如,扬州虽然没有苏州经济实力强劲,但是由于扬州支柱产业的耗能情况优于苏州,故扬州在效率要素质量评估中与苏州的差距远远小于经济要素质量评估的结果。

第三,政府公共管理的执行力。在效率城镇要素二级指标评分中可以看出,南京的评分结果好于它在其他要素子系统质量指标中的评分,这与效率要素循环质量,特别是节能减排的实际运行与当地政府的公共管理能力关系密切的特征有关。行政中心城市以及以绿色经济为主要支柱的地方城市对于节能减排方面的关注度较高,这推动了当地生产体系在节能减排领域的实质进步。

四、政策建议

第一,积极营造"提高资源利用效率,创建效率城镇"的社会氛围;积极宣传资源利

---

[1] 吴方军,张二勋. 基于锡尔系数的山东省区域经济差异分析[J]. 聊城大学学报(自然科学版),2014(03):89—91+95.

用方面的严峻形势,普及节约资源的基本知识和方法;积极推广和使用节约资源的新技术和新方法,努力实现全社会节水、节电、节约资源的意识的普遍提高。开展系列评比活动,表彰节约资源的单位和个人,批评浪费资源的现象,引导全社会树立节约资源、保护环境的意识,养成节约利用资源的好习惯,提高资源利用效率,实现创建效率型城镇成为市民的自觉要求。

第二,把节约利用资源纳入政绩考核,制定切实可行的考核措施。坚持把节约资源能源放在首位,制定和实施全面、严格的节约资源能源的制度和措施。建立和制定监督考核机制,并与城镇主要官员的晋升挂钩,对提高资源利用效率、积极构建节约型城镇的落实情况进行考核。明确城镇党政主要负责人为资源利用效率提高的直接责任人,责任人应认真查找分析各城镇当前资源利用方面存在的突出问题,制定具体的整改措施并抓好落实。加强资源计量和统计工作,定期发布资源效率相关信息,引导消费者(企业和个人)予以关注,构建社会监督机制。上级主管部门根据国家有关法律、法规制定切实可行的考核体系和具体指标,采取有效措施,精心组织实施,确保节约资源措施落实到位、效果给力。

第三,供需政策双管齐下,推动能源利用效率提高。对供给方来讲,鼓励厂商不断提高产品能效标准,将高效产品纳入政府采购计划。严格能效准入制度,通过强制执行节能标准,推动节能和绿色事业发展。对于需求方来讲,大力宣传节能减排的相关知识和先进典型,逐步推行"阶梯定价"方法,通过价格杠杆改变消费者的消费行为,通过消费者行为的改变影响资源利用方式。

第四,根据江苏省内地区和行业特点,制定差别化的政策措施。按照"差别化"责任原则,规划和管理资源利用效率目标。由于不同地区、不同行业所处的发展阶段和技术水平有所差异,因此制定相应的资源利用效率目标时,要充分考虑区域、行业之间的差异。除了考虑目标的确定、责任的分担,也要考虑目标和责任以何种方式去实现,通过优化实现途径达到节约资源的目的。建设科学合理的资源利用体系、提高资源利用效率任重而道远,未来需要通过转变经济发展方式,开展体制、机制与技术创新,由主要依靠增加物质资源消耗向主要依靠科技进步、人力资本提升、管理创新转变,切实走新型城镇化发展道路,从而缓解不同地区、不同行业资源使用日趋紧张、环境污染日趋严重的局面。

附录1　相关规划政策选编之
《长江三角洲城市群发展规划》

（发改规划[2016]1176号）

长江三角洲城市群（以下简称长三角城市群）是我国经济最具活力、开放程度最高、创新能力最强、吸纳外来人口最多的区域之一，是"一带一路"与长江经济带的重要交汇地带，在国家现代化建设大局和全方位开放格局中具有举足轻重的战略地位。为优化提升长三角城市群，在更高层次参与国际合作和竞争，进一步发挥对全国经济社会发展的重要支撑和引领作用，依据《国家新型城镇化规划（2014—2020年）》《长江经济带发展规划纲要》《全国主体功能区规划》《全国海洋主体功能区规划》，特制定本规划，作为长三角城市群一体化发展的指导性、约束性文件。

长三角城市群在上海市、江苏省、浙江省、安徽省范围内，由以上海为核心、联系紧密的多个城市组成，主要分布于国家"两横三纵"城市化格局的优化开发和重点开发区域。规划范围包括：上海市，江苏省的南京、无锡、常州、苏州、南通、盐城、扬州、镇江、泰州，浙江省的杭州、宁波、嘉兴、湖州、绍兴、金华、舟山、台州，安徽省的合肥、芜湖、马鞍山、铜陵、安庆、滁州、池州、宣城等26市，国土面积21.17万平方公里，2014年地区生产总值12.67万亿元，总人口1.5亿人，分别约占全国的2.2％、18.5％、11.0％。

规划期为2016—2020年，远期展望到2030年。

第一章　规划背景

长三角城市群正处于转型提升、创新发展的关键阶段，必须立足现有基础，针对突出矛盾和问题，紧紧抓住重大机遇，妥善应对风险挑战，实现更大跨越，成为我国经济社会发展的战略支撑。

第一节　重大意义

以改革创新推动长三角城市群协调发展，有利于促进产业升级，推进以人为核心的新型城镇化，加快农业现代化，辐射带动周边区域和中西部地区发展，增强国家竞争力。

优化提升长三角城市群，是加快形成国际竞争新优势的必由之路。长三角城市群是我国参与国际竞争的重要平台。优化提升长三角城市群，全面提高开放水平，集聚创新要素，形成与国际通行规则相适应的投资、贸易制度，培育具有全球影响力的科技创新高地,有利于提升国际国内要素配置能力和效率,带动国家竞争力的全面增强。

优化提升长三角城市群,是促进区域协调发展的重要途径。长三角城市群是我国经济社会发展的重要引擎,是长江经济带的引领发展区。优化提升长三角城市群,有利于促进经济增长和市场空间由东向西、由南向北梯次拓展,推动人口经济布局更加合理、区域发展更加协调,对推动长江经济带创新发展,辐射中西部地区,带动全国发展都具有重要作用。

优化提升长三角城市群,是提高城镇化质量的重要举措。长三角城市群是我国城镇化基础最好的地区之一,有条件在更高起点上提升城镇化质量。优化提升长三角城市群,有利于有序推进农业转移人口市民化,优化城市群的空间格局,促进大中小城市和小城镇协调发展,提升城市品质和居民生活质量,为我国新型城镇化探索经验。

第二节　发展基础

区位优势突出。长三角城市群处于东亚地理中心和西太平洋的东亚航线要冲,是"一带一路"与长江经济带的重要交汇地带,在国家现代化建设大局和全方位开放格局中具有举足轻重的战略地位。交通条件便利,经济腹地广阔,拥有现代化江海港口群和机场群,高速公路网比较健全,公铁交通干线密度全国领先,立体综合交通网络基本形成。

自然禀赋优良。长三角城市群滨江临海,环境容量大,自净能力强。气候温和,物产丰富,突发性恶性自然灾害发生频率较低,人居环境优良。平原为主,土地开发难度小,可利用的水资源充沛,水系发达,航道条件基础好,产业发展、城镇建设受自然条件限制和约束小,是我国不可多得的工业化、信息化、城镇化、农业现代化协同并进区域。

综合经济实力强。长三角城市群产业体系完备,配套能力强,产业集群优势明显。科教与创新资源丰富,拥有普通高等院校300多所,国家工程研究中心和工程实验室等创新平台近300家,人力人才资源丰富,年研发经费支出和有效发明专利数均约占全国30%。国际化程度高,中国(上海)自由贸易试验区等对外开放平台建设不断取得突破,国际贸易、航运、金融等功能日臻完善,货物进出口总额和实际利用外资总额分别占全国的32%和55%。

城镇体系完备。长三角城市群大中小城市齐全,拥有1座超大城市、1座特大城市、13座大城市、9座中等城市和42座小城市,各具特色的小城镇星罗棋布,城镇分布密度达到每万平方公里80多个,是全国平均水平的4倍左右,常住人口城镇化率达到68%。城镇间联系密切,区域一体化进程较快,省市多层级、宽领域的对话平台和协商沟通比较通畅。

表1 长三角城市群各城市规模等级

规模等级		划分标准 （城区常住人口）	城市
超大城市		1 000万人以上	上海市
特大城市		500万—1 000万人	南京市
大城市	Ⅰ型 大城市	300万—500万人	杭州市、合肥市、苏州市
	Ⅱ型 大城市	100万—300万人	无锡市、宁波市、南通市、常州市、绍兴市、芜湖市、盐城市、扬州市、泰州市、台州市
中等城市		50万—100万人	镇江市、湖州市、嘉兴市、马鞍山市、安庆市、金华市、舟山市、义乌市、慈溪市
小城市	Ⅰ型 小城市	20万—50万人	铜陵市、滁州市、宣城市、池州市、宜兴市、余姚市、常熟市、昆山市、东阳市、张家港市、江阴市、丹阳市、诸暨市、奉化市、巢湖市、如皋市、东台市、临海市、海门市、嵊州市、温岭市、临安市、泰兴市、兰溪市、桐乡市、太仓市、靖江市、永康市、高邮市、海宁市、启东市、仪征市、兴化市、溧阳市
	Ⅱ型 小城市	20万人以下	天长市、宁国市、桐城市、平湖市、扬中市、句容市、明光市、建德市

第三节 突出矛盾

上海全球城市功能相对较弱，中心城区人口压力大。与纽约、东京、伦敦等全球城市相比，上海城市国际竞争力和国际化程度不够，落户上海的世界500强企业总部仅为纽约10%，外国人口占常住人口比重仅0.9%。一般性加工制造和服务业比重过高，国际经济、金融、贸易和航运中心功能建设滞后。公共资源过度集中，人口过度向中心城区集聚，带来了交通拥堵、环境恶化、城市运营成本过高等"大城市病"问题。

城市群发展质量不高，国际竞争力不强。制造业附加值不高，高技术和服务经济发展相对滞后，高品质的城市创业宜居和商务商业环境亟须营造。城市间分工协作不够，低水平同质化竞争严重，城市群一体化发展的体制机制有待进一步完善。人均地区生产总值、地均生产总值等反映效率和效益的指标，与其他世界级城市群相比存在明显差距。

表2 长三角城市群与其他世界级城市群比较

城市群	中国 长三角 城市群	美国东北部 大西洋沿岸 城市群	北美 五大湖 城市群	日本 太平洋 沿岸城市群	欧洲 西北部 城市群	英国 中南部 城市群
面积（万平方公里）	21.2	13.8	24.5	3.5	14.5	4.5
人口（万人）	15 033	6 500	5 000	7 000	4 600	3 650

（续表）

城市群	中国长三角城市群	美国东北部大西洋沿岸城市群	北美五大湖城市群	日本太平洋沿岸城市群	欧洲西北部城市群	英国中南部城市群
GDP（亿美元）	20 652	40 320	33 600	33 820	21 000	20 186
人均 GDP（美元/人）	13 737	62 030	67 200	48 315	45 652	55 305
地均 GDP（万美元/平方公里）	974	2 920	1 370	9 662	1 448	4 485

注：① 长三角城市群数据为 2014 年统计数据。② 美国东北部大西洋沿岸城市群包括波士顿、纽约、费城、巴尔的摩、华盛顿等城市及其周边市镇。北美五大湖城市群包括芝加哥、底特律、克利夫兰、匹兹堡、多伦多、蒙特利尔等城市及其周边市镇。日本太平洋沿岸城市群包括东京、横滨、静冈、名古屋、大阪、神户、长崎等城市及其周边市镇。欧洲西北部城市群包括巴黎、阿姆斯特丹、鹿特丹、海牙、安特卫普、布鲁塞尔、科隆等城市及其周边市镇。英国中南部城市群包括伦敦、伯明翰、利物浦、曼彻斯特、利兹等城市及其周边市镇。相关数据来源中科院南京地理与湖泊研究所研究报告。

城市包容性不足，外来人口市民化滞后。长三角城市群是我国外来人口最大的集聚地，也是外来人口落户门槛最高的区域之一。城市群内约有 2 500 万人未在常住城市落户，未能在教育、就业、医疗、养老、保障性住房等方面均等化享受城镇居民基本公共服务。城市内部二元矛盾突出，给经济社会发展带来诸多风险隐患。

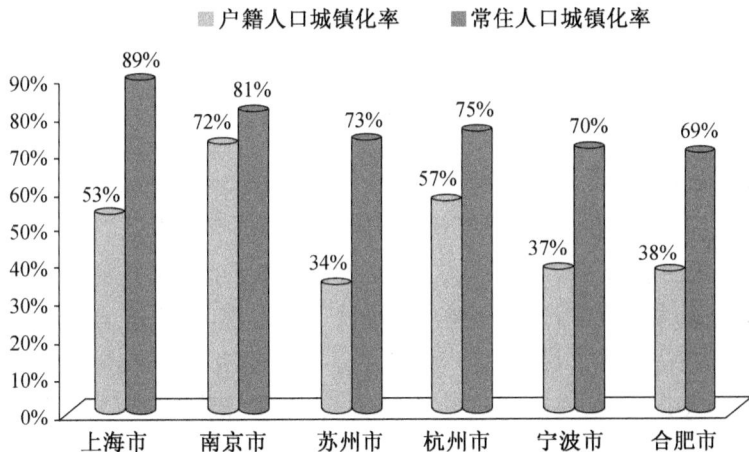

图 2　主要城市户籍人口与常住人口城镇化率差距

城市建设无序蔓延，空间利用效率不高。2013 年长三角城市群建设用地总规模达到 36 153 平方公里，国土开发强度达到 17.1%，高于日本太平洋沿岸城市群 15% 的水平，后续建设空间潜力不足。上海开发强度高达 36%，远超过法国大巴黎地区的 21%、英国大伦敦地区的 24%。粗放式、无节制的过度开发，新城新区、开发区和工业园区占地过大，导致基本农田和绿色生态空间减少过快过多，严重影响到区域国土空间的整体结构和利用效率。

生态系统功能退化,环境质量趋于恶化。生态空间被大量蚕食,区域碳收支平衡能力日益下降。湿地破坏严重,外来有害生物威胁加剧,太湖、巢湖等主要湖泊富营养化问题严峻,内陆河湖水质恶化,约半数河流监测断面水质低于Ⅲ类标准;近岸海域水质呈下降趋势,海域水体呈中度富营养化状态。区域性灰霾天气日益严重,江浙沪地区全年空气质量达标天数少于250天。城市生活垃圾和工业固体废弃物急剧增加,土壤复合污染加剧,部分农田土壤多环芳烃或重金属污染严重。

第四节 重大机遇

国家"一带一路"和长江经济带战略的实施,为长三角城市群充分发挥区位优势和开放优势,更高层次更高水平参与国际合作和竞争带来了新空间。国家新型城镇化战略实施,提出把城市群作为推进新型城镇化的主体形态,为创新长三角城市群空间管理模式和提升城镇化质量提供了新动力。全面深化改革进入新阶段,市场在资源配置中起决定性作用和更好发挥政府作用,为创新长三角城市群发展模式、建立健全一体化发展体制机制注入了新活力。我国发展进入新常态,要求经济增长更多依靠科技进步、劳动者素质提升和管理创新,为长三角更好发挥科教创新优势,推动创新发展、转型升级带来了新契机。生态文明理念和绿色城镇化要求,为推进长三角城市群绿色转型,促进生态环境步入良性循环轨道指明了新路径。

第二章 建设具有全球影响力的世界级城市群

深入推进长三角城市群建设,必须坚持世界标准、瞄准国际标杆,充分发挥要素集聚和空间集中效应,补齐短板、消除瓶颈,全面提升国际竞争力和可持续发展能力。

第一节

指导思想全面贯彻党的十八大和十八届三中、四中、五中全会以及中央城镇化工作会议、中央城市工作会议精神,按照"五位一体"总体布局和"四个全面"战略布局,牢固树立和贯彻落实创新、协调、绿色、开放、共享的新发展理念,着力加强供给侧结构性改革,加快培育新的发展动能,以上海建设全球城市为引领,以共建全球科技创新集群为支撑,以共守生态安全为前提,以健全包容共享的体制机制为保障,构建网络化、开放型、一体化发展格局,持续在制度创新、科技进步、产业升级、城乡统筹、全方位开放、绿色发展等方面走在全国前列,联手打造具有全球影响力的世界级城市群,加快形成国际竞争新优势,更好地服务于"一带一路"建设和长江经济带发展战略,充分发挥对全国经济社会发展的重要支撑和引领作用。

第二节 基本原则

——统筹规划,合理布局。根据资源环境承载能力、现有基础和发展潜力,优化国土空间开发格局,科学确定城市群边界、最小生态安全距离和空间结构,统筹经济社会发展、人口空间分布、陆海资源利用、生态建设和环境保护、基础设施建设和对内对外开放,形成引领全国在更高层面参与国际合作和竞争的强大引擎。

——分工协作,协同发展。从提升区域整体竞争力出发,发挥各地比较优势,协调处理好上海与其他城市、沿海沿江城市与腹地城市、中心城市与中小城市的关系,明确城市功能定位,强化错位发展,协同推进城乡发展一体化和农业现代化,形成优势互补、各具特色的协同发展格局。

——改革引领,创新驱动。坚持科技创新和制度创新并进,整合科技创新资源,强化科技成果转化,共建技术创新链和区域协同创新体系,率先实现经济转型升级。加快制度创新和先行先试,率先接轨国际经贸规则,率先建立一体化体制机制,当好改革开放排头兵、科学发展先行者。

——生态文明,绿色发展。将绿色城镇化理念全面融入城市群建设,尊重自然格局,依托现有山水脉络等优化城市空间布局形态,构建形成绿色化的生产生活方式和城市建设运营模式,推进生态共保环境共治,加快走出一条经济发展和生态文明建设相辅相成、相得益彰的新路子。

——市场主导,政府引导。遵循城市群演进的客观规律,充分发挥市场配置资源的决定性作用,增强城市群转型升级的内生动力,更好发挥政府在空间开发管制、基础设施布局、公共服务供给、体制机制建设等方面的作用,有效提升城市群发展质量。

第三节 战略定位

总体定位。顺应时代潮流,服务国家现代化建设大局,从战略高度优化提升长三角城市群,打造改革新高地、争当开放新尖兵、带头发展新经济、构筑生态环境新支撑、创造联动发展新模式,建设面向全球、辐射亚太、引领全国的世界级城市群。

围绕总体定位,加快在以下发展定位上实现突破:

——最具经济活力的资源配置中心。围绕上海国际经济、金融、贸易、航运中心建设以及中国(上海)自由贸易试验区建设,加快制度创新和先行先试,成为资源配置效率高、辐射带动能力强、国际化市场化法制化制度体系完善的资源配置中心。

——具有全球影响力的科技创新高地。瞄准世界科技前沿领域和顶级水平,建立健全符合科技进步规律的体制机制和政策法规,最大程度激发创新主体、创业人才的动力、活力和能力,成为全球创新网络的重要枢纽,以及国际性重大科学发展、原创技术发明和高新科技产业培育的重要策源地。

——全球重要的现代服务业和先进制造业中心。加快推进产业跨界融合,重点发展高附加值产业、高增值环节和总部经济,加快培育以技术、品牌、质量、服务为核心的竞争新优势,打造若干规模和水平居国际前列的先进制造产业集群,形成服务经济主导、智能制造支撑的现代产业体系。

——亚太地区重要国际门户。服务国家"一带一路"战略,提高开放型经济发展水平,打造在亚太乃至全球有重要影响力的国际金融服务体系、国际商务服务体系、国际物流网络体系,在更高层次参与国际合作和竞争。

——全国新一轮改革开放排头兵。加快推进简政放权、放管结合、优化服务改革,统筹综合配套改革试点和开放平台建设,复制推广自由贸易试验区、自主创新示范区等成熟改革经验,在政府职能转变、要素市场一体化建设、公共服务和社会事业合作、体制机制创新等方面先行先试。在提升利用外资质量和水平、扩大服务业对外开放、集聚国际化人才、探索建立自由贸易港区等方面率先突破,加快探索形成可复制可推广的新经验新模式,形成引领经济发展新常态的体制机制和发展方式。

——美丽中国建设示范区。牢固树立并率先践行生态文明理念,依托江河湖海丰富多彩的生态本底,发挥历史文化遗产众多、风景资源独特、水乡聚落点多面广等优势,优化国土空间开发格局,共同建设美丽城镇和乡村,共同打造充满人文魅力和水乡特色的国际休闲消费中心,形成青山常在、绿水长流、空气常新的生态型城市群。

第四节 发展目标

中期目标。到2020年,基本形成经济充满活力、高端人才汇聚、创新能力跃升、空间利用集约高效的世界级城市群框架,人口和经济密度进一步提高,在全国2.2%的国土空间上集聚11.8%的人口和21%的地区生产总值。

——集约紧凑、疏密有致的空间格局基本形成。空间开发管制和环境分区控制制度全面建立,建设用地蔓延趋势得到有效遏制,开发强度得到有效控制,划入生态保护红线的区域面积占比稳定在15%以上,基本形成与资源环境承载能力相适应的总体格局。城市开发边界、永久基本农田和生态保护红线制度得到有效实施,特大城市和大城市建设用地实现由增量扩张向存量挖潜转变,上海建设用地规模实现减量化。

——高附加值现代产业体系和区域协同创新体系全面形成。服务经济为主导、智能制造为支撑的现代产业体系更加健全,优势制造领域竞争力进一步增强,形成一批具有较强国际竞争力的跨国公司和产业集群。区域协同创新体系更加完善,科技创新能力显著增强,引领和支撑国家创新驱动发展的核心作用进一步凸显。

——保障有力的支撑体系和生态格局全面建立。枢纽型、功能性、网络化的基础设施体系全面建成,省际基础设施共建共享、互联互通水平显著提升。生态环境质量总体改善,区域突出环境问题得到有效治理,一体化、多层次、功能复合的区域生态网络基本形成,江河湖海、丘陵山地等多元化生态要素得到有效保护,江南水乡、皖南古村、滨海渔庄的历史文脉得到有效保护和传承。

——城市群一体化发展的体制机制更加健全。阻碍生产要素自由流动的行政壁垒和体制机制障碍基本消除,统一市场基本形成,户籍人口城镇化率稳步提高,公共服务共建共享、生态环境联防联治的机制不断健全,城市群成本分担和利益共享机制不断创新,省际毗邻重点地区一体化步伐加快,多元化主体参与、多种治理模式并存的城市群治理机制建设取得突破。

远期目标。到2030年,长三角城市群配置全球资源的枢纽作用更加凸显,服务全国、辐射亚太的门户地位更加巩固,在全球价值链和产业分工体系中的位置大幅跃升,国际竞争力和影响力显著增强,全面建成全球一流品质的世界级城市群。

第三章

构建适应资源环境承载能力的空间格局依据资源环境承载能力,优化提升核心地区,培育发展潜力地区,促进国土集约高效开发,形成"一核五圈四带"网络化空间格局。

第一节　强化主体功能分区的基底作用

依据主体功能区规划,按照国土开发强度、发展方向以及人口集聚和城乡建设的适宜程度,将国土空间划分为优化开发区域、重点开发区域、限制开发区域三种类型。优化开发区域,是指资源环境承载能力出现阶段性饱和的地区,主要分布在上海、苏南、环杭州湾等地区。要率先转变空间开发模式,严格控制新增建设用地规模和开发强度,适度扩大农业和生态空间。

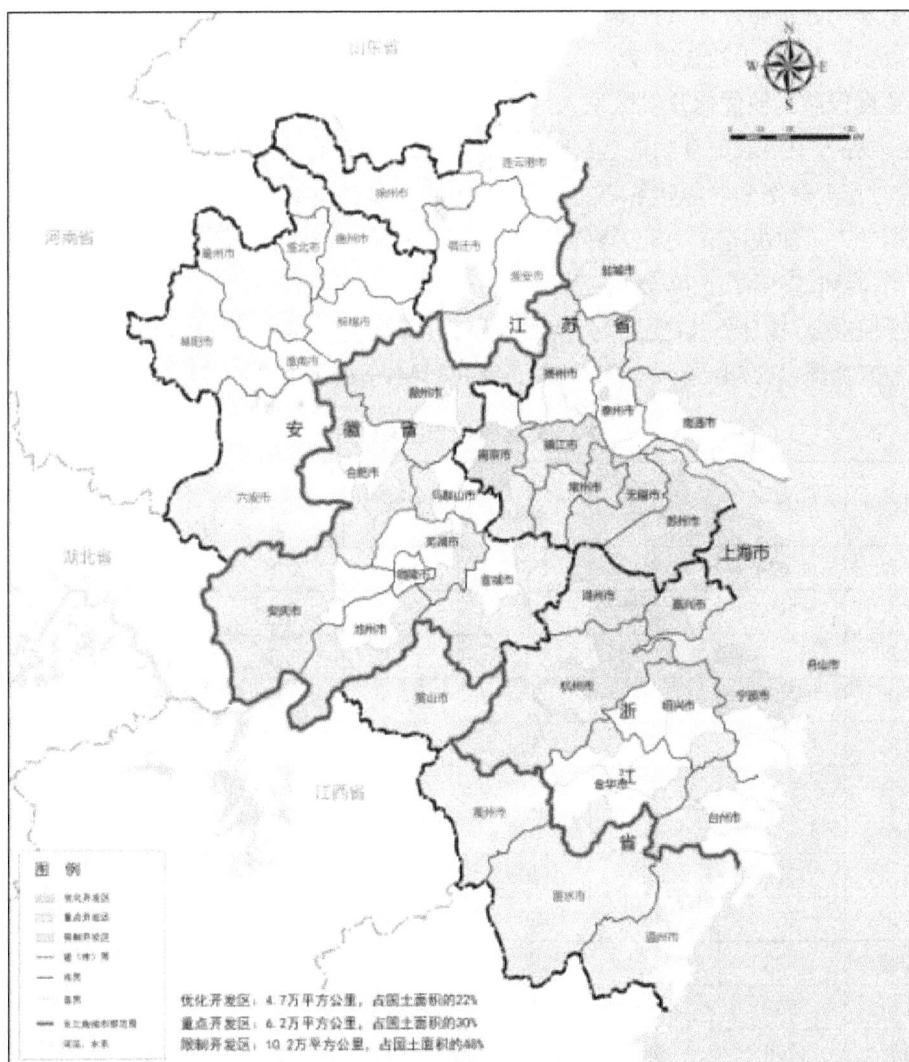

图 3　长三角城市群主体功能区示意图

重点开发区域,是指资源环境承载能力还具有较大潜力的地区,主要分布在苏中、浙中、皖江、沿海部分地区。要强化产业和人口集聚能力,适度扩大产业和城镇空间,优化农村生活空间,严格保护绿色生态空间。

限制开发区域,是指生态敏感性较强、资源环境承载能力较低的地区,主要分布在苏北、皖西、浙西等的部分地区。要严格控制新增建设用地规模,实施城镇点状集聚开发,加强水资源保护、生态修复与建设,维护生态系统结构和功能稳定。

第二节　推动人口区域平衡发展

严格控制上海中心城区人口规模。合理确定全市特别是中心城区人口规模调控目标,坚持政府引导与市场机制相结合,推动以产业升级调整人口存量、以功能疏解调控人口增量。优化公共服务资源配置,引导人口向郊区、重点小城镇和临沪城市合理分布。采取积分制等方式设置阶梯式落户通道调控落户规模和节奏。探索建立户籍人口有进有出、双向流动的新机制。

适度控制其他优化开发区域人口过快增长。特大城市中心城区等其他优化开发区域,采取完善卫星城配套功能、强化与周边中小城市联动发展等措施,推动人口合理分布;通过产业升级和功能疏解等方式,有效控制人口过快集聚。

引导人口加快向重点开发区域集聚。合肥、南通、扬州、泰州、宁波、绍兴、台州、芜湖、马鞍山、滁州、宣城等城市,要积极发展特色产业,有效承接产业转移,合理布局产业空间,促进产城融合,提升公共产品和公共服务水平,营造宜居环境,提高人口吸引集聚能力。全面放开芜湖、马鞍山、盐城、泰州等城市落户限制,有效降低合肥等城市落户门槛。

表3　各市市域常住人口预测　　　　　　　　　　　　单位:万人

城市	2014年	2020年预期	2030年预测	城市	2014年	2020年预期	2030年预测
上海	2 426	2 500	2 500	湖州	292	297	307
南京	822	950	1 060	绍兴	496	534	551
苏州	1 059	1 100	1 150	台州	602	625	660
无锡	650	720	850	舟山	115	150	200
常州	470	570	650	金华	544	554	565
南通	730	870	910	合肥	770	860	1 000
扬州	447	560	570	芜湖	362	430	530
镇江	317	360	400	马鞍山	223	260	330
泰州	464	560	580	滁州	399	460	560
盐城	722	755	800	宣城	257	290	340
杭州	889	940	950	铜陵	74	100	130
宁波	768	820	900	池州	143	160	180
嘉兴	457	590	690	安庆	538	570	630

第三节　构建"一核五圈四带"的网络化空间格局

促进形成网络化空间格局。发挥上海龙头带动的核心作用和区域中心城市的辐射带动作用,依托交通运输网络培育形成多级多类发展轴线,推动南京都市圈、杭州都市圈、合肥都市圈、苏锡常都市圈、宁波都市圈的同城化发展,强化沿海发展带、沿江发展带、沪宁合杭甬发展带、沪杭金发展带的聚合发展,构建"一核五圈四带"的网络化空间格局。

提升上海全球城市功能。按照打造世界级城市群核心城市的要求,加快提升上海核心竞争力和综合服务功能,加快建设具有全球影响力的科技创新中心,发挥浦东新区引领作用,推动非核心功能疏解,推进与苏州、无锡、南通、宁波、嘉兴、舟山等周边城市协同发展,引领长三角城市群一体化发展,提升服务长江经济带和"一带一路"等国家战略的能力。

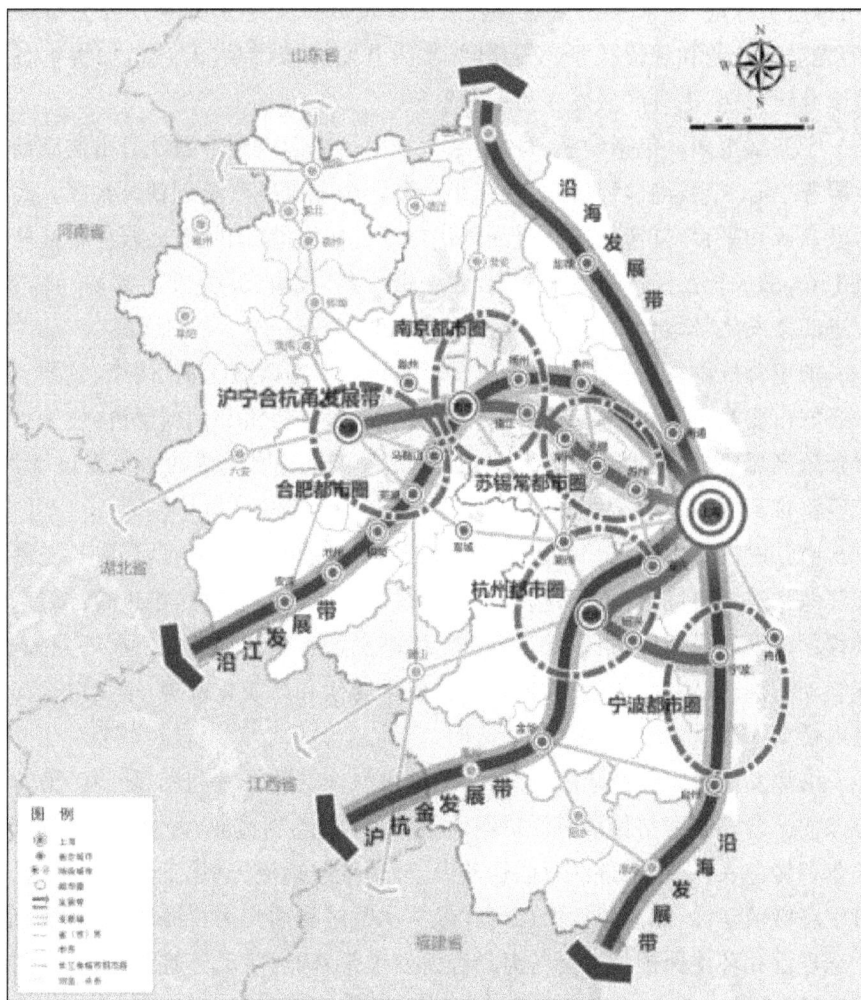

图4　长三角城市群空间格局示意图

促进五个都市圈同城化发展。

——南京都市圈。包括南京、镇江、扬州三市。提升南京中心城市功能,加快建设南京江北新区,加快产业和人口集聚,辐射带动淮安等市发展,促进与合肥都市圈融合发展,打造成为区域性创新创业高地和金融商务服务集聚区。

——杭州都市圈。包括杭州、嘉兴、湖州、绍兴四市。发挥创业创新优势,培育发展信息经济等新业态新引擎,加快建设杭州国家自主创新示范区和跨境电子商务综合试验区、湖州国家生态文明先行示范区,建设全国经济转型升级和改革创新的先行区。

——合肥都市圈。包括合肥、芜湖、马鞍山三市。发挥在推进长江经济带建设中承东启西的区位优势和创新资源富集优势,加快建设承接产业转移示范区,推动创新链和产业链融合发展,提升合肥辐射带动功能,打造区域增长新引擎。

——苏锡常都市圈。包括苏州、无锡、常州三市。全面强化与上海的功能对接与互动,加快推进沪苏通、锡常泰跨江融合发展。建设苏州工业园国家开放创新综合试验区,发展先进制造业和现代服务业集聚区,推进开发区城市功能改造,加快生态空间修复和城镇空间重塑,提升区域发展品质和形象。

——宁波都市圈。包括宁波、舟山、台州三市。高起点建设浙江舟山群岛新区和江海联运服务中心、宁波港口经济圈、台州小微企业金融服务改革创新试验区。高效整合三地海港资源和平台,打造全球一流的现代化综合枢纽港、国际航运服务基地和国际贸易物流中心,形成长江经济带龙头龙眼和"一带一路"战略支点。

促进四条发展带聚合发展。

——沪宁合杭甬发展带。依托沪汉蓉、沪杭甬通道,发挥上海、南京、杭州、合肥、宁波等中心城市要素集聚和综合服务优势,积极发展服务经济和创新经济,成为长三角城市群吸聚最高端要素、汇集最优秀人才、实现最高产业发展质量的中枢发展带,辐射带动长江经济带和中西部地区发展。

——沿江发展带。依托长江黄金水道,打造沿江综合交通走廊,促进长江岸线有序利用和江海联运港口优化布局,建设长江南京以下江海联运港区,推进皖江城市带承接产业转移示范区建设,打造引领长江经济带临港制造和航运物流业发展的龙头地区,推动跨江联动和港产城一体化发展,建设科技成果转化和产业化基地,增强对长江中游地区的辐射带动作用。

——沿海发展带。坚持陆海统筹,协调推进海洋空间开发利用、陆源污染防治与海洋生态保护。合理开发与保护海洋资源,积极培育临港制造业、海洋高新技术产业、海洋服务业和特色农渔业,推进江海联运建设,打造港航物流、重化工和能源基地,有序推进滨海生态城镇建设,加快建设浙江海洋经济示范区和通州湾江海联动开发示范区,打造与生态建设和环境保护相协调的海洋经济发展带,辐射带动苏皖北部、浙江西南部地区经济全面发展。

——沪杭金发展带。依托沪昆通道,连接上海、嘉兴、杭州、金华等城市,发挥开放程度高和民营经济发达的优势,以中国(上海)自由贸易试验区、义乌国际贸易综合改革试验区为重点,打造海陆双向开放高地,建设以高技术产业和商贸物流业为主的综合发展带,统筹环杭州湾地区产业布局,加强与衢州、丽水等地区生态环境联防联治,提升对江西等中部地区的辐射带动能力。

第四节 打造一体化城乡体系

构筑功能一体、空间融合的城乡体系。培育区域性生产、贸易、高端服务、交通运输、创新、旅游等特色职能,形成以区域中心城市为核心、功能节点城市(镇)为纽带、乡村地域为支撑,生态空间开敞、城乡风貌各异,紧凑型、网络化的一体化城乡体系。推进市域城乡一体化发展。以市域空间为整体推进规划和建设,严格划定城市开发边界、永久基本农田和生态保护红线,统筹城镇建设、基础设施布局、农田保护、产业集聚、村落分布、生态涵养,推进农村一二三产业融合发展,加强"菜篮子"工程建设。

强化特大镇对城乡体系的支撑作用。要加快推进特大镇行政管理体制改革,开展特大镇功能设置试点和设市模式改革创新试点,在降低行政成本和提升行政效率的基础上不断拓展特大镇功能,充分发挥长三角城市群数量众多的特大镇作为区域生产网络重要节点的作用。

第四章 创新驱动经济转型升级

实施创新驱动发展战略,营造大众创业万众创新良好生态,立足区域高校科研院所密集、科技人才资源丰富优势,面向国际国内聚合创新资源,健全协同创新机制,构建协同创新共同体,培育壮大新动能,加快发展新经济,支撑引领经济转型升级,增强经济发展内生动力和活力。

第一节

共建内聚外合的开放型创新网络构建协同创新格局。建设以上海为中心、宁杭合为支点、其他城市为节点的网络化创新体系。强化上海创新思想策源、知识创造、要素集散等功能,加快张江国家自主创新示范区建设,重点提升原始创新和技术服务能力。挖掘苏浙皖创新资源,加快苏南国家自主创新示范区、杭州国家自主创新示范区、合芜蚌自主创新综合试验区建设,集中打造南京、杭州、合肥、宁波等创新节点,重点提升应用研究和科技成果转化能力。

培育壮大创新主体。建立健全企业主导产业技术研发创新的体制机制,促进创新要素向企业集聚。鼓励大型企业发挥创新骨干作用,加快培育科技型中小企业和创新型企业,支持企业整合利用国内外创新资源。深化科研院所改革,推动企业、高校和科研机构加强产学研合作,探索建立具有国际一流水平的创新实验室和创新中心,加快区域科技成果转化。

共建共享创业创新平台。大力推进大众创业万众创新,加快"双创"示范基地建设,完善创业培育服务,打造创业服务与创业投资结合、线上与线下结合的开放式服务载体。积极融入全球创新网络,依托丰富科教资源,加快推进创新平台建设。打通学科间、院校间、机构间的界限,建设世界级大科学设施集群,打造以基础性和原创性研究为主的协同创新平台。研究建立长三角城市群技术交易中心和专利信息资源库,加强科技资源交流共享。联合组建技术转移服务机构,加快推进国家技术转移东部中心建设,打通高校、科研机构和企业间科技成果转移转化通道,打造主要面向市场和应用的成果转化平台。加强检验检测公共技术服务平台建设。构建军民融合服务创新平台,推动先进技术双向转移转化。

第二节　推进创新链产业链深度融合

强化主导产业链关键领域创新。以产业转型升级需求为导向,聚焦电子信息、装备制造、钢铁、石化、汽车、纺织服装等产业集群发展和产业链关键环节创新,改造提升传统产业,大力发展金融、商贸、物流、文化创意等现代服务业,加强科技创新、组织创新和商业模式创新,提升主导产业核心竞争力。

专栏1　长三角城市群主导产业关键领域创新方向	
电子信息	重点突破软件、集成电路等核心技术,提升核心器件自给率
装备制造	重点突破大型专业设备和加工设备关键技术,提高区域配套协作水平
钢铁制造	重点提升全过程集成、关键工艺装备自主化及主要工序的整体技术应用能力,提高精品钢材产品生产能力和比重,推进跨地区,跨行业兼并重组
石油化工	重点强化高端产品创新制造,发展精细化工品及有机化工新材料,推广先进适用清洁生产技术
汽车	重点提升发展内燃机技术,推进先进变速器产业化、关键零部件产业化,推广新能源汽车示范应用,促进新能源汽车技术赶超,控制降低制造成本
纺织服装	重点发展高端化、功能化、差别化纤维等高新技术产品,积极嫁接创意设计、电子商务和个性定制模式,推动时尚化、品牌化发展
现代金融	重点加快业态、产品和模式创新,积极拓展航运金融、消费金融、低碳金融、科技金融、融资租赁等领域,推动互联网金融等新业态发展
现代物流	重点加强物联网、大数据、云计算等信息技术应用和供应链管理创新,发展第三方物流、"无车(船)承运人"、共同配送等新型业态
商贸	重点推动商贸线上线下相结合,推动跨境电子商务等新型商贸业态和经营模式发展
文化创意	重点发展文化创意设计、数字内容和特色产业的文化创意服务,积极开发文化遗产保护技术和传承、体验、传播模式等,推进文化与网络、科技、金融等融合发展

依托优势创新链培育新兴产业。积极利用创新资源和创新成果培育发展新兴产业,加强个性服务、增值内容、解决方案等商业模式创新,积极稳妥发展互联网金融、跨境电子商务、供应链物流等新业态,推动创新优势加快转化为产业优势和竞争优势。

专栏2　长三角城市群基于创新链的新兴产业发展方向	
新一代信息技术	发挥光电子器件、量子通信研发等创新优势,发展半导体、新型显示、光通信等新一代信息技术产业;依托语音合成与识别方面的创新优势,发展智能语音产业
生物产业	依托基因芯片、抗体药物、新型诊断、粒子治疗等生物技术优势和产业基础,以及蛋白质科学设施等科研条件,发展生物医药及医疗器械产业
高端装备制造	利用城轨牵引与轴助电源系统、超深水海洋钻探储油平台、机器人、高端数控机床等领先技术,发展高端装备制造业
新材料	发挥碳纤维、石墨烯、纳米材料等领域的技术优势,发展新材料产业
北斗产业	推动北斗系统在通信、消费电子等领域开展应用示范,打造北斗产业链
光伏产业	发挥多晶硅、硅片、电池等光伏产业基础优势,探索光伏产业应用新模式,做优做强光伏产业

第三节　营造创新驱动发展良好生态

优化专业服务体系。鼓励共建创新服务联盟,培育协同创新服务机构,强化技术扩散、成果转化、科技评估和检测认证等专业化服务。发展"孵化＋创投"模式,建设创客空间,集成提供创业辅导、市场开拓、融资担保等链式孵化服务。在充分利用现有科技资源、统筹考虑现有科研布局的基础上,支持科研院所、科技中介按程序设立异地分支机构,提供专利挖掘、申请、维护和管理等服务。加强中小企业公共服务平台网络建设,增加知识产权、教育培训、投融资等一站式服务。有条件的地方继续探索通过创新券、创业券等新模式,加强对创新企业在人才培训、管理咨询、检验检测、质量品牌等方面的公共服务。

健全协同创新机制。加强区域创新资源整合,集合优质资源与优势平台,加快形成科教资源共建共享的机制,推进人才联合培养和科技协同攻关。优化区域创新组织方式,设立长三角城市群协同创新中心,深化区域创新研发、集成应用、成果转化协作。深入实施知识产权战略行动计划,完善统一的知识产权价值评估机制,健全长三角城市群知识产权审判体系。鼓励社会资本投资知识产权运营领域,创新知识产权投融资产品,探索知识产权证券化,完善知识产权信用担保机制。充分利用国家科技成果转化引导基金,通过股权投入、风险补偿等形式,支持科技研发与成果转化。

营造有利于创新人才脱颖而出的环境。实施更加积极的人才政策,加强区域联动,加大引进具有世界水平的科学家、科技领军人才、工程师和高水平创新团队力度。探索构建创新型人才培养模式,积极培养高技能人才、职业经理人和中层管理人员。完善人才激励机制,健全科研人才双向流动机制,充分激发人才活力。

第五章　健全互联互通的基础设施网络

统筹推进交通、信息、能源、水利等基础设施建设,推进军地资源优化配置、功能兼容、合理共享,构建布局合理、设施配套、功能完善、安全高效的现代基础设施网络,提升基础设施互联互通和服务水平。

第一节　构筑以轨道交通为主的综合交通网络

完善城际综合交通网络。依托国家综合运输大通道,以上海为核心,南京、杭州、合肥为副中心,以高速铁路、城际铁路、高速公路和长江黄金水道为主通道的多层次综合交通网络。增强京沪高铁、沪宁城际、沪杭客专、宁杭客专等既有铁路城际客货运功能。推进沪宁合、沪杭、合杭甬、宁杭、合安、宁芜安等主要骨干城际通道建设。规划建设上海—南通—泰州—南京—合肥、南通—苏州—嘉兴、上海—苏州—湖州、上海—嘉兴—宁波、安庆—黄山等铁路(含城际铁路),以及上海—南通跨江通道等城际通道建设,提高城际铁路对 5 万以上人口城镇、高等级公路对城镇的覆盖水平。

优化区域高速公路布局,健全区域协作机制,加强高速公路管理设施与安全防护设施建设,提升沪宁合、宁杭、合芜等高速公路的通行能力、应急保障能力和安全防护水平。发挥长三角高等级航道作用,提升城际货运能力。提升综合交通枢纽辐射能力。着力打造上海国际性综合交通枢纽,加快建设南京、杭州、合肥、宁波等全国性综合交通枢纽,以及南通、芜湖、金华等区域性综合交通枢纽,提升辐射能力与水平。按照"零距离换乘,无缝化衔接"的要求,着力打造集铁路、公路、民航、城市交通于一体的综合客运枢纽,大力推进综合货运枢纽和物流园区建设。以上海国际航运中心为核心,优化整合沿海沿江港口,形成分工合理、协同发展、军民融合的长三角现代化港口群。构建以上海为核心、分工协作、差异化发展的多层级机场体系。拓展上海浦东国际机场国际辐射功能,提升上海虹桥、杭州、南京等枢纽机场能力,强化合肥、宁波、无锡等干线机场能力,建设芜湖、蚌埠、滁州等支线机场,推进军民合用机场建设。大力发展通用航空,合理布局通用机场建设。实现长三角城市群航线网络覆盖全球各大区域的主要国家和城市,连通国内省会城市、重要枢纽及干支线民用运输机场。深化机场群与综合交通运输体系的融合。推进以枢纽机场为核心的临空经济区发展。

加快打造都市圈交通网。加快上海城市轨道交通网建设,提升中心城区地铁、轻轨网络化水平,建设连通中心城区和郊区城镇的市域(郊)铁路,适时研究延伸至苏州、南通、嘉兴等临沪地区。加快构建各都市圈同城化交通网,强化南京、杭州、合肥、苏州、宁波城市轨道交通网,推进无锡、常州等城市轨道交通主骨架建设,加快都市圈城际铁路(市域铁路)建设,形成中心城市与周边重要城镇间以轨道交通为骨干、公路交通为基础的交通网络。

畅通对外综合运输通道。统筹协调长三角城市群对外通道建设,打造长江黄金水道及长三角高等级航道网,规划建设沿江高速铁路,构筑与长江中游、成渝以及滇中、黔

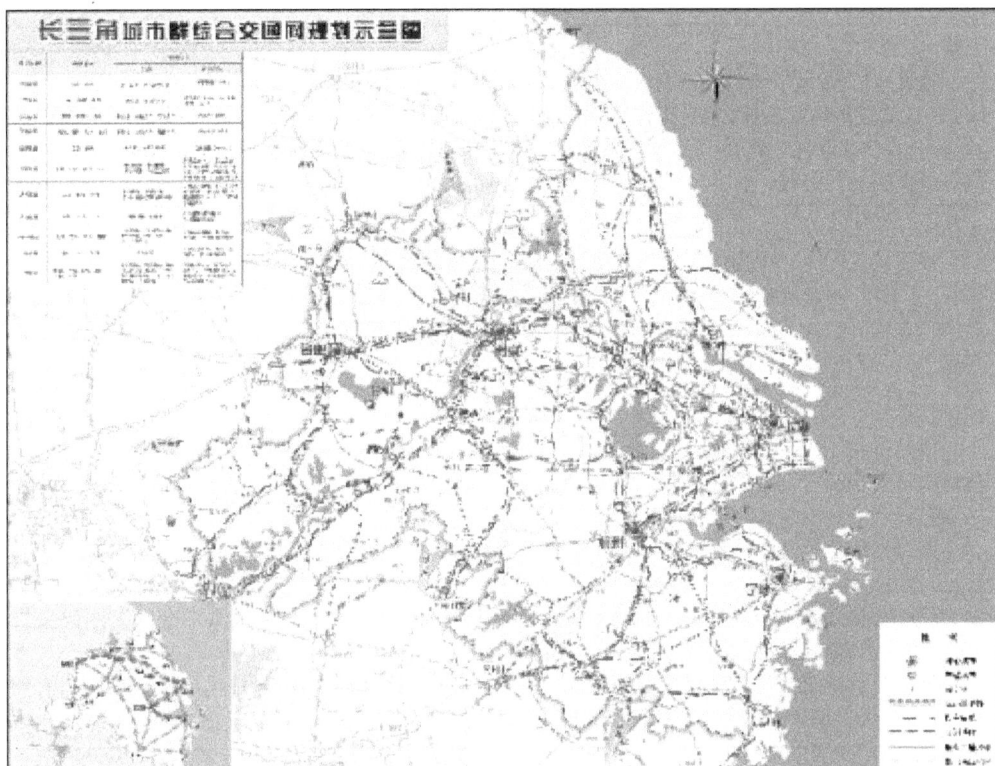

图5　长三角城市群综合交通网规划示意图

中城市群间的大能力、高速化运输通道。建设沿海铁路,强化与海峡西岸、山东半岛等地区间的联系。打通跨区域高速公路主通道、普通国省干线通道的"断头路"。

提升运输服务能力与水平。强化中心城市之间点对点高速客运服务、中心城市与节点城市及节点城市之间快速客运服务、中心城区与郊区之间通勤客运服务。推进城市群内客运交通公交化运营,提供同城化交通服务,推行不同客运方式客票一体联程和不同城市一卡互通。加快发展铁水、公铁、空铁和江河海联运,加快船型标准化改造,发展精益物流、共同配送等多样化专业化城际货运服务。强化信息资源整合,实现城市群交通信息互通共享。

专栏3　交通基础设施重点工程
铁路 　　建设杭州至黄山、商丘至合肥至杭州、连云港至镇江、徐州至盐城、杭州至温州、上海至南通、舟山至宁波至金华、金华至台州、合肥至安庆至九江等铁路,推进宁启铁路南通至启东段、新长铁路盐城至海安段扩能改造等。规划建设上海至南通至南京至合肥、南通至苏州至嘉兴、南京至句容、南京至扬州、无锡至江阴至靖江、无锡至宜兴、苏州至无锡硕放机场、合肥至新桥国际机场至六安、南京至滁州、巢湖至马鞍山等铁路(含城际)

（续表）

公路	建设 G15W2 昆山至吴江、G3W 安徽段、G15W3 甬台温高速复线三门湾、台州湾、乐清湾大桥、G92N 杭绍段等国家高速公路，实施 G25 浙江段、G40 安徽段和江都至广陵段、G5011 芜合高速公路、G4212 合安高速公路、G42 沪蓉高速南京至苏皖界段、G2 新沂至江都段、G4211 南京至马鞍山段等男家高速公路改扩建
水路	推进长江干线、京杭运何、锡澄运河、湖西航道、连申线、杨林塘、苏申内港线、苏申外港线、通扬线、芜申线、丹金溧漕河、锡溧漕河常州段、杭平申线、钱塘江、湖嘉申线、长湖申线、杭申线、杭甬运河、乍嘉苏线、大芦线、淮河干流及淮河出海通道、合裕线等航道整治，推进引江济淮通航工程建设
枢纽站场	铁路枢纽。建设上海东站、合肥南站、安庆西站、芜湖站、蚌埠南站、黄山北站等客运枢纽，宁波梅山集装箱综合场站、合肥北站、阜阳北站等货运枢纽，改建义乌站，建设南京铁路南站、盐城站、南通西站、扬州东站等综合客运枢纽 港口枢纽。建设洋山深水港区集装箱码头，推进宁波—舟山港煤炭、集装箱和矿石专用码头建设，推进苏州港太仓港区集装箱四期、嵊泗港马迹山矿石中转码头三期、马鞍山港郑蒲港区二期、芜湖港三山港区中外运码头二期、铜陵港江北煤炭储配中心、池州港牛头山港区公用码头二期、安庆港中心港区皖河农场作业区、合肥港派河港区中派综合码头工程建设 机场枢纽。改扩建上海浦东、上海虹桥、杭州萧山、合肥新桥、宁波栎社机场，新建芜湖、滁州机场，实施嘉兴机场军民合用改扩建工程

第二节　构建泛在普惠的信息网络

实现高速网络普遍覆盖。加快建设覆盖区域、辐射周边、服务全国、联系亚太、面向世界的下一代信息基础设施。完善区域网络布局，加快通信枢纽和骨干网建设，推进网间互联宽带扩容，优化主要城市的通信网络结构，提升网络质量。积极发挥上海亚太信息通信枢纽和南京等国家级互联网骨干直联点作用，实施新跨太平洋国际海底光缆工程，加快互联网国际出入口带宽扩容，全面提升流量转接能力。促进骨干网、城域网、数据中心和支撑系统 IPv6 升级改造。加快实现无线局域网在热点区域和重点线路全覆盖，率先实现城市固网宽带全部光纤接入。

率先建成智慧城市群。推动电子政务平台跨部门跨城市横向对接和数据共享，建立城市群政务信息共享和业务协同机制。加强政府与基础电信企业及互联网企业合作，充分整合政府和社会数据，提升城市间协同运用大数据水平。积极推进城市群内地理信息高精度数据全域覆盖和交换共享，建立统一的地理信息公共服务平台。推广大数据、云计算和物联网应用，加快建设上海、杭州、无锡云计算示范城市，上海、浙江、江苏国家物联网重大应用示范工程区域试点省市，以及无锡国家传感网创新示范区和盐城国家物联网技术应用推广基地。协同推进上海、南京、杭州、合肥、苏州、宁波、芜湖等智慧城市建设，统一建设标准，开放数据接口，推动政务、交通等方面的智慧化应用。

促进跨区域信息安全联防联控。加强智慧城市网络安全管理，积极建设"京沪干线"量子通信工程，推动量子通信技术在上海、合肥、芜湖等城市使用，促进量子通信技术在政府部门、军队和金融机构等应用。完善跨网络、跨行业、跨部门、跨省市的应急联动机制,积极建设合肥等异地数据灾备中心。在城市群内同步规划、同步设计、同步建设、同步运行基础信息网络和重要信息安全保密防护设施,加强要害信息设施和信息资源安全防护。稳步降费完善普惠信息服务。增强电信企业服务能力,多措并举实现电信资费合理下降。鼓励电信企业逐步取消城市群异地移动电话漫游通话资费,实现通信一体化和电信市场一体化,降低信息沟通成本。

专栏4 信息基础设施重点工程
信息基础设施能力提升工程 　　全面完善上海、南京等国家级互联网骨干直联点功能,推动新跨太平洋国际海底光缆建设;建成LTE/WLAN融合发展的无线宽带网络。推进上海、杭州、南京、合肥等下一代互联网示范城市建设;建成全程全网、可管可控高清交互式下一代广播电视网络,全面普及高清互动终端
智慧城市群工程 　　开展上海、南京、杭州、合肥、苏州、宁波、芜湖等智慧城市试点示范;加快建设长三角政务信息资源共享交换平台和公益性服务平台;推进城市群智慧城市数据接口标准制定实施,实现区域信息公共服务一体化;深化信息技术在跨省市市场监管,应急保障等领域应用
公共平台创新应用工程 　　加快上海、南京、杭州和合肥等地互联网数据中心(IDC)、云计算中心、物联网等功能性平台的建设,全面提升数据存储和服务能力,满足国家级海量数据资源集中存储的业务需求
工业信息基础设施提升工程 　　提升城市群内国家级开发区和高新产业园区互联网出口带宽,为工业企业与生产性服务业企业提供高带宽专线服务,实现宽带网络"进企业、入车间、联设备";建成城市群内行业企业跨界信息服务平台,实现国家级开发区和高新产业园区企业全部接入,省级开发区和高新产业园区企业基本接入
电子商务创新工程 　　加快建设中国(杭州)跨境电子商务综合试验区;大力支持上海、杭州、宁波、台州、义乌、南京、苏州、无锡、常州、合肥、芜湖等城市建设国家电子商务示范城市,完善移动电子商务产业链,培育一批具有国际竞争力的电子商务服务企业;加快大宗商品电子商务平台和行业性电子商务平台建设
物联网应用示范工程 　　加快推进国家物联网重大应用示范区域试点,以无锡国家传感网创新示范区和各地"智慧城市"建设为依托,着力突破传感器、物联网关键技术,加快推进通信网和传感网络以及物联网融合发展;积极推进物联网在重点行业和关键领域的应用示范
智能交通工程 　　积极发展车联网和车路协同技术创新和试点示范,开展长三角城市群在路网运营管理、车辆违章、船舶监控等综合交通信息共享,积极利用互联网为居民提供便捷安全的出行服务。探索建立车联网、车路协同应用示范区,为车联网、自动驾驶等汽车与信息通信融合技术的成熟促进环境支撑
基础信息安全保障工程 　　推进"京沪干线"等量子通信干线工程建设,加快城市群主要城市城域量子通信网构建,建成长三角城市群广域量子通信网络。在合肥等主要城市建设异地数据灾备中心

第三节　提高能源保障水平

调整优化能源结构和布局。统筹推进液化天然气(LNG)接收站建设,积极利用浙江沿海深水岸线和港口资源,布局大型 LNG 接收、储运及贸易基地,谋划建设国家级 LNG 储运基地。加强油气输送通道建设,积极利用国内国际资源,促进油源、气源多元化。优化天然气使用方式,新增天然气应优先用于替代燃煤,鼓励发展天然气分布式能源等高效利用项目,限制发展天然气化工项目,有序发展天然气调峰电站。按照"炼化储一体化"原则,优化炼油产业结构和布局,统筹新炼厂建设与既有炼厂升级改造,集约化发展炼油加工产业。推进苏北沿海、浙江沿海、安徽南部核电规划建设。积极开发利用清洁能源,大力发展陆上、浅近海风电和光伏发电,推动沿海地区发展海洋能发电,稳步拓展生物质能利用方式,科学利用地热能。除在建项目外,原则上不再新建单纯扩大产能的煤矿项目,加快淘汰煤矿落后低效产能,严格控制煤炭产能增长。按照安全优先、区别对待、按需消纳、互惠互利的原则,积极稳妥利用区外来电。结合区域内电力电量平衡情况,按照国家小火电关停和煤炭等量替代等相关要求,适度建设清洁高效煤电。全面实施燃煤电厂节能改造。

推进能源基础设施互联互通。完善长三角主干网架结构,加快皖电东送、浙江沿海东电西送、江苏北电南送电力输送通道建设,与"西电东送"、"北电南送"主通道实现互联互通。加快区际区内石油管网建设,推进宁波、舟山等原油储备基地建设,创建国家级石油储备中心,构建清洁快速便捷的油品供应体系。完善天然气主干管网布局,配套建设天然气门站和大型 LNG 调峰站,加快天然气管网互联互通,增加主干线管道双向输送功能。推动完善沿长江清洁能源供应通道建设。加快建设长三角大型煤炭储配基地,重点在沿海沿江地区建设一批煤炭物流园区。完善煤炭应急储备体系建设。

加快能源利用方式变革。降低能源消费强度,加强能源消费总量控制。建立健全用能权初始分配制度,培育发展交易市场。推动建筑用能绿色化发展,提高建筑节能设计标准,推进建筑节能改造,推广被动式超低能耗建筑,新建的政府投资公共建筑、大型公共建筑应当至少利用一种可再生能源,加快节能产品推广。强化工业领域节能,力争主要工业领域单位产品能耗达到并优于世界先进水平。推进交通运输节能,加快提升车用燃油品质,加快发展 LNG 车辆、船舶,积极发展纯电动汽车和插电式混合动力汽车。

专栏5　能源基础设施重点工程

能源生产项目

　　天然气。推进舟山、上海(扩建、二期)、宁波(二期)等液化天然气(LNG)接收站项目

　　核电。在苏北沿海、浙江沿海等地区布局核电,推进三门核电二期、三期和象山核电一期项目建设

　　可再生能源。在苏北沿海地区、上海的浅近海、浙江陆上及浅近海布局风电;在上海、江苏、浙江、安徽布局屋顶光伏发电,建设安吉长龙、宁海、缙云、绩溪、宁国等抽水蓄能电站

　　炼油。在优化整合现有产业布局和能力的基础上,适时建设江苏连云港、上海漕泾、浙江宁波、浙江舟山石化产业基地,研究大榭、镇海、连云港、漕泾等石化炼油能力扩建

（续表）

能源通道建设
电力输送通道。建设淮东—皖南王1100千伏特高压直流、淮南—南京—上海特高压交流等线路；加强长三角主干网架，皖电东送、浙江沿海东电西送、江苏北电南送电力输送通道建设 　　输油管道及储备设施。推进日照（连云港）—仪征、舟山—上海原油管道项目及连云港、仪征等大型原油储油设施建设，推动怀宁原油储备库项目开工建设，开展安徽含山原油储备库项目论证，在浙江沿海和海岛选址建设原油、成品油中转储运管网设施；建设环杭州湾、沿海、内陆主干管网，科学规划安徽沿江成品油管道项目，配套若干支线和成品油油库 　　天然气管道及储备设施。建设中石油中俄东线江苏段（含过江通道、中石化青宁线及滨海LNG外输管线）；在芜湖开展内河LNG接收站试点工作；加快建设宁波—台州—温州和金华—丽水—温州天然气管网，推进如东—海门—崇明过江、冀宁联络线徐州—皖北、金湖—天长等天然气管道项目建设，加快浙沪、苏沪、浙苏、浙皖、浙闽、浙赣天然气联络线建设，谋划建设豫皖、苏皖天然气联络线，加快形成并完善环太湖天然气管网，完善苏中、苏北天然气管网，安徽"三纵四横一环"省级主干管网，推进金坛大型天然气储气库建设，扩建上海5号沟应急事故站等 　　煤炭储配基地。推进长三角大型煤炭储配基地建设，重点建设宁波—舟山、镇江、靖江、芜湖煤炭物流园区，完善区域煤炭储配中转体系

第四节　强化水资源安全保障

提升水资源保障能力。按照"节水优先"的要求，大力推进灌区改造、雨洪资源利用等节约水、涵养水的工程。充分发挥丰富的地表水资源优势，以解决水质性缺水和保障饮水安全为重点，强化重大引提调水工程建设。加强青草沙水库等重要水源地保护，加强长江口咸潮倒灌控制，加快太湖流域水环境综合治理骨干引排工程、舟山大陆引水等工程建设，推进引江济淮工程前期工作。强化饮用水水源地保护，加大应急备用水源工程建设力度，实施管网互联互通工程，建立江河水、水库水和海水淡化互济的供水保障体系。扩大海水淡化和中水回用规模，在新增工业园区推行海水利用。实行最严格水资源管理制度，加快划定用水总量、用水效率和水功能区限制纳污红线。建立水资源水环境监测预警机制，促进经济社会发展与水资源环境承载能力相协调。

完善防洪防潮减灾综合体系。加强防灾减灾综合能力建设，提高应对各种灾害和突发事件的能力。实施长江干流、钱塘江干流、太湖环湖大堤及骨干出入湖河道、长江主要支流、主要入海河流等综合治理工程，提高防洪防潮能力。加强沿海、沿江、环湖、沿河城市堤防和沿海平原骨干排涝工程建设。统筹流域、区域、城市水利治理标准与布局，依托流域和区域治理，强化城市内部排水系统和蓄水能力建设，有效解决城市内涝问题。推进病险水库和大中型病险水闸除险加固，全面消除安全隐患。加强河道洲滩的管理与控制利用，统筹协调主要江河上下游和重点海堤防洪减灾，建设山洪、台风灾害防治区监测预警系统，加强工程调度，提高防洪防潮减灾应急能力。在山洪灾害重点区域构建非工程措施与工程措施相结合的山洪灾害综合防御体系。

专栏6 水利和供水系统重点工程
水利 　　长江中下游河势控制和河道整治工程、长江流域蓄滞洪区建设工程、淮河下游河道整治工程、引江济淮工程、太湖流域水环境综合治理骨干引排工程、南水北调东线一期工程(配套工程)、长江口综合整治开发工程、滁河、青弋江、水阳江、皖河等主要支流治理工程、安徽沿江圩区、江苏通南地区、上海三岛地区、浙江杭嘉湖地区及其他沿江沿海平原区等重点涝区治理工程
供水系统 　　台州朱溪水库工程、舟山大陆引水三期工程、下浒山水库工程、牛岭水库工程江巷水库工程

第六章　推动生态共建环境共治

　　长三角地区既是经济发达和人口密集地区,也是生态退化和环境污染严重地区。优化提升长三角城市群,必须坚持在保护中发展、在发展中保护,把生态环境建设放在突出重要位置,紧紧抓住治理水污染、大气污染、土壤污染等关键领域,溯源倒逼、系统治理,带动区域生态环境质量全面改善,在治理污染、修复生态、建设宜居环境方面走在全国前列,为长三角率先发展提供新支撑。

第一节　共守生态安全格局

　　外联内通共筑生态屏障。强化省际统筹,推动城市群内外生态建设联动,建设长江生态廊道,依托黄海、东海、淮河—洪泽湖共筑东部和北部蓝色生态屏障,依托江淮丘陵、大别山、黄山—天目山—武夷山、四明山—雁荡山共筑西部和南部绿色生态屏障。

　　严格保护重要生态空间。贯彻落实国家主体功能区制度,划定生态保护红线,加强生态红线区域保护,确保面积不减少、性质不改变、生态功能不降低。加强自然保护区、水产种质资源保护区的生态建设和修复,维护生物多样性。严格保护沿江、湖泊、山区水库等饮用水水源保护区和清水通道,研究建立太湖流域生态保护补偿机制,保障饮用水安全。全面加强森林公园、重要湿地、天然林保护,提升水源涵养和水土保持功能。加强风景名胜区、地质遗迹保护区管控力度,维护自然和文化遗产原真性和完整性。严格控制蓄滞洪区及其他生态敏感区域人工景观建设。严格保护重要滨海湿地、重要河口、重要砂质岸线及沙源保护海域、特殊保护海岛及重要渔业海域。严格控制特大城市和大城市的建设用地规模,发挥永久基本农田作为城市实体开发边界作用。

　　实施生态建设与修复工程。实施湿地修复工程,推进外来有害生物除治,恢复湿地景观,完善湿地生态功能。实施退耕还林和防护林建设工程,深入推进水土保持林、水源涵养林建设,维持和改善物种栖息地生态环境。实施小流域水土流失治理工程,综合采用水土保持耕作、林草种植与工程性措施,保护小流域水土资源。实施矿山恢复治理工程,综合整治关停宕口,推进山体复绿,加大河口和海湾典型生态系统保护力度。实施海洋生态整治修复工程,有效恢复受损的湿地、岸滩、海湾、海岛、河口、珊瑚礁等典型海洋生态系统。

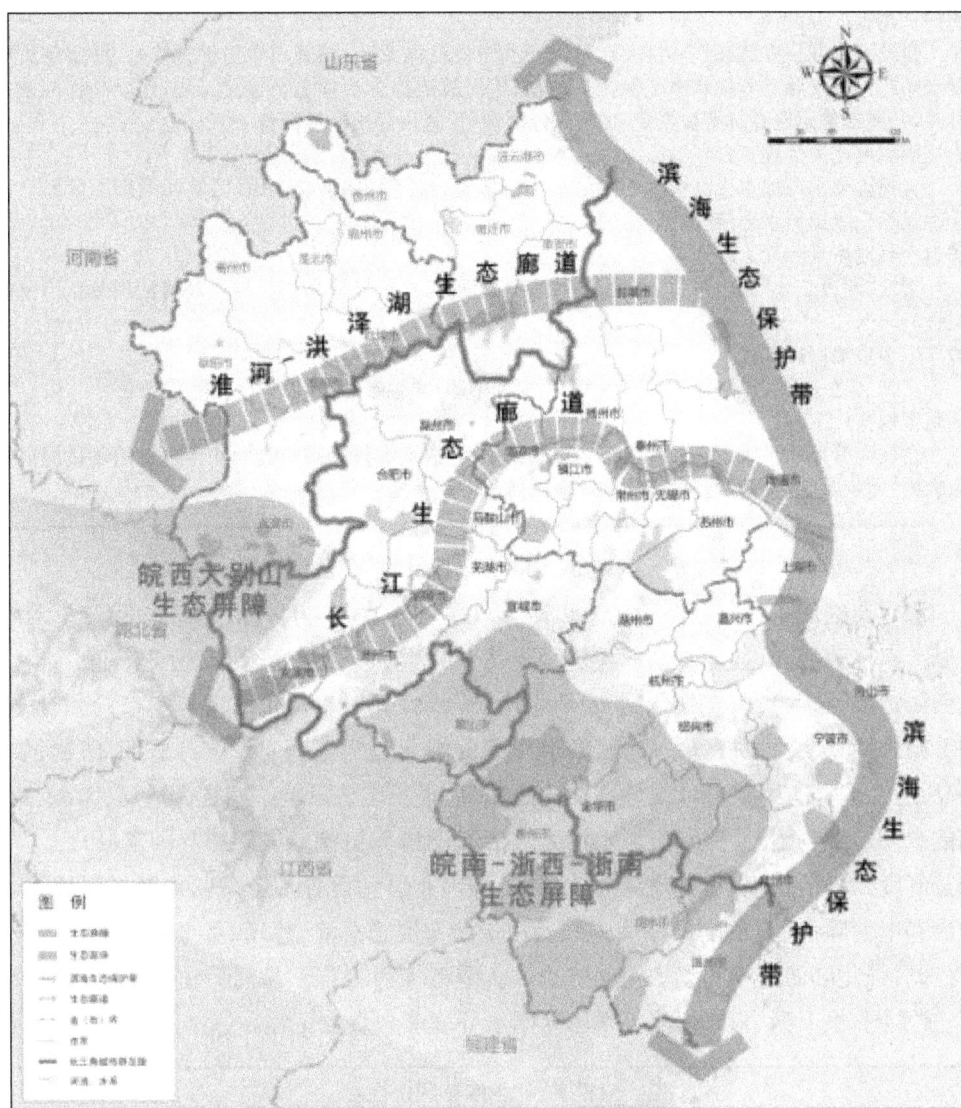

图6 长三角城市群生态屏障示意图

专栏7 生态建设与修复工程
湿地修复工程 　　崇明东滩互花米草治理及鸟类栖息地优化工程,德清下渚湖国家湿地公园水生态及水生植物保护工程,长兴仙山湖国家湿地公园湿地生态系统效益监测及生态修复工程,杭州湾国家湿地公园生态系统修复及鸟类保护工程,海盐钱江潮源湿地公园湿地保护能力建设及湿地水环境生态修复工程,太湖、滨海湿地、里下河沼泽、长江、淮河等湿地类型自然保护区建设工程,修复太湖、高邮湖等重要湖泊湿地,保护和修复勺嘴鹬、丹顶鹤、黑嘴鸥、野生麋鹿等国家重点保护或珍稀涉危动物栖息的滨海湿地,长江、淮河、黄河故道、南水北调沿线、太湖重要出入湖河流、重要城市河流等湿地修理治理工程,里下河沼泽湿地恢复工程,环巢湖、沿淮、沿江等湿地群修复工程

防护林建设工程

建设沿海和长江、淮河、京杭大运河等河流防护林体系,太湖等湖岸防护林体系,横山等大中型水库周边的水源涵养林和水土保持林;实施黄河故道综合治理造林绿化工程,建设高标准农田林网,开展丘陵岗地森林植被恢复,加强绿色通道、丘陵山区次生林抚育

小流域水土流失治理工程

实施重要水源地水土保持生态清洁型小流域建设工程,加强皖南山区、皖西大别山区和江淮丘陵区等丘陵山地水土流失综合治理

矿山废弃地恢复治理工程

实施"四边三化"矿山生态环境保护与治理工程,长江流域露采矿地质环境治理与矿山复绿工程

海洋生态整治修理工程

实施"银色海滩"岸滩整治,"蓝色海湾"综合治理和"生态海岛"保护修复等工程

水生生物养护工程

在长江等天然水域大力开展人工增殖放流活动,放流大量经济鱼类和相当数量的珍稀濒危水生物种,同步实施江湖联通、生态调度和渔民转产转业等工程

第二节　推动环境联防联治

深化跨区域水污染联防联治。以改善水质、保护水系为目标,建立水污染防治倒逼机制。在江河源头、饮用水水源保护区及其上游严禁发展高风险、高污染产业。加大农业面源污染治理力度,实施化肥、农药零增长行动,进一步优化畜禽养殖布局和合理控制养殖规模,大力推进畜禽养殖污染治理和资源化利用工程建设。对造纸、印刷、农副产品加工、农药等重点行业实施清洁化改造,加强长江、钱塘江、京杭大运河、太湖、巢湖等的水环境综合治理,完善区域水污染防治联动协作机制。实施跨界河流断面达标保障金制度。整治长江口、杭州湾污染,全面清理非法和设置不合理的入海排污口,入海河流基本消除劣Ⅴ类水体,沿海地级及以上城市实施总氮、总磷、重金属污染物排放总量控制,强化陆源污染和船舶污染防治。实施秦淮河、苕溪、滁河等山区小流域以及苏南、杭嘉湖、里下河、入海河流等平原河网水环境综合整治工程。

专栏8　跨界水体联保行动

淀山湖

上海、苏州、嘉兴联保共治,推动环湖地区原有工业逐步退出,严禁新增城镇和工业污染入湖,通过工农业与城乡污染源治理、水生态修复、河网综合治理、疏浚清淤等综合治理工程措施,提高水域综合环境质量,保障上海重要水源地安全,共同打造江南水乡国家公园

长江口

上海、苏州、南通联保共治,加强产业布局协调,严格限制新增重化工业,有效保障海洋和河口交汇区域生态环境改善,共同保护青草沙水源地、中华鲟自然保护区、东滩候鸟保护区以及候鸟迁徙通道,打造崇明综合生态岛

杭州湾

上海、杭州、宁波、舟山、嘉兴、绍兴联保共治,优化重化工业在沿湾地区的布局,控制围垦规模,加强岸线及湿地保护,提升入湾河流和排污口的水环境质量,重点保护海洋生态环境,共同打造生态海湾

太湖

　　苏州、无锡、常州、湖州、嘉兴联保共治,调整流域产业结构和工业布局,重点开展工业源污染、农村和农业面源污染治理,加快推进小流域水环境综合整治,保护与恢复湖滨湿地,推进太湖清淤疏浚和生态修复,防止蓝藻大规模爆发,确保饮用水安全

太浦河

　　苏州、嘉兴、湖州、上海联保共治,调整产业结构,加强污染源综合治理,大力推进周边及沿岸地区开展工业点源污染治理;加强水生态修复与保护,实施水源地周边生态系统保护与修复,推进底泥疏浚与岸线综合整治等;建立太浦河上下游水资源保护协作机制,保障上海供水安全

长江沿岸地区

　　安徽、江苏沿江城市联保共治,科学布局沿江产业,严格控制并调整高污染产业,协调沿江排污口和取水口布局,防范有毒化学品运输船舶环境风险,确保集中式饮用水源地水质安全,推动长江干支流水质保持稳定达标,共同保护长江黄金水道

　　联手打好大气污染防治攻坚战。完善长三角区域大气污染防治协作机制,统筹协调解决大气环境问题。优化区域能源消费结构,积极有序发展清洁能源,新增特高压输电,建立煤炭消费减量化硬目标,全面推进煤炭清洁利用,到 2017 年上海、江苏、浙江实现煤炭消费总量负增长。上海、江苏、浙江新建项目禁止配套建设自备燃煤电站;耗煤项目要实行煤炭减量替代;除热电联产外,禁止审批新建燃煤发电项目;现有多台燃煤机组装机容量合计达到 30 万千瓦以上的,可按照煤炭等量替代的原则建设大容量燃煤机组。长三角城市群加快现有工业企业燃煤设施天然气替代步伐,到 2017 年基本完成燃煤锅炉、工业窑炉、自备燃煤电站的天然气替代改造任务。限制高硫石油焦的进口。加快产业布局结构优化调整,提升区域落后产能淘汰标准,推进重点行业产业升级换代。严格执行统一的大气污染物特别排放限制,加快推进煤电机组超低排放改造,到 2017 年上海、江苏、浙江 10 万千瓦及以上煤电机组全部完成超低排放改造。到 2018 年安徽省 30 万千瓦及以上煤电机组全部完成超低排放改造。加快钢铁、水泥、平板玻璃等重点行业及燃煤锅炉脱硫、脱硝、除尘改造,确保达标排放。推进石化、涂装、包装印刷、涂料生产等重点行业挥发性有机物污染治理。加大黄标车和老旧车辆淘汰力度,推进港口船舶、非道路移动机械大气污染防治,加强对区域超标排放船舶的监管执法力度,确保到 2030 年城市空气质量全面达标。

　　全面开展土壤污染防治。坚持以防为主,点治片控面防相结合,加快治理场地污染和耕地污染。制定长三角土壤环境质量标准体系,建立污染土地管控治理清单。搬迁关停工业企业改造过程中应当防范二次污染和次生突发环境事件。搬迁关停工业企业应当开展场地环境调查和风险评估,未进行场地环境调查及风险评估、未明确治理修复责任主体的,禁止土地出让流转。集中力量治理耕地污染和大中城市周边、重污染工矿企业、集中污染治理设施周边、重金属污染防治重点区域、集中式饮用水源地周边、废弃物堆存场地的土壤污染。对水、大气、土壤实行协同污染治理,防止产生新的土壤污染。加强规划管控,严格产业项目、矿产资源开发的环境准入,从源头上解决产业项目和矿

产资源开发导致的土壤环境污染问题。

严格防范区域环境风险。坚持人民利益至上,牢固树立安全发展理念,强化重点行业安全治理,加强危险化学品监管,建立管控清单,重点针对排放重金属、危险废物、持久性有机污染物和生产使用危险化学品的企业和地区开展突发环境事件风险评估,深入排查安全隐患特别是危险化学品和高毒产品在生产、管理、储运等各环节的风险源,健全完善责任体系,提高环境安全监管、风险预警和应急处理能力,跨区域集中统筹配置危险品处置中心。加快淘汰高毒、高残留、对环境和人口健康危害严重物质的生产、销售、储存和使用,推广有毒有害原料(产品)替代品。强化沿江、沿海、沿湾化工园区和油品港口码头的环境监管与风险防范,建设安全城市群。加强城镇公用设施使用安全管理,健全城市抗震、防洪、排涝、消防、应对地质灾害应急指挥体系,完善城市生命通道系统,加强城市防灾避难场所建设,增强抵御自然灾害、处置突发事件和危机管理能力。进一步落实企业主体责任、部门监管责任、党委和政府领导责任,加快健全隐患排查治理体系、风险预防控制体系和社会共治体系,依法严惩安全生产领域失职渎职行为,确保人民群众生命财产安全。

专栏9 危险化学品安全生产重点监管区域	
上海市	金山区
江苏省	南京化工园、苏州市昆山市、张家港市、常熟市、无锡市江阴市、宜兴市、常州市武进区、新北区、南通市如东县、泰州市泰兴市、盐城市滨海县
浙江省	杭州市萧山区、嘉兴港区(平湖)、宁波市镇海区、绍兴市上虞区、台州市临海市
安徽省	池州市东至县

第三节 全面推进绿色城市建设

推进城市建设绿色化。严格城市"三区四线"规划管理,合理安排城市生态用地,适度扩大城市生态空间,修复城市河网水系,保护江南水乡特色,让人们看得到风景、记得住乡愁。统筹规划地下地上空间开发,推进城市地下综合管廊建设,建立健全包括消防、人防、防洪、防震和防地质灾害等在内的城市综合防灾体系。推广低冲击开发模式,加快建设海绵城市、森林城市和绿色低碳生态城区。发展绿色能源,推广绿色建筑和绿色建材,构建绿色交通体系。

节约集约利用资源。以节地、节水和节能为重点,强化优化开发区域的城市重要资源总量利用控制,优化重点开发区域的城市资源利用结构和增速控制,加快推动资源循环利用,建设城市静脉产业基地,提升城市群资源利用总体效率。

推进产业园区循环化和生态化。严格控制高耗能、高排放行业发展,支持形成循环链接的产业体系。以国家级和省级产业园区为重点,推进循环化改造和生态化升级,实现土地集约利用、废弃物交换利用、能量梯级利用、废水循环利用和污染物集中处理。深入推进园区循环化改造试点和生态工业示范园区建设。倡导生活方式低碳化。培育生态文化,引导绿色消费,鼓励低碳出行,倡导简约适度、绿色低碳、文明节约的生活方式。推行"个人低碳计划",开展"低碳家庭"行动,推进低碳社区建设。

第四节　加强环境影响评价

密切跟踪本规划实施对区域生态系统、环境、人民群众健康产生的影响,重点对资源占用、生态影响、污染排放等方面可能产生的不良影响进行监测评估。对纳入规划的重大基础设施建设项目依法履行环评审批程序,严格土地、环保准入,合理开展项目选址或线路走向设计。建立统一、高效的环境监测体系和跨行政区环境污染与生态破坏联合防治协调机制。把环境影响问题作为规划中期评估的重要内容,视中期评估结果对规划相关内容作相应完善。

第七章

深度融入全球经济体系放眼全球,接轨世界,深化开放,全面提升国际化水平和全球资源配置能力。

第一节　提升对外开放层次

提高利用外资质量和水平。积极有效引进境外资金、先进技术和管理运营模式,鼓励外资更多投向先进制造、高新技术、节能环保、现代服务业。鼓励外资通过并购等方式参与产业链整合,参与公共基础设施等领域建设。鼓励和支持外资机构将总部、研发中心、运营中心设在长三角地区。

有序扩大服务业对外开放。扩大银行、保险、证券、养老等市场准入,引导外资更多地投向服务业领域。鼓励外资企业设立生产性服务业企业,以及各类功能性、区域性总部和分支机构等。发挥中国(上海)自由贸易试验区在服务业领域先行先试的作用。推进江苏昆山与台湾地区的服务业合作试点。

营造国际化营商环境。完善法治化、国际化、便利化营商环境,率先建立同国际贸易投资规则相适应的体制机制。积极探索实行准入前国民待遇加负面清单管理模式,促进内外资企业一视同仁、公平竞争。建立便利跨境电子商务等新型贸易方式的体制,健全服务贸易促进体系。推进大通关建设,加快建设单一窗口,全面推进通关一体化。加强技术性贸易壁垒的预警、研判和应对,不断完善技术性贸易措施体系,有效破解贸易壁垒和化解贸易摩擦。加快建立社会信用体系,健全市场主体的信用信息数据库和信用信息共享机制,充分发挥企业信用信息公示系统等信用信息平台的作用。

第二节

建设高标准开放平台加快各类海关特殊监管区域整合优化和开放平台创新升级。从类型、功能、政策和管理四方面推进海关特殊监管区域整合,逐步将各类海关特殊监管区域整合为综合保税区。促进海关特殊监管区域发展保税加工、保税物流和保税服务等多元化业务。规范完善海关特殊监管区域税收政策,促进区内企业参与国际市场竞争。优化结转监管,提升管理效能,促进区域内外生产加工、物流和相关服务业的深度融合,打造高水平对外开放平台。加快建设一批新的双边多边开放合作平台,加快金砖国家新开发银行及亚太示范电子口岸网络运营中心建设,高起点推进中德合作(安徽)智慧产业园、中澳现代产业园(舟山)、中意宁波生态园等的建设。

推进自由贸易试验区建设并加快推广可复制经验。瞄准国际标杆,深化自由贸易试验区改革开放,加快转变政府职能,探索体制机制创新,在建立以负面清单为核心的外商投资管理制度、以贸易便利化为重点的贸易监管制度、以资本项目可兑换和金融服务业开放为目标的金融创新制度、以政府职能转变为核心的事中事后监管制度等方面,不断探索形成可复制、可推广的试点经验,率先在长三角城市群实现全覆盖。

探索建立自由贸易港区。依托舟山港综合保税区和舟山江海联运服务中心建设,探索建立舟山自由贸易港区,率先建立与国际自由贸易港区接轨的通行制度。

第三节

加速集聚国际化人才大力引进国际英才。建立紧缺国际人才清单和移民职业清单制度,重点招揽最有价值的科技、投资、营销、创意等人才。建立海外高层次人才储备库和留学回国人员数据库,定期发布紧缺人才需求报告,拓宽国际人才招揽渠道。在制定外籍高层次人才认定标准基础上,全面放开科技创新创业人才、一线科研骨干、紧缺急需专业人才的永久居留政策,放宽其他国际人才长期居留许可的申请条件。放宽紧缺领域国际移民的准入限制,在上海率先探索放宽特殊人才国籍管理。完善外籍人员就医和子女教育政策,塑造开放包容、多元融合的社会氛围。

加快推进国际化人才培育。充分利用国际国内优质教育资源,采取合作办学、国(境)外培训、岗位实践等方式,加快培养具有国际视野、通晓国际规则和拥有跨文化交流与沟通能力的本土国际化人才。建立和完善市场导向的国际化人才培养模式,支持企业成为国际化人才开发的主体。鼓励与促进人才国际交流合作,推进职业资格国际互认。

深化人文交流。在科教文卫、旅游体育等领域广泛开展人文交流合作,支持中外合作办学,推进"中以常州创新园"等的建设。构建官民并举、多方参与的人文交流机制,鼓励丰富多样的民间文化交往,提升区域和国家软实力。

第四节 培育本土跨国公司

培育壮大跨国经营市场主体。支持有条件的企业通过直接投资、收购参股等方式,在境外建设技术研发中心、品牌营销网络等,培育形成一批规模大、效益好、竞争力和带动力强的本土跨国公司,深度融入全球产业链、价值链、物流链,加快培育国际竞争新优势。促进外贸稳定发展和转型升级,引导劳动密集型企业和加工贸易向中西部和东北地区梯度转移。

健全企业境外投资服务保障体系。健全企业"走出去"政策咨询、风险评估、信息和融资服务等中介服务体系,研究建立企业境外投资"一站式"综合服务平台。建立健全境外投资风险防范机制,鼓励对外投资企业在境内投保出口信用保险、劳务保险等避险工具。健全境外融资担保机制与外汇管理制度,拓宽企业融资渠道。完善境外法律支援体系,健全知识产权境外维权和应对机制。简化境外设立企业和投资项目核准手续,简化境外投资企业人员出国(境)审批手续。研究将上海金融市场交易系统功能拓展至"一带一路"沿线国家(地区),推动人民币跨境结算,促进相关交易以人民币计价。

第八章　创新一体化发展体制机制

创新联动发展机制,遵循市场发展规律,以建设统一大市场为重点,加快推进简政放权、放管结合、优化服务改革,推动市场体系统一开放、基础设施共建共享、公共服务统筹协调、生态环境联防共治,创建城市群一体化发展的"长三角模式"。

第一节　推动要素市场一体化建设建设产权交易共同市场

依托三省一市产权交易市场,逐步实现联网交易、统一信息发布和披露。探索将交易种类拓展至国有企业实物资产、知识产权、农村产权、环境产权等各类权属交易,实现交易凭证互认。推进水、矿产、森林等资源使用权跨省交易。加强碳排放管理合作,依托上海碳排放交易平台,率先在长三角城市群开展碳排放交易,推进长三角区域内排污权交易工作。

提高金融市场一体化程度。在城市群范围积极推广自贸试验区金融改革可复制试点经验。切实发挥长三角金融协调发展工作联席会议等平台的作用,加快推进金融信息、支付清算、票据流通、信用体系、外汇管理一体化,提升金融服务实体经济能力。强化金融监管合作和风险联防联控,合力打击区域内非法集资,建立金融风险联合处置机制。做实"信用长三角"合作机制,推动征信体系互联互通。

建立土地(海域)高效配置机制。坚持最严格的耕地保护制度和最严格的节约用地制度,强化土地利用总体规划实施管理,严格控制新增建设用地占用耕地。完善城乡建设用地增减挂钩政策,实行城镇建设用地增量供给与存量挖潜相结合,探索实行城镇建设用地增加规模与吸纳农业转移人口落户数量挂钩机制。实行长期租赁、先租后让、租让结合、弹性出让等多种方式相结合的工业用地供应制度,建立健全城镇低效用地再开发激励约束机制和存量建设用地退出激励机制。依托现有基础探索建立城乡统一的建设用地交易市场,优化建设用地配置依法科学配置海域资源,严格围填海项目审查,优先保障国家重大战略项目用海需求,推进海域资源市场化配置。

推动资源市场一体化。创新和完善长三角人口服务和管理制度,加快实施户籍制度改革和居住证制度,统筹推进本地人口和外来人口市民化,加快消除城乡区域间户籍壁垒,促进人口有序流动、合理分布和社会融合。统筹规划、联合共建一批重要资源储备基地,完善安全风险防范机制。健全跨区域资源基础设施网络共享机制,鼓励第三方公平使用,提高网络资源配置效率。推进长三角城市群数据信息交易,促进数据信息基础设施互联互通,建立安全可信、公正透明的隐私保护与定价交易规则,推动数据信息交易有序开展。

第二节　建立基本公共服务一体化发展机制

推进社会保障一体化。运用信息化手段提高养老保险待遇资格协助认证效率,便利异地居住人员享受养老保险待遇,加快推进城市群内养老保险关系转移接续。鼓励联建或跨市共建养老服务设施。加快推进省际医疗保险合作,实现退休异地安置人员就医医疗费用联网实时结算。健全工伤保险合作机制。探索在享受基本社会服务方面率先打破户籍限制,并建立相应的财政支出统筹分担机制。

提高教育发展质量和共享水平。加快完善现代教育体系,全面提高教育质量,推进多种形式的教育合作,率先实现教育现代化。加快基本公共教育均衡发展,加强教师队伍特别是乡村教师队伍建设,推进城乡义务教育公办学校标准化建设。完善现代职业教育体系,加强职业教育基础能力建设,推进职业教育产教融合。率先推行高等教育改革创新试点,提升大学创新人才培养能力,推进世界一流大学和一流学科建设。

推进医疗合作机制建设。推进医改综合试点,加快建立药品出厂价格信息可追溯机制,全域推广"两票制",鼓励"一票制"。全面建立分级诊疗制度,以提高基层医疗服务能力为重点,完善服务网络、运行机制和激励机制,提升区域基层医疗服务能力。加强区域医疗卫生人才联合培养,鼓励发展医联体或跨区办医,促进医疗卫生信息互联互通,扩大远程医疗合作平台联结服务的城市和医疗机构范围。推进并完善重大疾病联防联控和应对突发公共卫生事件联动机制,构建共同应对突发公共卫生事件的机制,建立应急物资跨省调配机制和重大灾害事件紧急医疗救援联动机制。

加快构建现代公共文化服务体系。以需求为导向,扩大社会力量参与,加强多层次文化供给。推动区域公共文化服务协同发展,深入实施基本公共文化服务标准化、均等化工程,提高公共文化服务社会化、专业化水平,建设全面覆盖、互联互通的公共文化设施网络体系。继续推进公共文化设施免费开放。加强重点文艺院校和重大文化设施建设。深度挖掘丰富的文化资源,实施地方戏曲振兴、传统工艺传承、当代文学提升、影视精品打造、网络文艺发展、基层文艺繁荣等文化工程。加强历史文化名城、名镇、名村和历史文化街区保护,联合建设非物质文化遗产保护体系。

加强劳动保障监察合作机制建设。完善劳动保障监察委托协查制度、劳动者工资支付异地救济制度、同一单位异地用工情况通报制度、跨地区劳动派遣用工协查和信息通报制度,统一政策执行标准、条件、程序,切实保障跨地区就业劳动者权益,探索跨行政区劳动保障监察执法联动机制。加强劳动人事争议调解仲裁机构交流协作,提高跨地区争议案件处理效能。推动公共事务协同治理。推动社会治理由单个城市向城市群协同治理转变,形成全覆盖的社会管理和服务网络。加强城市群应急管理合作,共建食品安全、旅游安全、灾害防治和安全生产等保障体系。协同加强流动人口管理和服务。建立社会治安综合治理联动机制,消除公共安全盲区。按照统一规划、统一标准、统一监测、统一执法、统一评估的要求,统筹城市群生态环境质量管理。探索多个城市联合资助第三方开展跨区域环境治理的新模式。

第三节 健全成本共担利益共享机制

研究设立长三角城市群一体化发展投资基金。在相关城市自愿协商的基础上,研究设立长三角城市群一体化发展投资基金。分期确定基金规模,采用直接投资与参股设立子基金相结合的运作模式,鼓励社会资本参与基金设立和运营,重点投向跨区域重大基础设施互联互通、生态环境联防共治、创新体系共建、公共服务和信息系统共享、园区合作等领域。完善基金治理结构,构建基金支出监督和绩效评估机制,确保基金合理高效利用。

建立地区间横向生态保护补偿机制。推广新安江流域水环境补偿试点经验,界定流域生态保护区和生态服务受益区,合理确定转移支付标准,严格监督转移支付资金使用,促进生态补偿横向转移支付常态化、制度化。加强跨省(市)界环境污染纠纷协调,建立环境污染赔偿机制,制定具体赔付补偿办法。探索建立区域生态建设投入激励机制。

建立合理的税收利益共享和征管协调机制。在充分尊重各方意愿的基础上,研究探索产业转移税收利益共享机制。按照统一税制、公平税负、促进公平竞争的原则,加强区域税收优惠政策的规范管理,减少税收政策洼地,促进要素自由流动。建立省际互认的征收管理制度,构建税收信息沟通与常态化交流机制,实现税源、政策和稽查等信息共享,建立区域税收利益争端处理和稽查协作机制。

第九章 规划实施

本规划由上海市、江苏省、浙江省、安徽省人民政府和国务院有关部门共同组织实施。相关地区和部门要高度重视、开拓创新、协同配合、攻坚克难,确保规划目标和任务如期完成。

第一节

加强组织领导健全长三角三省一市政府层面的"三级运作"机制,强化议事决策功能,充分发挥长三角地区合作与发展联席会议的组织协调功能。有关部门要切实履行职能,研究制定支持长三角城市群发展的具体措施,在有关规划编制、体制创新、政策措施、项目安排、重点领域改革试点等方面给予积极支持。发展改革委、住房城乡建设部要加强对规划实施情况的跟踪分析和督促检查,适时组织开展规划实施情况评估。

第二节 推动重点工作

三省一市人民政府要依据本规划的总体部署,共同研究制定三年行动计划和年度工作计划,协同推进重点任务落实。抓紧编制出台交通基础设施、生态建设和环境保护、基本公共服务体系等专项规划。建立交通、资源环境、信息、市场、公共服务、产业等专项合作机制,分领域策划和推进具体合作事项及项目。完善激励约束机制,督促各地区采取共同行动策略,保障合作的持续稳定开展。深化"放管服"改革,继续大力削减行政审批事项,加强监管创新和优化服务,增强政府执行力和公信力,建设廉洁高效、人民满意的政府。

第三节 营造良好舆论环境

加强舆论引导,突出宣传推进长三角城市群一体化发展的重要意义和重大举措,准确解读规划和相关配套政策。及时公布一体化发展进展情况,增强公众对城市群一体化发展的认同感,引导各类市场主体积极参与城市群一体化建设,畅通公众意见反馈渠道,形成全社会关心、支持和主动参与长三角城市群发展的良好氛围。

附录2 相关规划政策选编之
《江苏省新型城镇化与城乡发展一体化规划
(2014—2020年)》

(苏发〔2014〕8号)

江苏省新型城镇化与城乡发展一体化规划(2014—2020年),根据中国共产党第十八次全国代表大会报告、《中共中央关于全面深化改革若干重大问题的决定》、《国家新型城镇化规划(2014—2020年)》、《江苏省国民经济和社会发展第十二个五年规划纲要》、《江苏省主体功能区规划》编制,主要明确江苏未来推进新型城镇化和城乡发展一体化的总体目标、重大任务、空间布局、发展形态与发展路径,提出体制机制改革的主要方向和关键举措,是引领全省新型城镇化和城乡发展一体化的基础性、战略性规划。规划期为2014—2020年。

第一篇　规划基础

第一章　重大意义

江苏总体上已进入工业化中后期,处于全面建成小康社会并向率先基本实现现代化迈进的关键时期。推进新型城镇化和城乡发展一体化,对江苏加快转型发展、实现"两个率先"目标具有重大现实意义和深远历史意义。

——推进新型城镇化和城乡发展一体化,是江苏实现"两个率先"的必由之路。推进新型城镇化和城乡发展一体化是全面小康和现代化建设的基本方向和必然过程,是江苏"两个率先"新内涵的重要内容。当前,江苏已经开启基本实现现代化的新征程,迫切要求将推进新型城镇化和城乡发展一体化摆在更加突出的重要位置,为推进经济持续健康发展和城乡区域协调发展提供强大引擎,为实现全省人民共享"两个率先"成果奠定坚实基础。

——推进新型城镇化和城乡发展一体化,是提高城镇化质量和破解城乡二元结构的迫切要求。以人的城镇化为核心,加快转变城镇化发展方式,统筹谋划、整体设计新型城镇化和城乡发展一体化方略,有利于从根本上解决长期以来城镇化发展模式粗放带来的诸多矛盾和问题,有利于破解城乡二元结构,化解城市内部新的二元矛盾,避免陷入"中等收入陷阱",实现可持续发展。

——推进新型城镇化和城乡发展一体化,是解决农业农村农民问题的重要途径。新型城镇化和城乡发展一体化二者相辅相成。提高城镇发展质量,增强城镇承载和带动功能,有序推进农业转移人口市民化,实现城乡基本公共服务均等化,有利于转变农业发展方式,加快农业现代化进程;有利于增强农村经济实力,提升新农村建设水平;有利于促进农民持续增收,提升农民生活质量和水平。

——推进新型城镇化和城乡发展一体化,是推进经济转型升级和实现社会全面进步的关键举措。城镇化水平持续提高,有利于不断扩大城镇消费群体,促进消费结构和消费方式升级,释放消费潜力;城镇要素集聚和城乡生产要素优化配置,有利于大幅提高劳动生产率和资源利用效率,增强创新能力,促进产业优化升级;统筹城乡发展,有利于促进城市文明向农村延伸,实现城乡社会共同发展、全面进步,使全体人民共享现代文明成果。

——推进新型城镇化和城乡发展一体化,是促进区域协调发展的有力支撑。城镇是区域发展的重要依托。以城市群为主体形态,形成体系健全、定位明确、分工合理的大中小城市和小城镇协调发展新格局,有利于促进苏中地区加快融入苏南经济板块,苏北地区以区域中心城市为载体培育形成新的经济增长极,苏南地区加快转型发展步伐并在打造长三角世界级城市群中发挥重要作用;有利于促进区域产业分工协作,推动人口和经济布局更加合理、区域竞争力整体提升。

第二章　发展现状

改革开放以来,全省城镇化和城乡发展一体化先后呈现出乡镇企业勃兴带动小城镇繁荣、各类开发园区建设带动中心城市发展、交通等基础设施升级助推城市群崛起、科学发展引领城乡一体化进程等鲜明特点,城镇化和城乡发展一体化取得长足进步。

——城镇化与工业化互动并进,经济综合实力和要素集聚能力不断提高。1978—2013年,城镇化率从13.7%提高到64.1%,高出全国10.4个百分点。经济总量达5.9万亿元,人均GDP突破1万美元,达到上中等收入国家和地区水平。每平方公里国土面积承载的人口和经济总量分别是全国平均水平的5倍和8倍。产业园区集聚能力大幅提升,省级以上开发区以占全省2%的土地,吸纳了3/4以上的实际到账外资、创造了1/2的GDP、2/5以上的地方公共预算收入。产城融合发展创出江苏特色。

——城乡经济结构持续优化,发展优势和潜能更加彰显。1978—2013年,非农产业增加值比重从72.4%增加到93.9%,非农产业从业人员占比从30.3%增加到79.9%,累计转移农村劳动力1843.9万人。城市创新能力不断增强,高新技术产业占比38.5%,人才资源总量超过900万人。农业现代化步伐明显加快,农业劳均耕地面积由1980年的2.38亩上升到2012年的8.95亩,适度规模经营比重提高到66%。

——城市群和新农村建设成效显著,城乡空间格局逐步优化。沿江城市群在长三角世界级城市群中的地位和作用日益凸显,南京都市圈、苏锡常都市圈、徐州都市圈发展态势良好。持续实施农村实事工程,农村公共基础设施明显改善,近十年,全省新建改建农村公路 8.7 万公里,完成了 9 万多个自然村环境整治,打造了 848 个"三星级康居乡村"。

——城乡居民生活持续改善,社会文明程度显著提升。1978—2013 年,城镇居民人均可支配收入和农村居民人均纯收入年均实际增长分别为 8.6%、8.1%,城乡居民收入比下降到 2.39∶1,为全国差距较小的省份之一。城镇和农村居民家庭恩格尔系数分别下降到 34.7%、36.3%。终身教育、就业服务、社会保障、基本医疗卫生、住房保障、社会养老等基本公共服务体系不断完善,"一委一居一站一办"新型社区管理模式全面推广。平安中国建设示范区和法治建设先导区建设加快推进,社会管理综合治理工作绩效连续三年全国第一。

——城乡统筹发展步伐加快,城乡一体化格局初步形成。城乡规划、产业发展、基础设施、公共服务、就业社保和社会管理"六个一体化"深入推进。79% 的乡镇实现城乡统筹区域供水,2/3 的县(市)实现生活垃圾四级运转。全省全面合并实施城乡居民养老保险制度,28 个统筹地区实现城镇居民医保和新农合制度或经办资源整合,35% 的涉农县(市、区)实现城乡低保标准一体化。城乡综合改革加快推进,建立了城乡统一管理的户籍制度和外来人口居住证制度,城乡建设用地增减挂钩试点有序开展,率先建立了被征地农民生活保障制度,经济发达镇行政管理体制和小城镇改革试点加快推进,苏州市城乡发展一体化综合配套改革先试先行,成效显著,创造了"三集中"、"三置换"、"三大合作"等做法和经验。

我省城镇化和城乡发展一体化加速推进过程中也存在许多必须高度重视并着力解决的矛盾和问题。

——城镇化发展质量和水平不够高。大量农业转移人口难以融入城市社会,本省常住人口城镇化率与户籍人口城镇化率相差 7 个百分点。城镇内部出现新的二元结构矛盾,农村留守儿童、妇女和老人问题突出。人口城镇化滞后于土地城镇化,城镇建设用地开发粗放低效,2012 年全省开发强度达到 20.57%,苏南地区相对更高。与世界上处于相同发展阶段的国家和地区相比,城镇化总体滞后于工业化,且区域差异较大,2013 年苏南、苏中、苏北三大区域的城镇化率分别为 73.5%、59.7%、56.1%。

——城乡发展形态、空间布局和城镇结构体系亟待调整优化。一些城市边界扩张速度过快,部分大城市主城区人口压力偏大,与资源环境承载能力的矛盾逐步加剧。城市发展定位趋同,城市群内部功能互补性不强,集群效应不高。中小城市和小城镇产业和人口集聚能力较弱,潜力尚未充分发掘。城乡建设个性不够鲜明,建设性破坏城乡自然环境和古街区、古村落等文化传承的现象在一些地区不同程度存在。

——缩小城乡差距的任务仍然艰巨。农业劳动生产率仅相当于工业的 1/4 左右。

城乡居民收入差距仍然较大,农民持续增收长效机制尚待加强,城乡要素平等交换和公共资源均衡配置仍存在制度性障碍。农村的投入机制有待健全,城乡交通及公共基础设施、公共服务供给差距仍然明显,农村教育、医疗和社会保障水平较低。

——社会治理体制不适应工业化城镇化快速发展及人口流动激增的新形势。社会治理体制改革相对滞后,政府职能存在缺位、越位等问题,城乡公共服务功能需要加强,公共资源配置不够合理,人口服务管理水平有待提高,居民自我服务、自我管理能力和城市社会创造活力提升的制约因素仍然较多,社会治理创新能力需要加强。

——城乡生态环境和可持续发展面临严峻挑战。粗放的生产生活方式与脆弱的生态环境承载能力之间的矛盾加剧。生态环境总体上仍处在高污染、高风险阶段,单位国土面积污染负荷较高,流域性水污染问题尚未根本解决,区域性灰霾污染呈加重趋势。能源消耗总量较大,节能减排任务繁重。耕地后备资源匮乏,落实耕地占补平衡难度加大。

总体来看,改革开放以来的经济持续快速增长,工业化城镇化互动发展的实践与探索为江苏推进新型城镇化和城乡发展一体化奠定了坚实基础,积累了丰富经验。根据世界城镇化发展普遍规律,江苏城镇化进程仍处于30%—70%的快速发展区间,随着国家新型城镇化、长三角发展一体化、长江中国经济新支撑带、丝绸之路经济带和海上丝绸之路等重大战略的实施,江苏推进新型城镇化和城乡发展一体化面临着良好的发展机遇和广阔空间。要深刻认识到,传统粗放的城镇化模式势必带来经济转型缓慢、资源环境恶化、社会矛盾增多等风险,随着内外部发展环境和条件的深刻变化,城镇化必须进入以提高质量为主的转型发展新阶段。江苏推进新型城镇化和城乡发展一体化,必须把握新趋势,探索新路径。

第二篇　总体要求

第三章　指导思想

高举中国特色社会主义伟大旗帜,以邓小平理论、"三个代表"重要思想、科学发展观为指导,深入贯彻落实党的十八大、十八届三中全会和习近平总书记系列重要讲话精神,以人的城镇化为核心,提高城镇发展质量为关键,城乡发展一体化为导向,城市群为主体形态,改革创新为动力,改善民生为根本,有序推进农业转移人口市民化,有效增强城镇综合承载能力、可持续发展能力和辐射带动能力,促进经济转型升级和社会和谐进步,实现城乡区域协调发展,不断缩小城乡区域发展差距,努力形成以工促农、以城带乡、工农互惠、城乡一体的新型工农城乡关系,走出一条具有时代特征、中国特色、江苏特点的新型城镇化和城乡发展一体化道路,为实现"两个率先"、谱写中国梦江苏篇章奠定坚实基础。

推进新型城镇化和城乡发展一体化,要牢牢把握《国家新型城镇化规划(2014—2020 年)》提出的"以人为本、公平共享,四化同步、统筹城乡,优化布局、集约高效,生态文明、绿色低碳,文化传承、彰显特色,市场主导、政府引导,统筹规划、分类指导"的基本原则,结合江苏实际,突出以下重点:

——把有序推进农业转移人口市民化作为推进新型城镇化和城乡发展一体化的首要任务。充分尊重农民自主选择权利,以促进城乡产业发展、增加城乡就业、改善人居环境、提供良好的公共服务为重点,着力完善农业转移人口市民化的制度体系,加快建立农村公共产品供给长效机制,努力实现城镇基本公共服务覆盖常住人口和城乡基本公共服务均等化,使全体人民共享城镇化和现代化建设成果。

——把优化城乡空间布局形态作为推进新型城镇化和城乡发展一体化的重要方向。着力完善沿江、沿海、沿东陇海线和沿运河城镇化布局,明确大中小城市和各类城镇的功能定位和协调发展机制,根据资源环境承载能力,强化城市群和都市圈在推进新型城镇化进程中的引领和带动作用,注重发挥中小城市吸纳农业转移人口的重要作用,促进城镇化和新农村建设协调推进,形成体系更加完善、定位更加明确、分工更加有序的城乡布局形态。

——把实现城乡可持续发展作为推进新型城镇化和城乡发展一体化的基本要求。加快转变城乡发展方式,着力提高城乡发展质量,坚持城乡发展与人口、资源、环境相协调,严格控制城乡建设用地规模,严格划定和永久保护基本农田,严守生态红线,合理控制城镇开发边界,强化资源节约、环境保护和生态修复,推行绿色低碳的生产生活方式和城乡建设运营模式,走集约化、生态化、低碳型、宜居型的城乡生态文明和可持续发展道路。

——把提升城乡社会发展水平作为推进新型城镇化和城乡发展一体化的重点内容。准确把握社会发展转型的新特点新趋势,积极顺应城乡居民对过上美好生活的新期待,进一步强化政府提供公共服务产品、保障社会公共安全、维护社会公共秩序等方面的职责,充分尊重权益诉求,全面提升人口素质,实现人的全面发展。

——把深化体制机制改革作为推进新型城镇化和城乡发展一体化的强大动力。大力弘扬改革创新精神,全面推进深化改革各项举措,加强统筹谋划、综合集成,推动人口服务管理、土地管理、社会治理、财税金融、生态建设等重点领域和关键环节改革取得重大突破,为加快新型城镇化和城乡发展一体化进程提供体制机制保障。

第四章 发展目标

——城镇化和城乡发展一体化质量显著提升。全面实现城乡户籍统一登记管理和外来人口居住证制度,实现城乡基本公共服务均等化全覆盖的常住人口城镇化率达到72%,户籍人口城镇化率与常住人口城镇化率差距缩小到 5 个百分点。城乡居民收入水平不断提高,以县域为单位实现城乡统筹规划优化全覆盖。

——城乡空间布局形态更加优化。"两横两纵"的城镇化战略格局基本形成,以城市群为主体形态的城镇体系更加完善,中心城市辐射带动作用和中小城市、小城镇服务功能显著增强,新的区域和次区域增长极加快形成。省主体功能区规划全面实施,建设开发、农业生产和生态保护三大空间结构更加清晰,生态红线区域占国土面积比例达到20%。全面落实集约化紧凑型开发要求,全省人均城市建设用地控制在100平方米以内。

——城乡基本公共服务水平进一步提高。农民工随迁子女接受义务教育和城镇失业人员、进城务工人员、新成长劳动力免费接受基本职业技能培训实现全覆盖,城乡基本养老保险、基本医疗保险和城镇保障性住房覆盖率稳步提高,基础设施和公共服务设施更加完善,"一委一居一站一办"城乡社区服务管理体制全面建立,城乡社区综合服务设施覆盖率达到99%。

——城乡可持续发展能力稳步提升。生态环境明显改善,空气质量逐步好转,饮用水安全得到保障。推进城乡发展个性化,城乡管理人性化、智能化,自然景观和文化特色受到有效保护,绿色生产、绿色消费成为经济社会生活的主流,节能降耗产品不断普及,绿色建筑比例大幅提高。

——体制机制不断完善。人口服务管理、土地管理、住房保障、资金保障、城市治理、生态环境保护等制度改革取得重大进展,阻碍城镇化和城乡发展一体化健康发展的体制机制障碍基本消除。

第三篇　重点任务

第五章　有序推进农业转移人口市民化

按照尊重意愿、自主选择,因地制宜、分步推进,存量优先、带动增量的原则,建立健全农业转移人口市民化推进机制,明确主要对象和工作责任主体,逐步淡化户籍因素,统一本地城乡户籍登记,健全外来人口居住证制度,加快城镇人口服务管理由户籍人口为主向常住人口转变,着力推进按常住人口实现基本公共服务均等化。

第一节　推进符合条件农业转移人口落户城镇

根据城镇综合承载能力和发展潜力,以合法稳定住所、合法稳定职业或可靠收入来源为基准条件,因地制宜制定具体的农业转移人口落户标准,引导农业转移人口在城镇落户的预期和选择。在城区人口500万以上特大城市和城区人口300万以上大城市中心城区建立以居住证为基础,以就业年限、居住年限和城镇社会保险参加年限为基准的积分制落户政策,此外全面放开城镇落户限制。大城市的中心城区可设置参与城镇社会保险的要求,但最高年限不得超过5年。全面实行省辖市范围内本地居民户口通迁制度。

第二节　推进农业转移人口基本公共服务均等化全覆盖

增强农业转移人口就业能力。健全城乡统一的就业制度,促进农业转移人口就业。加快县城和重点中心镇产业发展,积极开发适合农业转移人口的就业岗位,拓展农民就近就地就业空间。整合职业教育和培训资源,全面提供政府补贴职业技能培训服务。完善促进农业转移人口就业的基本公共服务,保障与城镇户籍就业人员同等享有就业与创业政策扶持、信息咨询、培训指导、劳动人事争议调解和仲裁等服务,实现城乡劳动者同工同酬、同城同待遇。

推进农业转移人口随迁子女平等接受教育。将随迁子女接受义务教育纳入各地义务教育优质均衡发展县(市、区)评估、教育现代化建设和财政保障范围,逐步纳入输入地普惠性学前教育和免费中等职业教育招生范围,推动就近在公办学校就读。采取政府购买服务等方式,保障未能在公办学校就学的随迁子女在普惠性民办学校接受义务教育的权利。完善随迁子女异地中高考制度和招生制度,建立健全随迁子女接受义务教育后在流入地参加升学考试的实施办法。到2020年随迁子女与户籍学生在流入地接受义务教育、参加升学考试等方面享受同等待遇的比例达到100%。

提高农业转移人口医疗卫生计生服务水平。调整农业转移人口医疗卫生计生服务管理体制,并根据常住人口规模和社区分布状况,均衡合理配置城镇公共医疗卫生计生服务资源,将进城务工人员及其随迁家属纳入社区基本医疗卫生计生服务体系,享有与城镇居民相同的基本医疗卫生计生服务。鼓励有条件的地方将符合条件的进城务工人员及其随迁家属纳入当地医疗救助范围。

健全并不断完善农业转移人口社会保障体系。建立健全各类居民的社会保险电子档案管理信息系统,率先在省内实现联网运行和各类社会保险关系跨地区、无障碍转移接续。落实省征地补偿和被征地农民社会保障办法,将被征地农民纳入城乡社会保障体系。推进进城务工人员与城镇职工平等参加养老、医疗、失业、工伤、生育保险并享受相应待遇,在农村参加的养老保险和医疗保险规范接入城镇社保体系。建立健全养老服务补贴制度,为低收入农业转移家庭中的失能、高龄老人提供基本养老服务,不断增强老年人护理照料的支付能力。加大帮扶救助和"爱心助保"力度,帮助参保困难的进城务工人员早参保、长缴费。

拓宽农业转移人口住房保障渠道。推进进城落户农民完全纳入城镇住房保障体系;通过合理布局建设公共租赁住房,鼓励产业园区和具备条件的大中型企业配套建设<u>公寓楼</u>、集体宿舍,多途径解决外来务工人员住房需求;健全制度,制定政策,把符合条件的外来务工人员家庭纳入住房保障范围。扩大通过收租市场闲置房源筹集公共租赁住房试点,探索公租房投资、项目建设和租赁经营管理新模式。加快推进住房保障体系和住房供应体系建设,支持进城务工人员自主购买住房。

第三节　建立健全农业转移人口市民化推进机制

明确农业转移人口市民化工作主体责任。省政府为政策制定和跨地区工作协调责任主体,省辖市、县(市)政府为市民化工作直接责任主体,主要承担人口信息管理、居住证颁发、辖区内农业转移人口在本地落户、常住人口基本公共服务均等化等职责。省辖市以市区及其所属街道(乡镇)、城乡社区内常住人口为工作责任范围;县(市)以城区(街道)和乡镇、农村社区常住人口为工作责任范围。

分步推进农业转移人口市民化。按照先存量、后增量,先本地、后外地,先省内、后省外,先失地农业人口、后其他农业人口,先进城务工人员及子女、后投靠亲友的顺序,分门别类推进不同群体转为城镇居民。在全面推进常住人口基本公共服务均等化的同时,优先解决本地失地农民市民化待遇问题;积极稳妥推进异地务工人员本地长成子女市民化;下转 A5 版

注:1. 带 * 指标现状为 2013 年数据。

2. 部分指标解释。

(1) 城乡统筹规划优化覆盖率。按照新型城镇化和城乡发展一体化要求,以城乡统筹、区域协调、多规融合为基本原则的城乡规划优化工作完成情况。

(2) 城乡居民社会养老保险基础养老金水平比较指数。全省涉农县(区)城乡居民社会养老保险参保人群中农村居民与城镇居民基础养老金月人均水平的比较。

(3) 城乡居民医疗保险政策范围内报销水平比较指数。全省涉农县(区)参加新型农村合作医疗人员与城镇居民医疗保险参保人群政策范围内的报销水平的比较。

(4) 城乡最低生活保障标准并轨覆盖率。以县(市、区)为单位,实现城乡低保标准统一的县(市、区)比例。

(5) 人均城市建设用地。全省人均城市建设用地控制在 100 平方米以内,各地人均城市建设用地严格执行《城市用地分类与规划建设用地标准》。

对不愿意放弃农村各项权益的本地进城农村居民和异地转入常住人口,按常住人口管理并让其平等享有城镇居民基本公共服务。充分尊重有意愿在城镇落户的进城务工人员及家庭的选择权,建立健全公开透明的市民化工作运行机制。

建立健全农业转移人口市民化成本分担机制。根据农业转移人口市民化成本分类,明确政府、企业、个人共同参与的农业转移人口市民化成本分担责任。各级政府根据基本公共服务的事权划分,主要承担义务教育、就业服务、基本养老、基本医疗卫生、保障性住房以及市政设施等方面的公共成本,进一步增强吸纳农业转移人口较多地区政府的公共服务保障能力;企业主要落实进城务工人员与城镇职工同工同酬制度,加大职工技能培训投入,依法为进城务工人员缴纳职工养老、医疗、失业、工伤、生育等社会保险费;进城务工人员积极参加城镇社会保险、职业教育和技能培训等,并按照规定承担相关费用,强化自身融入城市社会的能力。

第六章　优化城乡空间布局和形态

根据全国新型城镇化空间布局、全省生产力布局的总体框架和未来发展趋势,在全

面实施省主体功能区规划的基础上,按照新形势下推进新型城镇化和城乡发展一体化的新要求,进一步优化城镇化战略布局,形成以沿江、沿东陇海线为横轴,以沿海、沿大运河为纵轴,以轴线上区域性中心城市为支撑,以周边中小城市和重点中心镇为组成部分,大中小城市和小城镇协调发展的"两横两纵"空间布局和城镇体系。

第一节　科学规划城镇布局

沿江城市群。按照"整体有序、联动开发"的原则,推进苏中融入苏南,挖掘潜力,协同并进,重点加强宁镇扬、锡常泰、(沪)苏通三大板块跨江融合发展,形成南北呼应、发展共振的格局和态势。推动区域高端创新要素集聚,加快转型升级,建设具有国际水平的战略性新兴产业策源地和先进制造业中心,打造江海一体的高端生产服务业集聚区和我国服务贸易对外开放的先导区。深化以上海为龙头的长三角一体化区域合作,加快苏南现代化建设示范区建设,重点推进宁镇扬大都市区同城化和苏锡常都市圈一体化,做强长江三角洲世界级城市群北翼核心区。

沿海城镇轴。深入实施沿海开发国家战略,不断完善沿海南北通道等基础设施,重点推进沿海深水大港、临港产业园区和城镇"三位一体"协同发展,发展壮大海洋经济,大规模承接国内外先进制造业和高端产业转移,加快建设以区域中心城市为支撑、以沿海综合交通通道为纽带、以近海临港城镇为节点的新兴城镇化地区,形成我国东部地区重要经济增长极。

沿东陇海城镇轴。以丝绸之路经济带建设为契机,加快徐州都市圈建设,提升其在淮海经济区的区域性中心城市地位,加强与中原经济区等内陆区域合作;发挥"一带一路"交汇点的重要作用,推进连云港国家东中西区域合作示范区建设,不断强化现代化港口的要素集聚功能,深化与陆桥沿线国家和地区的合作协同,着力增强市区、港区和沿线县城镇及重点中心镇的产业人口集聚能力,成为国家陆桥通道的东部重要支撑。

沿运河城镇轴。坚持新型工业化和新型城镇化同步推进、协调发展,彰显运河文化底蕴和环境景观特色,充分挖掘经济功能,突出集约发展、绿色发展,形成贯通南北、辐射带动苏中苏北腹地的特色产业带。做强做优沿线节点城镇,注重培育宜居宜业、特色鲜明的中小城市,加快建设沿运河城镇、交通、生态走廊,深化淮河流域地区经济合作,走出一条生态、环保、低碳发展的特色之路。继续推进淮安苏北重要中心城市建设。

加快培育区域新增长极。在沿海地区布局新的区域性中心城市,增强其对沿海开发的支撑保障能力。在沿东陇海沿线地区和沿运河地区,选择基础条件良好的县城,培育其成为区域次中心城市,带动苏中苏北腹地发展振兴。在沿宁杭交通通道和苏南丘陵县(市、区),积极培育区域次中心城市。

第二节　促进各类城镇协调发展

完善城市群发展协调机制。以长三角城市群和省内其他城市群为平台,健全完善城市发展协调机制,协同推进经济转型升级、空间结构优化、资源永续利用和区域环境联防联控联治。统筹制定实施省域城市群规划,建立城市联合体,明确城市功能定位和分工,加快城市群一体化进程。建立统一开放的市场体系,推动城市间要素自由流动、资源优化配置、信息互通共享。加强城市间产业对接,以市场为导向,打造分工合理、协作融合的产业集群。完善城市间交通基础设施网络,建立高效畅通的物流体系。加快人才信息、金融服务、科技服务、贸易网络等跨区域平台建设,形成区域协同、规则统一的制度基础。

提升中心城市综合功能。强化省会城市南京的区域性科技文化、经济金融中心地位和省辖市所在地区域中心城市的科技、产业、人才、投资、信息等发展要素集聚功能,并不断提升其现代化和国际化水平。实施城镇空间结构调整优化,适当疏散中心城区经济功能和其他功能,合理控制人口规模,推进劳动密集型加工业向外转移,加强与周边城镇基础设施连接和公共服务共享,培育形成通勤高效、一体发展的都市区。以完善服务功能、改善人居环境为重点,进一步增强中心城市的凝聚力和影响力,发挥其带动区域发展的主导作用。推动建设南京江北新区。

加快发展中小城市。优化产业和公共服务资源布局,在资源环境承载力强、发展潜力大的中小城市和县城实施经济社会发展重点项目。依托优势资源发展特色产业,积极承接中心城市产业转移,创造更多的就业岗位和创业机会,促进农业转移人口就地就近市民化。加强市政基础设施和公共服务设施建设,推动公共资源配置向中小城市和县城倾斜,引导高等学校和职业院校在中小城市布局、优质教育和医疗机构在中小城市设立分支机构。推进具备条件的县有序改市。

分类建设发展小城镇。突出小城镇连接城市和农村的纽带作用,强化其在城镇体系中的重要节点地位。鼓励具备条件和基础的大中城市周边的小城镇发展成为新市镇或卫星城,有效疏解大城市中心城区功能,分担人口和公共服务压力。推动建制镇加强基础设施配套和公共服务设施布局,进一步完善服务"三农"功能,建设成为农村经济文化中心。合理规划布局重点中心镇,增强产业发展能力和交通节点功能,更多吸引农业转移人口,鼓励有条件的重点镇发展成为小城市。依托传统历史条件、区位优势和发展基础,推动其他镇发展特色经济,改善人居环境,成为服务农村、带动周边的综合性特色化小城镇。

第三节　优化城市空间结构和管理格局

提升中心城区功能。围绕提升城市运行效率,优化中心城区空间结构,盘活低效存量土地资源,强化城市空间集约高效利用。推动特大城市中心城区部分功能向卫星城(镇)疏散,增强大中城市中心城区高端商务、现代商贸、信息服务、创意创新功能。统筹规划地上地下空间开发,完善防空减灾工程体系,推动商业、办公、居住、生态空间与交通体系合理布局。坚持改造更新与保护修复并重,健全旧城改造机制,优化提升老城区的功能和品位。加快城区老工业区搬迁改造,大力推进棚户区改造,稳步实施城中村改造,有序推进旧住宅小区综合整治、危旧住房和非成套住房改造,全面改善人居环境。

规范新城新区建设。严格新城新区设立条件,严禁突破土地利用总体规划设立新城新区和各类开发园区,防止城市边界无序蔓延。与行政区划相协调,以人口密度、产出强度和资源环境承载能力为基准,科学严谨编制新城新区规划,严格控制建设用地规模,控制建设标准过度超前。统筹生产区、办公区、生活区、商业区等功能区规划建设,推进功能混合和产城融合,在集聚产业的同时集聚人口,防止新城新区空心化。加强现有开发区城市功能改造,推动单一功能向综合功能转型,为促进人口集聚、发展服务经济拓展空间。

改善城乡接合部环境。提升城乡接合部规划建设和服务管理水平,促进社区化发展,增强服务城市、带动农村、承接转移人口功能。规范建设行为,加快城区基础设施和公共服务设施向城乡接合部地区延伸覆盖,加强社会综合治理,改善生活居住条件。推进环境整治,强化生态用地和农用地保护,形成有利于改善城市生态环境质量的生态缓冲地带。

第四节　建设社会主义新农村

推进农业现代化。加快农业社会化、市场化步伐,提高专业化、高效化水平,创新农业经营方式,提升综合生产效率,巩固强化江苏农业在全国的竞争优势和比较优势。落实国家粮食安全战略,继续加大财政对粮食主产区投入,严守耕地保护红线,稳定粮食播种面积,提高农业机械化水平,确保耕地保有量保持在 475 万公顷,粮食总产稳定在 680 亿斤左右。加快农业标准化和品牌化建设,建立健全农副产品质量全程可追溯制度。积极发展现代农业产业链,建设现代农业产业园区、农产品加工集中区和农产品市场体系。加快苏北黄河故道沿线农业综合开发。坚持家庭经营在农业中的基础地位,积极培育新型农业经营主体,发展多种形式规模经营,扶持建设一批示范性家庭农场。鼓励农村发展社区股份合作、土地股份合作、专业合作、劳务合作、投资合作,引导发展农民专业合作社联合社,鼓励和引导工商资本到农村发展适合企业化经营的现代种养业。推行合作式、订单式、托管式等服务模式,培育壮大专业化服务组织。推进城乡共建农业产学研合作平台,组织重大农业科技攻关,加大技术集成推广,到 2020 年农业科技贡献率达到 70%。

优化村镇布局。完善村镇布局规划,分类引导村庄建设,发展规划布点村,保护特色村,稳妥推进村庄撤并。根据村镇人口结构现状和变化趋势,加强规划引导,合理确定村庄布点和建设规模,因地制宜布局建设基础设施和公共服务网络,形成适度集聚、生产便捷、生活舒适的村庄分布格局。充分尊重农民意愿,明确村庄撤并、迁移标准,加强空心村整治和闲置土地利用,有效减少布局散乱、占地过多、浪费严重的宅基地,有序引导农民向新型农村社区集中居住,促进土地资源集约利用。突出乡村传统聚落特色,合理利用地形地貌、丘陵植被、河湖水系等自然条件,延续和保护生态环境、自然景观、传统民居、历史建筑、古树名木等人文景观。

突出村庄特色。加大村庄自然与文化资源保护,维护农村居住、生产、生态、文化等多功能,因地制宜推进村庄特色化发展,激发农村发展活力,建设农民幸福生活的美好家园。自然生态型村庄严格保护地形地貌的自然生态格局,构建绿色生态网络,促进农业生产与特色旅游互动发展;历史文化型村庄严格保护古村落、古建筑,深入挖掘历史文化和地域文化特色,突出乡村独特的民间演艺、节庆活动等,振兴传统手工艺,打造特色文化品牌;特色产业型村庄进一步做大做强现有优势特色产业,突出产业链发展,加快培育成为中心村或小城镇。依托区位条件、自然文化资源,培育一批以特色农业、休闲旅游、商贸流通为主的新型村庄,完善基础设施建设,改造村庄生活环境,促进农业、旅游业、文化产业融合发展。

推进强村富民。不断完善强农惠农富农政策体系,加快农业、就业、创业、物业"四业富民",促进农民收入持续较快增长。继续推进"一村一品"工程建设,培育壮大优势特色产业,强化农产品产销衔接,允许农民以承包经营权入股发展农业产业化经营,增加农业经营收益。鼓励农民自主创业、联合创业,支持外出务工农民带技术、带资金回乡创业,引导农民按需培训、适岗提升。保障农民集体经济组织成员权利,积极发展农民股份合作,赋予农民对集体资产股份占有、收益、有偿退出及抵押、担保、继承权,固化农民在村里的原有各项收益权,将集体资产折股量化到人(户)。在试点基础上慎重稳妥推进农民住房财产权抵押、担保、转让,拓宽农民财产性收入渠道。大力发展多种形式的村级集体经济,逐步建立完善以物业经营和资源开发为主的多种经营方式,加强农村集体资金、资产、资源管理,提高集体经济组织资产运营管理水平。

第五节　强化综合交通运输网络支撑

加快城市群之间综合运输大通道建设。围绕国家区域发展战略布局,加快完善综合运输大通道,构建以高速快速铁路、高速公路、高等级航道为骨干的国家级综合运输大通道。沿江城市群,加快实施长江南京以下12.5米深水航道建设和主要港口扩能改造,积极推进沿江城际、沪泰宁、宁启扩能改造(含二期)等铁路规划建设,突出铁路、公路、航空、水运综合配套,推进锡通、五峰山、常泰、锡澄靖、南京龙潭等过江通道规划建设,支撑和引导苏中与苏南地区融合发展,进一步强化沿江城市群与上海的联系,形成东接上海、西连长江中上游城市群的交通大动脉。沿海城镇轴,加强与丝绸之路经济带、海上丝绸之路建设的衔接互动,重点推动沪通铁路、连盐铁路、宁盐高速、临海高等级公路、崇海通道等项目规划建设,促进沿海地区加快融入长三角核心区,形成南连沪浙闽、北接环渤海的沿海大通道。沿东陇海城镇轴,以丝绸之路经济带建设为依托,重点推进徐连客运专线铁路规划建设,提升出海通道功能,打造联系中原、关中乃至中亚地区的陆桥运输大通道,更好服务中西部地区出海运输需求。沿运河城镇带,重点建设连淮扬镇、徐宿淮盐等铁路通道,实施京杭运河和京沪高速公路扩能工程,积极推进淮河入海水道航道、盐河出海通道规划建设,加强与上海、南京、徐州、连云港等城市和重要枢纽的交通联系。以支线机场、通用机场为依托,探索发展通勤航空,使之成为城际快速交通的重要补充。

构建城市群内部快速交通网络。以满足同城化、一体化发展为目标,建设以轨道交通和高速公路为骨干、以普通公路为基础，高效衔接城市群内的大中小城市和城镇的多层次快速交通网络。积极推进盐泰、泰常、靖宜、宁淮、宁扬、镇江至高淳等城际铁路规划建设，逐步形成覆盖城市群内各城市的城际铁路网络，进一步扩大高速公路和国省干线通行能力，推进江宜高速、苏锡常南部通道建设，实现城市群内主要城市间一小时通达。在宁镇扬、锡常泰、（沪）苏通等城镇连绵发展地区，建设城际轨道交通网络，注重城市群内部轨道交通互联互通，加强城市快速路网对接，开通城际通勤班线。发展都市区快速交通体系，加强南京、苏州、徐州、无锡、常州等城市群核心区与周边城市、重要城镇和交通枢纽之间的联系，积极推进昆山、太仓、启东、海门等环沪地区与上海之间的快速化、通勤化、公交化联系，实现区域交通设施共建共享。

建设综合交通枢纽。以提升城市群整体竞争力为目标，建设以铁路、机场、港口等为主的综合交通枢纽，强化南京、徐州、连云港三大国家级综合交通枢纽功能，加快建设一批区域性综合交通枢纽。重点打造南京禄口国际机场、无锡硕放机场、南京铁路南站、徐州铁路东站、连云港港、苏州港、南京港、南通港等一批较强竞争力的综合交通枢纽，强化各种交通方式衔接，完善集疏运体系与配送系统，实现货运无缝衔接，城市内客运零距离换乘。

优先发展城市公共交通。将公共交通放在城市交通发展的首要位置，加快构建以公共交通为主体的城市机动化出行系统。积极发展快速公共汽车、现代有轨电车等大容量地面公共交通系统建设，在有条件的地区大力推进城市轨道交通建设，市区人口300万以上城市加快构建轨道交通网络化运营系统，市区人口100万以上城市适时启动轨道交通规划建设。优化公共交通站点和线路设置，推动形成公共交通优先通行网络，提高覆盖率、准点率和运行速度，基本实现100万人口以上城市中心城区公共交通站点500米全覆盖。因地制宜建设城市交通综合体，加强交通设施用地综合开发，推进城市轨道、地面公交等城市交通设施与铁路、公路、机场等交通枢纽紧密衔接。强化交通综合管理，有效调控、合理引导个体机动化交通需求，合理布局建设城市停车场和立体车库，有效缓解堵车和停车矛盾。到2020年市区人口100万以上城市公交机动化出行分担率达到60％以上。

改善中小城市和小城镇交通条件。加强中小城市与交通干线、交通枢纽城市的连接，加快建设中小城市、小城镇与中心城市的快速交通，到2020年铁路覆盖80％的县级以上经济节点，高速公路全面覆盖省内所有县级以上经济节点。继续完善国省干线网络，打通跨省际交通节点。实施农村公路提档升级、撤渡建桥和危桥改造工程，注重打通行政区域交界地段、边远村落的镇村公路连接，提高农村公路的通达深度、覆盖广度和安全技术水平，形成以县城为中心、覆盖镇村的公路网络。大力发展镇村公交，完善配套的公交客运场站，构建城区、市-镇、镇-村三级城乡客运网络，到2020年镇村公交覆盖率达到100％。

第七章　提升城乡社会发展水平

积极适应新型城镇化发展需要,围绕服务人的需求、促进人的全面发展,增加城乡公共服务供给,创新社会治理方式,全面提升人口素质,为城乡社会和谐进步奠定更加坚实的基础。

第一节　增强城乡基本公共服务能力

均衡配置城乡公共资源。以完善农村公共服务投入机制为重点,加强基层公共服务机构设施和能力建设,建立健全基本公共服务体系。大力促进教育公平,实行义务教育公办学校标准化建设,建立健全县域内城乡校长教师交流轮岗机制,推动优质教育资源共享;科学规划学校布局,合理确定农村中小学教学点、寄宿制学校建设,保障就近上学需要。优化配置医疗卫生资源,推进城乡医疗机构纵向合作,鼓励城市优质卫生服务机构帮扶基层医疗机构,积极引导城市卫生人才向基层流动;合理设置城市社区卫生服务中心,加快健全以县级医院为骨干、乡镇卫生院和村卫生室为基础的农村三级医疗卫生服务网络,完善城乡"15分钟健康服务圈";加强计划生育公共服务体系建设,调整完善计划生育奖励扶助制度。推动城乡基本养老服务均衡发展,鼓励发展老年服务产业,加快实现城乡社区居家养老服务中心(站)全覆盖,每千名老年人拥有服务床位40张。完善城乡公共文化服务网络,打造城市"15分钟文化圈"、农村"十里文化圈",全面推进江苏公共数字文化工程暨数字图书馆建设工程,提高公共文化服务数字化、网络化水平,到2020年公共文化服务设施网络覆盖率达到90%以上。合理规划布点城乡社区健身休闲场地。

统筹城乡就业。建立城乡统一的人力资源市场,制定实施城乡统筹就业规划。完善覆盖城乡、直达到村的公共就业服务网络,促进就业服务标准化和信息化,全面提升"15分钟公共就业服务网"建设水平,积极发展人力资源服务业。加快推进城镇就业创业扶持政策体系向农村延伸,着力消除城乡、行业、身份、性别等一切影响平等就业的制度障碍和就业歧视。增强失业保险制度预防失业、促进就业功能,完善就业失业监测统计制度。进一步规范企业用工行为,健全进城务工人员工资支付保障机制,着力提高进城务工人员劳动合同签订率和履行质量。

完善城乡社会保障体系。推进开发区、工业园区企业和非公经济组织从业人员、灵活就业人员、进城务工人员等重点人员参保,将符合条件的人员全部纳入制度范围,巩固提高各项社会保险覆盖率。建立统一的城乡居民基本养老保险制度,完善与职工养老保险的衔接办法,加快推进城乡居民养老保险省级统筹,鼓励和稳妥推进苏南等有条件的地区将劳动年龄段的被征地农民和农村劳动者纳入企业职工基本养老保险制度。研究完善职工医保、新农合和城镇居民基本医疗保险制度之间的衔接办法,整合城乡居民基本医疗保险制度。全面建立城乡居民大病保险制度,提高重特大疾病保障水平。进一步完善城乡统一的最低生活保障制度,积极推进以县(市、区)为单位实现城乡低保标准统一。加快推进优抚对象抚恤补助标准城乡统一进程。建立健全合理兼顾各类人员的社会保障待遇确定和正常调整机制,适时适当降低社会保险费率。健全商业保险与社会保险合作机制,开办各类补充性养老、医疗、健康保险。研究建立社会保险基金风险预警机制。全面实行社会保障"一卡通"。

第二节　创新城乡社会治理

强化政府社会治理职能。坚持系统治理、依法治理、综合治理,创建平安中国示范区。进一步加大党委统筹推进力度,强化政府主导作用,引导社会各方面有序参与,实现政府治理和社会自主调节、居民自治良性互动。加快政府职能转变,强化公共服务、市场监管、社会管理、环境保护等职责,完善社会治理地方性法规和规章,进一步理顺各级政府职责关系。健全重大决策的社会稳定风险评估机制,建立畅通有序的诉求表达、心理干预、矛盾调处、权益保障机制,完善人民调解、行政调解、司法调解联动工作体系,建立涉法涉诉信访依法终结制度,有效预防和化解社会矛盾。加强社会公共安全保障,构建立体化、现代化社会治安防控体系,完善突发公共事件应急预案,增强危机管理能力。健全防灾减灾救灾体制,强化灾害分析、监测和预警,提高灾害设防标准和救灾能力,强化行政问责制和责任追究制。加快社会信用体系建设,推进政务诚信、商务诚信、社会诚信和司法公信。规范社会行为,协调社会关系,培养公民社会公德意识,提高全社会文明程度。

推动社会治理创新。坚持服务为先,突出人文关怀,寓管理于服务之中,以改善服务引领管理创新。整合城乡各类社会服务管理资源,建立覆盖常住人口的一站式社会服务管理综合平台。鼓励基层提高各级党代会代表、人大代表、政协委员中农民工的比例,积极引导进城务工人员参加党组织、工会和社团组织,引导农业转移人口有序参政议政和参加社会治理,实现个人融入企业、子女融入学校、家庭融入社区、群体融入社会,建设包容性城市。依托中小学、村委会和农村社区普遍推行关爱服务,切实保障留守儿童、留守妇女、留守老人权益。加强特殊人群的引导、服务和管理,健全社会弱势人群关怀帮扶体系。

强化基层和社区建设。加强基层基础工作,推动社会治理重心下移,完善县(市、区)、乡镇(街道)、社区(村)三级社会服务管理平台。进一步完善"一委一居一站一办"社区服务管理体制,强化社区、社会组织和社会工作专业人才"三社联动"效应,完善网格化管理、社会化服务。进一步厘清行政事务和社区自治事务、政府委托事务和社区自治事务边界,深入推动政府行政管理与基层群众自治有效衔接,构建"政社互动"新模式。结合新农村建设,拓展新型农村社区就业社保、医疗卫生、民政事务、综治警务、环境养护等功能,打造一站式综合服务。充分发挥村(居)委会的群众自治性组织作用,引导社区群众依法参与社区事务、财务和集体资产等管理。广泛开展社区志愿服务。

推进社会组织健康有序发展。坚持政社分开,推进社会组织明确职责、依法自治、发挥作用,注重社会组织的发育和完善,增强全社会创造活力和自我管理能力。推动政府部分行业管理、社会事务管理、技术服务等职能有序转移,建立健全以项目为导向的政府购买社会组织服务常态机制。限期实现行业协会商会与行政机关真正脱钩,重点培育和优先发展行业协会商会类、科技类、公益慈善类、城乡社区服务类社会组织,成立时直接依法申请登记,扶持发展一批示范性社区社会组织和农村专业经济协会。支持行业协会一业多会,实现适度竞争、优胜劣汰。推动社会组织完善法人治理结构,健全监督管理与自律管理制度,提高承接政府转移职能、开展公益服务和中介服务的能力。推进社会组织人才队伍建设。到2020年每万人拥有社会组织超过12个。

第三节　提高城乡居民素质

把全面提高城乡居民素质作为一项基础性、战略性工程,持之以恒提升城乡居民的思想道德、科学文化、身心健康素质。增强人力资源观念,形成产业结构与人口结构互动提升的有效机制,营造有利于人才成长、集聚和人口潜能发挥的良好环境。建立健全多层次、多元化的终身教育体系,积极发展继续教育、远程教育、社区教育,鼓励社会力量兴办教育,推进市民积极参与学习培训。深化产教融合、校企合作,系统构建从中职、高职、本科层次职业教育到专业学位研究生教育的技术技能人才培养通道,推进中高职衔接和职普沟通贯通,试行普通高校、高职院校、成人高校之间的学分转换,建设职业教育创新发展实验区。加强进城务工人员的职业教育与技能培训,引导用人单位开展职业培训,提高农业转移人口就业创业能力。加强科普宣传教育,提高进城务工人员科学文化和文明素质。建立健全新型职业化农民教育、培训体系,大力培养一批科技素质高、职业技能好、经营能力强的新型职业农民和农村实用人才。

第四节　推进城乡法治建设

围绕构建法治中国建设先导区,大力推进农村基层民主法治建设。开展形式多样的基层民主协商,推进基层协商制度化,建立健全居民、村民监督机制,规范基层选举,促进群众在城乡社区治理、基层公共事务和公益事业中依法自我管理、自我服务、自我教育、自我监督。创新普法教育机制,增强群众法治意识,推动形成办事依法、遇事找法、解决问题用法、化解矛盾靠法的良好环境。深化行政执法体制改革,规范行政执法行为,完善行政执法与刑事司法衔接机制,加强食品药品、安全生产、环境保护、劳动保障等与民生密切相关领域的基层执法力量,提高执法和服务水平。加快构建覆盖城乡的公共法律服务体系,进一步优化法律服务资源配置,健全司法救助制度,完善法律援助制度,满足人民群众日益增长的法律服务需求。扎实开展法治创建活动,推动基层法治建设整体水平提高。推进基层法治文化阵地建设,开展群众喜闻乐见、丰富多彩的法治文化活动。大力兴办法治便民利民惠民实事,解决涉及人民群众切身利益的执法司法问题。

第八章　增强城乡可持续发展能力

围绕提高城镇发展质量和城乡发展一体化水平,加快转变城镇化发展方式,强化经济基础和产业支撑,创新城乡规划理念,完善城市功能品质,不断改善人文环境,建设资源集约高效、生活舒适便利、环境优美宜人的美好城乡。

第一节 强化产业就业支撑

坚持城市功能、产业升级与吸纳就业联动推进,科学确定城镇产业定位,推进产城互动融合发展,进一步增强经济活力,为城镇化提供强有力的产业就业支撑。充分发挥服务业对吸纳就业的重要作用,推进中心城市"退二进三",重点发展高端服务业和高新技术产业,加快服务业改革开放,破除服务经济发展的体制和政策障碍,提升城市服务功能和综合承载能力,形成以服务经济为主的产业结构。中小城市主动承接中心城市辐射,加快发展生产服务业和先进制造业,引导产业集聚集群发展,提升产业链发展水平,完善城市综合服务功能,加快建设成为吸纳农业转移人口就业的重要载体。小城镇主动融入周边城市产业链布局,着力培育特色化、规模化产业集群,走专业配套、差别发展道路,重点发展面向农业的产前、产中、产后的服务行业,健全公共服务设施,提高生活服务业便利化程度,增强对当地农业转移人口的吸引力。

第二节 创新城乡规划理念

确立以人为本、尊重自然、传承历史、绿色低碳的城乡规划理念,建立通过规划引导功能提升、促进转型升级的机制。科学确立城市功能定位和形态,加强城市空间开发利用管制,合理确定城市规模、开发边界、开发强度和保护性空间。健全完善城市规划编制程序,推行城市规划政务公开,设立城市总规划师制度。推动规划体制改革,加强城市规划与经济社会发展、主体功能区建设、国土资源利用、生态环境保护、基础设施建设等规划的相互衔接,支持有条件的地区实施经济社会发展总体规划、城市规划、土地利用规划等"多规合一"。维护规划的严肃性,加强地方人大对城市规划实施的监督检查,将城市规划实施情况纳入地方党政领导干部的考核和离任审计,严格执行规划实施责任追究制度。科学编制县域村镇体系规划和镇、乡、村庄规划,提升村庄规划管理水平。

第三节 建设新型城市

建设绿色城市。将生态文明理念贯穿城市规划和建设全过程,构建绿色生产方式、生活方式和消费模式。实施严格的环境准入标准、污染排放标准和落后产能淘汰计划,积极推行绿色制造和清洁生产。完善城市废旧商品回收和垃圾分类处理系统,加强固体废弃物综合利用和无害化处置,推动"城市矿产"、再制造业的规模化与产业化发展,打造静脉产业园区,建立覆盖全社会的资源循环化利用体系。进一步优化能源消费结构,建设安全可靠、技术先进、管理规范的新型配电网络体系,加快新型通信技术与可再生能源融合发展,促进分布式太阳能、风能、生物质能、地热能多元化和规模化生产应用,推行合同能源管理,推进国家新能源示范城市建设。全面实施绿色建筑标准、完善认证体系、扩大强制执行范围,加快既有建筑节能改造,大力发展绿色建材,强力推进建筑工业化、现代化,推动绿色生态城区建设示范。严格建筑质量管理,实行建筑质量责任终身追究制度。合理控制机动车保有量,积极推进新能源和清洁燃料车辆在公共服务领域的示范应用，大力发展和完善步行、自行车系统等绿色交通基础设施，改善出行环境，倡导绿色出行。合理拓展城市生态廊道，增加绿化轴线，建设开放式天然公园，提升城市绿地功能。到 2020 年城镇绿色建筑占新建建筑比重达到 90%。

建设智慧城市。推动物联网、云计算、大数据等新一代信息技术与城市发展深度融合，构筑地理信息、智能交通、社会治安、市容环境管理、灾害应急处置等智能化数字系统，打造智慧城市群。加强下一代信息基础设施建设，大力实施"宽带江苏"工程，推动云计算数据中心和云服务平台建设，增强城市要害信息系统和关键信息资源的安全保障能力。加快城市宽带普及提速，实现城乡家庭百兆宽带接入网、无线宽带服务全覆盖，无线局域网服务覆盖主要公共场所。推动跨部门、跨地区共建共享大数据公共服务平台，科学布局公共服务设施，创新服务模式，提高服务效率。统筹推进市政基础设施数字化、精细化管理，建立和完善智慧城市时空信息系统，推行城市综合管廊，完善城市排水与暴雨外洪内涝防治体系，提高城镇消防基础设施建设和抗震防灾标准，构建优质安全的市政公用设施网络。完善城市社会治安防控体系，推行社会化、信息化、网格化管理模式，加强对城市治安复杂部位的治安整治和管理。

建设人文城市。发掘城市历史文化资源，进一步丰富和提升城市内涵，促进现代文化与传统文化交相辉映、本土文化与外来文化和谐共生。培育和践行社会主义核心价值观，弘扬"创业创新创优、争先领先率先"新时期江苏精神，充分激发文化创造创新活力。依托地区自然历史文化禀赋，注重文化传承，培育特色文化品牌。传承地域建筑文化，注重新城新区建设中融入传统文化元素，打造与原有城市文化相协调的特色空间体系。鼓励城市文化多样化发展，扩大对外文化交流和文化贸易，塑造多元、开放、包容的现代城市文化品格。

建设创新型城市。深入实施创新驱动战略，营造有利于创新的制度环境、政策环境、金融环境和文化氛围，把大中城市培育成为区域创新中心。鼓励企业大力开展产学研合作，积极吸引配置全球创新资源，推动企业技术创新、商业模式创新和管理创新，成为技术创新决策、研发投入、科研组织和成果转化的主体，培育形成一批创新型领军企业和创新企业集群。建设创新型园区，积极探索赋予高新区管委会相应的经济社会管理权限和行政管理权限，依托园区建设一批产学研联合创新平台、产学研协同创新基地、科研成果转化基地，提升园区综合竞争力。推进科技金融紧密结合，培育一批市场化运作、专业化服务的科技金融服务机构，支持符合条件的城市开展科技金融创新试点。建设省级科技金融合作示范区，加大知识产权保护力度，推进知识产权质押融资试点，创建一批国家知识产权示范城市。加快推进苏南自主创新示范区创建工作，支持南京开展国家科技体制综合改革试点，建设长三角区域科技创新中心。

提升中心城市国际化水平。学习借鉴国内外先进经验，加快完善与国际化城市相匹配的产业、服务、创新、集散等功能，增强城市对国际要素资源的吸引力，为推进新一轮开放搭建更高平台。大力培养和引进国际高端人才，建立健全与国际接轨的人才培养开发、流动配置和管理服务机制,加快建设国际化人才高地。依托重大国际展会、高规格国际经济活动,广泛开展城市对外交流合作,增强城市国际影响力。完善城市国际化标识,加强国际社区、国际学校、国际医院等配套设施建设,营造符合国际惯例的商业商务氛围。完善国际友城合作机制,统筹推进各领域务实合作。积极争取在有条件的地区发展自由贸易园(港)区,增创国际合作竞争新优势。

第四节   加强城乡文化传承和保护

充分尊重城镇和乡村在产业结构、功能形态、空间景观、社会文化等方面的差异,因地制宜,优化城乡建筑设计,深度挖掘自然山水、地域文化、建筑传统等元素,融合文化保护和历史传承,保持各具特色的城乡风貌,使平原地区更具田园特色,丘陵地区更具山村风貌,水网地区更具水乡风韵。加强山水自然地貌保护和修复,深度挖掘历史遗产资源,注重延续城乡文脉,保存文化记忆。加强历史文化名城名镇、历史文化街区、民族风情小镇、特色乡村文化资源挖掘和文化生态的整体保护,支持有条件的地区申报国家历史文化名城、中国历史文化名镇和名村。推动旧城保护与适应性再开发,实现功能提升与文化保护相结合。注重保护乡村独特的民俗风情、民间演艺、传统体育和节庆文化,逐步修缮具有传统建筑风貌和历史文化价值的住宅。创新城乡文化传承和保护体制机制,健全历史文化遗产档案及管理,完善历史文化遗产破坏责任追究机制。

第五节   改善城乡生态环境

实施蓝天工程。严格执行国家环境空气质量新标准,实施可吸入颗粒物和微细颗粒物综合控制。全面实施火电、钢铁、水泥等行业脱硝工程和除尘设施提标改造工程,深入开展工业废气治理。严格落实城市扬尘控制措施,加大机动车尾气管控力度,加快推进油品升级,控制煤炭消费总量,到 2020 年城市空气质量达到二级标准天数比例不低于 72%。

实施清水工程。加强太湖等重点湖泊治理,坚持应急防控与长效治理并举、控源截污与生态修复并重。集中整治入江入海入湖河道,保护好长江母亲河,建设好南水北调东线江苏段、通榆河、望虞河等"清水走廊"。推进淮河入江水道整治,加强扬州"七河八岛"等沿线区域生态建设,提高引洪排涝能力和区域环境质量。加强城乡河道综合整治,提高生活污水收集率与处理率。协同推进市、县、乡镇集中式饮用水源地保护区划定和整治,基本实现城乡居民生活饮水同网、同质、同城标准。加快推进城乡水利基础设施体系建设,协调城乡防洪排涝、引调水工程建设,提高城乡水利综合保障能力。加强重点工业行业水污染控制,推进重污染行业废水的深度处理与回用。重点实施城市污水管网完善工程和污水处理厂建设工程,加强农村生活污水基础设施建设和资源化综合利用。到 2020 年地表水好于Ⅲ类水质的比例达到 66%,县级以上集中式饮用水源地水质达标率达到 100%。

实施绿地工程。持续推进植树造林,突出抓好江河湖海生态防护林和绿色通道建设,提高林木覆盖率。加强城镇绿地、绿廊建设,积极开展村庄绿化,形成点线面相结合的村庄绿化格局。全面调查摸清土壤污染状况,重点推进工业污染场地和受污染农田的修复,减轻土壤污染负荷,全面改善土壤环境。加强湿地保护和生态修复,提高湿地保护率。到2020年林木覆盖率达到24%。

实施美好城乡建设行动。实施城市环境综合整治,集中整治环境薄弱区域脏乱差和设施不配套等问题,规范管理影响城市形象和群众生活的市容市貌问题,提升城市环境治理水平。实施村庄环境综合整治,加强面源污染综合治理,继续推进农村改厕,深化畜禽粪便无害化处理和资源化利用,进一步提高秸秆综合利用率。加快城乡生活垃圾收运及无害化处理体系建设,逐步推广"组保洁、村收集、镇转运、县(市、区)处理"的垃圾集中收集处置运作模式,推进生活垃圾无害化处理设施服务向乡镇、村延伸,提升城乡垃圾收运、处理和管理水平。禁止城市和工业污染向农村扩散。

第四篇　体制机制

第九章　健全城乡发展一体化体制机制

围绕加快消除城乡二元结构的体制机制障碍,规范城乡开发建设行为,统一城乡要素市场建设,促进土地、技术、资本、劳动力资源等要素在城乡间平等交换、自由流动配置,不断完善城乡发展一体化体制机制。

突出主体功能区导向。建立空间规划体系,坚定不移实施主体功能区规划,严格按照主体功能定位,引导不同类型城镇差别化发展。优化开发区域注重率先转变经济发展方式、优化空间结构,大力发展战略性新兴产业、现代服务业和先进制造业,引导城市集约紧凑、绿色低碳发展,显著提升城乡发展一体化水平;重点开发区域注重加快新型工业化和城镇化步伐,做大做强中心城市,加快发展中小城市和重点中心镇,突出集中集聚集约开发,增强吸纳要素和资源的能力,提升对广大农村地区的辐射带动作用;限制开发区域注重加快发展现代农业,提高在全省农业生产中的地位和作用,推进工业向有限区域集中布局;禁止开发区域根据国家法律法规规定和相关规划,实施强制性保护,严禁不符合主体功能定位的开发活动,加强生态修复和环境保护,提高生态环境质量。严守耕地保护红线、开发强度红线和生态保护红线,建立资源环境承载能力监测预警机制,对不同主体功能区实行差别化财政、投资、产业、土地、人口、环境、考核等政策。

促进城乡要素自由合理流动。充分发挥市场配置资源的决定性作用,健全城乡统一的商品流通、市场监管、标准制定、社会保障等制度机制。建立城乡统一的建设用地市场,保障农民公平分享土地增值收益。创新面向"三农"的金融服务,保障金融机构农村存款主要用于农业农村。建立健全有利于农业科技人员下乡、农业科技成果转化、先进农业技术推广的激励和利益分享机制。鼓励各类社会资本投入农村建设,允许支持企业和社会组织在农村兴办各类事业,引导科技人员、大中专毕业生以及其他城市投资者到农村创业。

推进城乡"六个一体化"。按照城乡发展一体化要求,改革城乡分割的经济社会发展和管理体制,持续推进城乡规划、产业发展、基础设施、公共服务、就业社保和社会管理"六个一体化",促进城乡协调发展和共同繁荣。合理安排市县域城镇建设、农田保护、产业集聚、村落分布、生态涵养等各类空间,实现产业规划、城乡规划、土地利用规划、环保规划和基础设施规划有机衔接。加快农业产业结构和布局结构调整,推进农业生产向加工、销售、服务一体化方向延伸,增强城乡产业联系,构筑城乡互动产业链。加快城市基础设施向农村延伸,推动水电路气等各类设施城乡联网、共建共享。以市、县为单位制定并落实基本公共服务均等化规划体系,强化政府公共服务供给责任,充分发挥市场作用,鼓励和支持社会力量参与提供医疗卫生、健康养老、教育培训等公共服务,建立健全多元化供给机制,促进基本公共服务在城乡之间、区域之间、群体之间均衡配置。把农民就业纳入整个社会就业体系,推动城乡各类基本保险制度全面并轨。健全城乡社会管理体系,借鉴城市社区管理模式,建设新型农村社区,增强农村社区自我管理和自我服务能力。

第十章 推进人口服务管理制度改革

创新完善人口服务管理制度,逐步消除城乡区域间户籍壁垒,还原户籍的人口登记管理功能,促进人口有序流动、合理分布和社会融合。

全面实施外来人口居住证制度。在全省范围内对所有外来人口以居住地登记为准统一实行居住证管理制度。进一步完善以稳定就业或可靠收入来源、合法固定住所为基本条件的居住证发放制度。推行居住证与基本公共服务待遇挂钩,实现户籍人口以户口登记证明为准、外来人口以居住证为准,享受各类公共服务。

建立健全人口信息登记管理体系。加强和完善人口统计调查制度,进一步改进人口普查方法,健全人口变动调查制度。按照联网对接、共享使用、提高效率的原则,分类完善各类人口信息系统,推进人口信息概况、人口信息查询或交换、人口信息分析、人口信息采集管理等共享应用。加快构建集居住登记、房屋租赁、劳动就业、社会保障、计划生育、缴税收费等服务管理功能为一体的人口综合信息系统。到2020年实行以居民身份证号码为唯一标识、依法记录、查询和评估人口相关信息制度,为人口服务管理提供支撑。

建立健全城镇常住人口服务管理机制。适应新型城镇化对转变人口工作职能的要求,强化人口信息、人口政策规划与人口服务管理综合协调等工作职能,建立完善以常住人口为基础的统计、考核、绩效评价等经济社会管理工作机制。把本地人口和外来人口统一纳入服务管理范畴,逐步实现常住人口公共服务均等化。总结省内外完善人口服务管理制度的先进做法和经验,推动人口服务管理工作重心下移,向社会化、社区化、法制化转变,形成以房(业)办证、以证服管、责任明确、分工协作的人口服务管理体系。

第十一章　深化土地管理制度改革

按照"管住总量、严控增量、盘活存量、提高质量"的要求,实行最严格的耕地保护制度和最严格的节约集约用地制度,创新土地管理制度,优化土地利用结构,进一步提高土地利用效率。

建立城镇用地规模结构调整和布局优化机制。严格执行城市用地分类与规划建设用地标准,实行增量供给与存量挖潜相结合的供地、用地政策,提高城镇建设使用存量用地比例。大力实施农村土地综合整治,改进城乡建设用地增减挂钩指标使用方式,探索实行城镇建设用地增加规模与吸纳农业转移人口落户数量挂钩、与盘活存量建设用地规模挂钩的激励约束机制。适度增加发展潜力大、吸纳人口多的小城镇用地。合理安排生态用地并适当提高比例,统筹安排基础设施和公共服务设施用地。建立有效调节工业用地和居住用地合理比价机制,提高工业用地价格。

完善节约集约用地制度。建立健全节约集约用地政策制度体系,全面提升节地水平和产出效益。强化主体功能区规划定位和开发强度标准设定的双约束,严格控制新增建设用地规模。适当提高工业项目容积率、土地产出率门槛,探索实行长期租赁、先租后让、租让结合的工业用地供应制度,加强工程建设项目用地标准控制。建立健全规划统筹、政府引导、市场运作、公众参与、利益共享的城镇低效用地再开发激励约束机制和存量建设用地退出激励机制,发挥政府土地储备对盘活城镇低效用地的作用。加强散乱、废弃、闲置、低效利用农村建设用地整治力度。禁止未经评估和无害化治理的污染场地进行土地流转和开发利用。完善土地租赁、转让、抵押二级市场。

健全国有建设用地有偿使用制度。扩大国有土地有偿使用范围,逐步对经营性基础设施和社会事业用地实行有偿使用,减少非公益性用地划拨。规范和优化土地收益支出结构,土地收益按照国家有关规定优先使用于基本公共服务投入。

推进农村土地管理制度改革。全面完成农村土地确权登记颁证工作,依法维护农民土地承包经营权。在符合规划和用途管制前提下,允许集体经营性建设用地出让、租赁、入股,实行与国有土地同等入市、同权同价。鼓励引导有条件地方的农户将集体资产所有权、土地承包经营权、宅基地及住房置换股份合作社股权、社会保障和城镇住房。保障农户宅基地用益物权,严格执行宅基地使用标准,严格禁止一户多宅。保护农民合法土地权益,稳定农村土地承包关系并保持长久不变,在坚持和完善最严格的耕地保护制度前提下,赋予农民对承包地占有、使用、收益、流转及承包经营权抵押、担保权能。建立农村产权流转交易市场,推动流转交易公开、公正、规范运行。鼓励承包经营权在公开市场上向专业大户、家庭农场、农民合作社、农业企业流转,发展多种形式规模经营。

深化征地制度改革。缩小征地范围,规范征地程序,完善对被征地农民合理、规范、多元保障机制,依法保护拆迁居民的合法权益。落实征地补偿标准动态调整机制,建立兼顾国家、集体、个人的土地增值收益分配机制,合理提高个人收益。建立健全土地承包经营权流转市场服务平台和纠纷调解仲裁体系。探索建立统筹规范可持续的区域征地补偿制度。

强化耕地保护制度。严格土地用途管制,统筹耕地数量管控和质量、生态管护,完善耕地占补平衡制度,建立健全耕地保护激励约束机制。落实国家对地方政府耕地保护责任目标考核的要求,建立健全耕地保护共同责任机制;加强基本农田管理,完善基本农田永久保护长效机制,强化耕地占补平衡和土地整理复垦监管。

第十二章　健全城镇住房制度

建立符合省情的住房保障体系,优化保障性住房筹集和使用方式,完善保障性住房准入退出机制。稳步推进各类保障性房源统筹建设、分类管理,健全以公共租赁住房为主要保障方式的新型住房保障制度。完善商品房配建保障性住房政策,鼓励社会资本参与建设。因地制宜增加共有产权住房供应,有序推进城市棚户区(危旧房)改造。建立公开规范的住房公积金制度,改进住房公积金提取、使用、监管机制,探索将稳定就业的进城务工人员纳入住房公积金制度覆盖范围。编制城市住房发展规划,确定住房建设总量、结构和布局。完善住房用地供应机制,保障性住房用地应保尽保,优先安排政策性商品住房用地,合理增加普通商品住房用地,严格控制大户型高档商品住房用地。建立以土地为基础的不动产统一登记制度,实现信息联网。

第十三章　创新资金保障机制

加快投融资体制改革,创新金融服务,放宽市场准入,逐步建立低成本、多元化、可持续的城乡建设资金保障机制。

完善财政转移支付制度。按照事权与支出责任相适应的原则,合理确定各级政府在教育、基本医疗、社会保障等公共服务方面的事权,建立健全城镇基本公共服务支出分担机制。建立财政转移支付和农业转移人口市民化挂钩机制,省级财政安排转移支付充分考虑常住人口因素。

拓展城乡建设投融资渠道。在完善法律法规和健全地方政府债务管理制度基础上,探索地方政府通过市政债券等多种形式,拓宽城市建设融资渠道。创新金融服务和产品,多渠道推动股权融资,提高直接融资比重。理顺市政公用产品和服务价格形成机制,放宽准入完善监管。广泛应用特许经营、价格补贴、政府购买服务等方式,鼓励社会资本和公共基金参与城镇基础设施建设、旧城改造、市政设施运营、村庄综合整治开发和兴办社会事业等。鼓励公共基金、保险资金等参与项目自身具有稳定收益的城市基础设施项目建设和运营。支持发展地方法人金融机构,增强地方投融资能力和体系建设。鼓励金融机构开展农村土地承包经营权、农民住房财产权、集体经营性建设用地使用权、林权等抵押贷款业务试点。

完善统筹城乡的金融服务体系。引导和支持金融机构向县域和乡镇延伸,鼓励金融机构在有条件的乡镇、村布设金融自助服务终端和便民服务点,积极发展村镇银行、农村小额贷款公司、农业担保公司等新型农村金融组织,扩大金融服务对乡镇和行政村的覆盖面。创新发展贴近"三农"特点的金融产品和服务方式,不断加大对"三农"的金融支持力度。积极发展农业保险,坚持政府引导、市场运作、自主自愿、协同推进的原则,进一步完善政策性农业保险模式,提高高效农业保险比重,研究制定保险费率动态调整机制,充分发挥农业保险的支农惠农作用。深入推进农村金融生态环境建设,维护农村金融秩序。探索有利于引导民间借贷规范发展的方式方法,加强对民间借贷的监控和风险预警处置。

第十四章 改革城市管理体制

从城市发展的内在规律和城市社会的系统特性出发,积极探索创新城市管理体制,提高城市管理水平和城市社会运行效率,激发城市活力。

改革城市管理机构设置模式。针对政府部门在城市管理职能上的越位、缺位和交叉问题,进一步理顺城市管理机构设置、职能界定、权限划分和相互关系。鼓励设区市积极探索大部门制行政管理机构设置模式,对新城新市镇管委会机构编制实行总量控制和动态管理。支持城市在管理机构、管理层级等方面探索创新,提高效率。

推进城市管理权限下移。推动政府行政职能归位、服务职能下移,创新社区管理和社会组织管理体制,赋予区、街道更大的管理责任和权限。推进县级市和区政府驻地镇改设街道办事处,提高社会治理和公共服务水平。理顺开发区管理体制,促进开发区和行政区融合发展。扩大经济发达镇行政管理体制改革试点,完善机构设置和职能设置,对吸纳人口多、经济实力强的镇赋予相适应的经济社会管理权。加大行政审批制度改革推进力度,行政审批权限做到应放尽放,提高基层政府行政效能。优化乡镇行政区划,稳步进行必要的乡镇行政区划调整。

积极争取赋予具备条件的省辖市以地方立法权。

第十五章 强化生态环境保护制度

实行最严格的生态环境保护制度,坚持源头严防、过程严控、后果严惩,完善推动城镇化绿色循环低碳发展的体制机制,以体制创新和先行实践推进全国生态文明示范区建设。

实行生态环境源头保护制度。把资源消耗、环境损害、生态效益纳入城镇发展评价体系,完善体现生态文明要求的目标体系、考核办法、惩戒机制。对河湖、森林、山岭、滩涂、湿地等自然生态空间进行统一确权登记,形成归属清晰、权责明确、监管有效的自然资源资产产权制度。探索编制自然资源资产负债表,对领导干部实行自然资源资产离任审计,建立领导干部任期环境质量考核制度和生态环境损害责任终身追究制。

实行资源有偿使用制度和生态补偿制度。加快自然资源及其产品价格改革,全面反映市场供求、资源稀缺程度、生态环境损害成本和修复效益。建立健全居民生活用电、用水、用气等阶梯价格制度。落实耕地保护责任,建立耕地保护补偿激励制度。完善重点生态功能区生态补偿机制,扩大生态补偿范围,推动地区间建立横向生态补偿制度。发展环保市场,推行节能节水、碳排放权、排污权、水权交易制度,完善排放指标有偿使用初始价格形成机制,建立吸引社会资本投入生态环境保护市场化机制,推行环境污染第三方治理。

实行最严格的环境监管制度。建立和完善严格监管所有污染物排放的环境保护管理制度,独立进行环境监管和行政执法。推进区域生态文明共建共享,建立陆海统筹、江海联动、河湖并重的生态系统保护修复和污染防治区域联动机制。健全区域危险废物、化学品环境监管机制,加强环境风险预警和管控。完善集体林权制度改革,切实保护林业生态。完善污染物排放许可制,实行区域和企事业单位污染物排放总量控制制度。健全环境执法联动工作机制,强化对环境执法的法律监督,对造成生态环境损害的责任者严格实行赔偿制度,依法追究刑事责任。

第五篇　规划实施

第十六章　加强组织协调

建立省加快推进新型城镇化和城乡发展一体化工作领导机制,统筹研究和制定相关政策,协调解决城镇化发展中的重大问题。省各有关部门要按照职能分工,研究制定具体实施方案。各市、县(市、区)要建立健全相应的领导机构,研究制定符合本地实际的规划(意见)和具体政策措施。建立规划实施的协调机制,明确各地各部门的任务分工和时间要求,加大工作目标考核和督查力度。

第十七章　注重政策引导

加强部门间政策制定和实施的协调配合,推动人口、土地、就业社保、资金保障、住房、生态环境等方面的政策和改革举措形成合力、落到实处。城乡规划、土地利用规划、交通规划等要落实本规划要求,其他相关专项规划要加强与本规划的衔接协调。建立以城镇化质量为导向的指标体系,特大城市和大城市重点主要设置城市国际化、创新能力、服务经济发展、基本公共服务常住人口覆盖水平等指标;中小城市、县城镇、重点中心镇重点主要设置吸纳农业转移人口规模、公共服务水平、劳动生产率和资源环境利用效率等指标;一般镇重点主要设置特色经济发展、农业生产水平、商贸和公共服务覆盖周边乡村水平等指标。

第十八章　分类试点示范

争取国家层面示范试点。支持苏州开展国家级城乡发展一体化综合改革试点,重点在城乡基本公共服务均等化、推进生态文明、和谐社会建设等方面探索创新,为全国推进城乡发展一体化作出新贡献。支持相关市、县(市、区)积极争取国家新型城镇化建设试点,在建立农业转移人口市民化成本分担机制、建立多元化可持续的城镇化投融资机制、建立体现降低行政成本要求的设市区模式、改革完善农村宅基地制度等方面进行探索,为全国新型城镇化先行先试积累经验、提供示范。支持符合条件的地区申报国家创新城市、智慧城市、低碳城镇等试点。

开展省级层面示范试点。选择不同区域、不同规模、功能定位各异、具有一定代表性的各类城镇,重点在城乡土地管理制度改革、城乡社会保障制度改革、城市管理体制改革、城乡建设投融资体制改革、推进产城融合、建设生态科技新城等方面,积极开展试点示范,大胆探索、勇于实践,力求取得重大突破,探索形成因地制宜、多样化的新型城镇化和城乡发展一体化具体路径。

支持基层层面创新实践。按照推进改革不抢跑、不拖宕的原则要求,充分尊重基层首创精神,进一步调动基层干部群众改革创新的积极性、主动性,为全省更富成效地推进新型城镇化和城乡发展一体化积累生动具体、切实可行的实践经验。充分发挥全省各类综合配套改革试点的示范带动作用,鼓励各地从实际出发,立足特色优势,注重制度创新,积极先行先试。及时总结推广各地在完善人口服务管理机制、促进基本公共服务均等化全覆盖、提高空间利用效率、加快"四化同步"、推进农村综合改革、创新社会治理等方面的成熟经验。

第十九章　实施监测评估

省发展改革主管部门会同各有关方面负责规划实施情况的监测评估,检查规划落实情况,评价规划实施效果,建立健全统计监测指标体系和综合评价办法。适时开展规划实施中期评估和专项监测,重点分析规划实施中存在的问题,提出相应的对策建议,推动规划顺利实施。

附录3　相关规划政策选编之《江苏省主体功能区规划》

（苏政发〔2014〕20号）

序　言

江苏气候宜人、平原广阔、土地肥沃、物产丰富，千百年来承载着鱼米之乡的盛誉，是无数人为之向往的梦里水乡。在10.67万平方公里的江苏大地上，江河湖海交汇，自然禀赋优越，是我国最具开发价值和发展潜力的富庶宝地。为了让美丽富饶的江苏大地经济更繁荣、社会更和谐、区域更协调、人民更富裕、环境更优美，必须推进形成主体功能区。

推进形成主体功能区是国家国土空间开发的重大战略部署，是深入落实科学发展观的重大举措，也是江苏全面建成更高水平小康社会、开启基本实现现代化新征程的重要保障。编制主体功能区规划，是根据不同区域的资源环境承载能力、现有开发密度和发展潜力，统筹谋划未来人口分布、经济布局、国土利用、环境保护和城镇化格局，将国土空间划分为优化开发、重点开发、限制开发和禁止开发四类区域，明确区域主体功能定位、开发方向和开发强度，实施区域开发政策，规范空间开发行为，促进人口、经济、资源环境的空间均衡和协调发展。

推进形成主体功能区，就是要提高城镇化地区的开发密度，促进经济和人口的集中集聚，增强集约开发能力；就是要优化建设、农业和生态三大空间结构，有效落实开发与保护并重的要求，增强可持续发展能力；就是要合理配置公共服务资源，促进形成基本公共服务均等化，缩小地区间公共服务与人民生活水平的差距；就是要制定并实施差别化的区域政策，建立科学的绩效评价机制，增强区域协调发展与管理能力。

《江苏省主体功能区规划（2011—2020年）》（以下简称本规划）是推进形成主体功能区的基本依据、科学开发国土空间的行动纲领和远景蓝图，是国土空间开发的战略性、基础性和约束性规划。根据国务院办公厅《关于开展全国主体功能区划规划编制工作的通知》（国办发〔2006〕85号）、国务院关于《编制全国主体功能区规划的意见》（国发〔2007〕21号），依据《国家主体功能区规划（2010—2020年）》和江苏省"十一五"、"十二五"规划《纲要》，并参考相关规划编制本规划。本规划范围为全省陆地、内水和海域空间。本规划总体上以省辖市城区和县(市、区)作为主体功能区的划分单元。本规划推进实现主体功能区主要目标的时间是 2020 年,规划任务是更长远的,实施中将根据形势变化和评估结果实时调整修订。

海洋既是目前我省资源开发、经济发展的重要载体,也是未来可持续发展的重要战略空间。鉴于海域空间在全省主体功能区规划中的特殊性,省有关部门将根据国家有关要求和本规划编制《江苏省海洋功能区划》,并作为本规划的重要组成部分,另行颁布实施。

第一篇　条件与基础

江苏自然条件优越,区位优势明显,开发历史悠久,发展基础雄厚,是我国最为发达的省份之一。长期以来的工业化和城镇化的发展,使江苏的国土空间发生了巨大而深刻的变化。构建高效、集约、均衡、永续发展的美好江苏,要全面认识国土空间的自然条件、开发现状及存在问题。

第一章　自然条件

江苏位于亚热带与暖温带过渡的季风气候区,是我国三大平原之一长江中下游平原的重要组成部分,四季分明,地势平坦,水土资源丰富,自然灾害少,是我国不可多得的承载能力强、开发适宜性高、人居环境优的区域(图1、图2)。

第一节　自然状况

地形地貌。平原广阔,平原面积占陆域国土空间的 68.8%,主要由苏南平原、江淮平原、黄淮平原和东部滨海平原组成,江河湖泊密布,水面面积占 16.9%,平原和水面面积比重均居全国各省区之首。低山丘陵环绕,集中在西南和北部地区,面积占 14.3%,主要有老山山脉、宁镇山脉、茅山山脉、宜溧山脉和云台山脉等(图3、图4)。

气候特征。处于亚热带向暖温带过渡地带,以淮河—灌溉总渠一线为界,南属亚热带湿润季风气候,北属暖温带湿润季风气候,具有南北生物资源的多样性和农业生产的适宜性。水热同期,雨量适中,降水较为丰富,年均降水量 1 000 毫米左右,高出全国平均水平 60%(图5、图6)。

水资源。水资源比较丰富,全省多年平均地表水资源量 266.3 亿立方米,地下水资源量 138.7 亿立方米,水资源总量 321.6 亿立方米;具有通过工程措施利用长江、淮河和沂沭泗河过境水资源的条件,长江过境水量为 9 114 亿立方米,还拥有太湖、洪泽湖和京杭大运河等主要水体。

土地资源。全省陆域国土面积 10.67 万平方公里,占全国的 1.1%。2010 年,建设用地面积为 2.16 万平方公里,农用地面积 6.59 万平方公里,分别占全省的 20.2% 和 61.8%;未利用地面积(含水面)占 18.0%;后备土地资源丰富,尚未围垦的海域滩涂资源达 5 000 平方公里,约占全国的四分之一。

植被。由北向南有暖温带落叶阔叶林、北亚热带落叶常绿阔叶混交林及中亚热带常绿阔叶林等地带性植被类型,并拥有多样的海岸湿地植物资源。但森林资源总量不足,2010 年森林覆盖率为 15.8%,低于全国平均水平(图 7)。

其他资源。有近 954 公里的海岸线和 1 175 公里长江岸线。海洋资源富集,综合指数居全国第四位。生态资源和自然景观资源丰富,拥有一批国家级自然保护区、重点风景名胜区、森林公园、地质遗迹等。

灾害。我省自然灾害种类较多,但总体上发生级别不高,具有区域性、季节性和阶段性特征。以气候、海洋和地质灾害为主,台风、连阴雨、冰雹等气候灾害和风暴潮等海洋灾害时有发生,部分地区有地面塌陷、地面沉降、滑坡崩塌等地质灾害。

第二节　综合评价

相对均质性。除北部边缘、西南边缘地势较高外,大部分的地区属于冲积平原,山地面积比重最大的县(市、区)也仅为 23.6%。与全国其他区域相比,降水时空分布相对均衡,全省一半以上的县(市、区)水面面积比例超过 10%。

高承载性。滨江临海,水气环境容量大,自净能力强;气候温和,物产丰富,突发性恶性自然灾害发生频率较低,人居环境优良;可开发的土地面积大,可利用的水资源充沛,适宜建港的海岸线和长江岸线资源丰富,集聚人口和产业的能力较强,是高强度、大规模工业化和城镇化开发的优良地区(图 8)。

局部脆弱性。全省受保护国土面积约占国土总面积的 25%,局部地区生态系统较为敏感,具有不同程度的生态脆弱性,特别是易受洪涝、滑坡、沉降等灾害影响的地区易损性较强(图 9、图 10)。

第二章　经济社会状况

江苏经济社会较为发达,是我国工业化和城镇化发展程度较高的省份,2010 年全省总体上达到省定全面小康的目标。

第一节　基本状况

区位。位于东北亚地区的中心区域,我国大陆东部沿海中部,长江、淮河下游,东濒黄海,与上海、浙江、安徽、山东接壤,地理位置优越。

人口。2010 年,全省常住人口 7 869 万人,人口密度 737 人/平方公里,是全国平均水平的 5 倍,居各省区之首,城镇化率达 60.6%(图 11)。

经济。2010 年,全省地区生产总值达到 41 425 亿元,人均地区生产总值 52 840元。改革开放以来,经济保持高速增长,年均增速达 13%,高于全国平均水平 3 个百分点(图 12)。

交通。2010 年,高速公路网通车总里程突破 4 000 公里,二级以上公路密度居全国第一;铁路营业里程 1 907 公里;建成沿海沿江深水港群,拥有长江下游深水航道和连云港港 15 万吨级航道,港口万吨级泊位和吞吐量位列全国第一;拥有南京禄口、无锡硕放、徐州观音等 9 个空港;南京、徐州、连云港是全国性综合运输枢纽(图 13)。

第二节　综合评价

区位显要。我国"两横三纵"城市化战略格局中的沿海、长江、陇海三条重要轴线贯穿全省,绝大部分区域是长江、陇海与沿海的交汇区域,是以上海为核心的世界级城市群的重要组成部分,是新亚欧大陆桥的东方桥头堡。

产出率高。产业基础雄厚,技术水平高,配套能力强。综合交通体系完备,运输网络高效便捷,利用国内外两种市场和两种资源的能力较强;综合开发成本低、效益高,劳动生产率和地均产出率均位于全国前列。

发展潜力大。科教资源丰富,人口素质较高。社会和谐稳定,市场环境优良,创新创业创优的发展氛围浓厚;水土气等主要自然资源匹配度高,集聚要素资源能力强,发展大规模高密度的工业化和城镇化潜力大。

第三节　存在问题

优越的自然禀赋为我省经济社会的快速发展提供了独特的条件,造就了改革开放以来的巨大成就,但也要清醒地看到,为保证"两个率先"宏伟目标的实现和永续发展的需要,国土空间开发还存在较为突出的问题。主要表现在:一是人多地少,工业化和城镇化进程较快,对空间需求较大,建设用地增长较快,土地开发强度较高,河湖水域存在无序开发占用现象,水面面积有所减少;二是空间结构不够合理,农村居民点布局分散,部分城市建设空间扩张过快,土地利用效率还不够高;三是生态环境改善任务艰巨,经济发展方式转变相对滞后,排污总量较大,流域性水污染问题尚未根本解决,区域性灰霾污染呈加重趋势;四是人口分布与经济布局在空间上不够协调,区域间和城乡间公共服务水平差距较大。

第二篇　指导思想与规划目标

未来一段时期,我省工业化和城镇化继续快速推进,空间结构持续调整优化。这一时期,科学的国土空间开发导向极为重要,必须遵循经济社会发展规律和自然规律,树立正确的开发理念和开发原则。

第三章　指导思想

推进形成主体功能区,要以邓小平理论、"三个代表"重要思想、科学发展观为指导,全面贯彻党的十七大、十八大精神,紧紧围绕富民强省和"两个率先"的战略目标,以资源环境承载能力为依据,以人口、经济、资源环境在空间上的合理均衡分布为要求,明确空间开发的战略格局,调整开发方向,创新开发方式,规范开发秩序,提高开发效率,构建高效、集约、均衡、永续的美好江苏,为率先基本实现现代化提供空间安排和空间支撑。

第一节　空间开发理念

科学开发国土空间,推进形成主体功能区,必须调整和更新开发理念,坚持节约优先、保护优先、自然恢复为主的方针。

主体功能理念。根据自然条件的适宜性和资源环境的承载力,确定空间主体功能。主体功能分为开发建设功能、农业生产功能和生态服务功能。在空间开发的过程中,要突出主体功能,也要兼顾其他功能的发展。

空间均衡理念。要促进经济、人口和资源环境三大要素在空间分布上的匹配。资源环境承载力较好的地区,以开发建设功能为主,应提供更多的工业和服务产品,集聚更多的人口;其他地区主要承担农业生产和生态服务功能,以提供农业产品和生态产品为主,减少农业人口,降低人口密度。促进人口分布与基本公共服务供给在空间上的均衡布局,缩小区域之间基本公共服务的差距。

空间结构理念。空间结构是经济活动和社会活动在空间上的反映,每个主体功能区都要合理配置建设空间、农业空间和生态空间。以开发建设功能为主的区域,建设空间比例相对较大,以农业生产和生态服务功能为主的区域,农业空间和生态空间比例较大。必须把空间结构调整作为转变经济发展方式的重要内涵,国土空间开发的着力点应放到调整和优化空间结构、提高空间利用效率上。

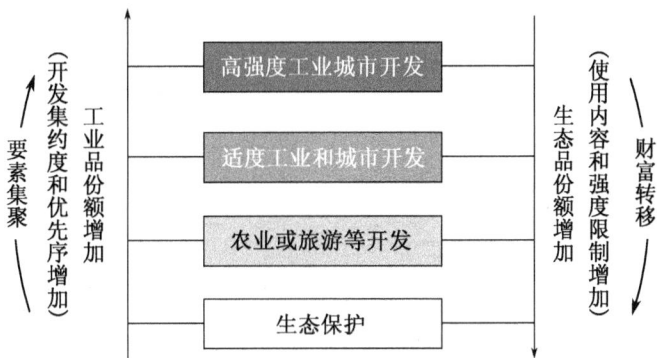

专栏1　空间均衡的要素集聚与财富转移关系

生态补偿理念。清新空气、清洁水源、舒适环境、宜人气候是人类生活的共同需要,是空间开发中不可或缺的重要组成部分。要对以生态服务功能为主的区域加大转移支付力度,维系生态平衡,实现这些区域的永续保护,提高生态文明建设水平。

第二节　主体功能区类型

根据国家推进形成主体功能区的要求,按开发方式,将全省国土空间分为优化开发、重点开发、限制开发和禁止开发四类区域;按开发内容,分为城镇化地区、农产品主产区和重点生态功能区;按行政层级,分为国家级和省级。

主体功能区的划分,以国家层面主体功能区为依据,以紧凑型开发、开敞型保护为基本导向,以不同区域的资源环境承载能力、现有开发强度和未来发展潜力为评价标准。

城镇化地区、农产品主产区和重点生态功能区,是以提供主体产品的类型为基准划分的。城镇化地区是以提供工业品和服务产品为主的地区,也提供农产品和生态产品;农产品主产区是以提供农产品为主的地区,也提供生态产品、服务产品和部分工业品;重点生态功能区是以提供生态产品为主的地区,也提供一定的农产品、服务产品和工业品。

优化开发区域是经济比较发达,人口较为密集,开发强度较高、资源环境问题凸显,应该优化进行工业、服务业和城镇开发的城镇化地区。

重点开发区域是具有一定经济基础、资源环境承载能力较强、发展潜力较大、集聚经济和人口条件较好,应该重点进行工业、服务业和城镇开发的城镇化地区。

限制开发区域分为两类:一类是农产品主产区,即耕地较多、农业发展条件较好,尽管也适宜工业化城镇化开发,但从保障粮食安全的需要出发,必须把增强农业综合生产能力作为发展的首要任务,应该限制进行大规模高强度工业化城镇化开发的地区;一类是重点生态功能区,即生态系统脆弱或生态功能重要,资源环境承载能力较低,不具备大规模高强度工业化城镇化开发的条件,必须把增强生态产品生产能力作为首要任务,应该限制进行大规模高强度工业化城镇化开发的地区。

禁止开发区域是依法设立的各级各类自然文化资源保护区域,以及其他需要特殊保护,禁止工业化城镇化开发,并点状分布于优化开发、重点开发和限制开发区域之内的生态保护地区。

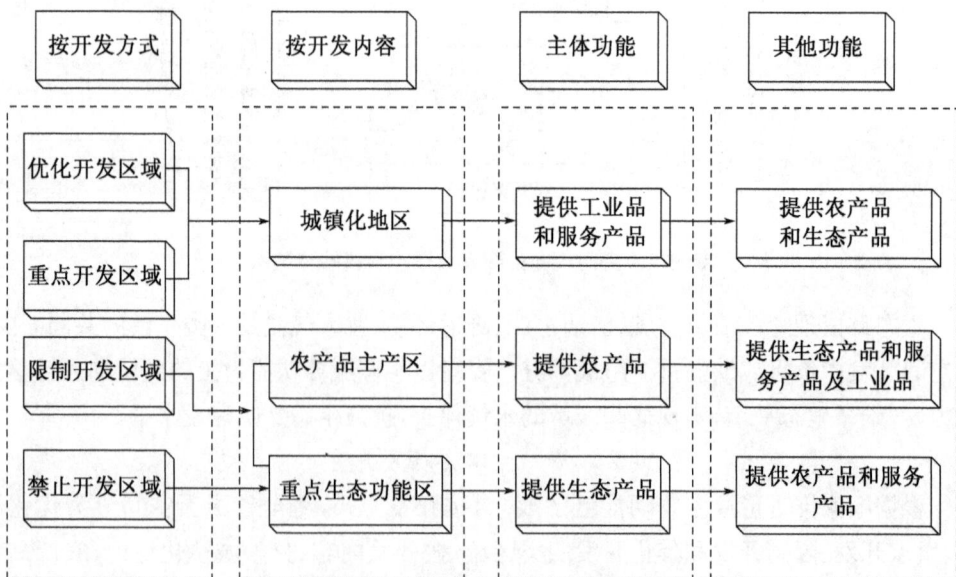

专题2 主体功能区划分类型关系图

第四章　规划目标

第一节　主要目标

根据党的十七大提出的到 2020 年主体功能区布局基本形成的总体要求,结合我省"两个率先"战略目标实现的需要,推进形成主体功能区的主要目标是:到 2020 年,全省形成主体功能定位清晰的国土空间格局,经济布局更加集中,资源利用更加高效,生态系统更加稳定,开发秩序更加规范,区域间基本公共服务更加均等,基本实现人口分布与经济布局、资源环境相协调,全面提升可持续发展能力。

——国土空间开发格局清晰。形成以优化开发区域和重点开发区域为主体的经济建设布局,推进人口适度集聚,集中全省 95% 以上的经济总量和 80% 以上的人口;形成以限制开发区域和禁止开发区域为主体的农业与生态布局。

——空间结构得到优化。全省开发强度控制在 22% 以内,建设空间控制在 2.22 万平方公里,其中城镇工矿空间控制在 0.82 万平方公里以内,农村居民点占地面积减少到 0.90 万平方公里;农业空间为 6.88 万平方公里,基本农田不低于 4.22 万平方公里(6 323 万亩);保护生态空间,生态红线区域占全省国土面积 20%,江河湖泊等水面面积不减少,保持在 16.9% 左右。

——空间利用效率提高。促进资源向优势空间集聚,单位建设空间的经济产出提高 2 倍以上,城市人口密度进一步提高;规模农业和高效农业面积大幅提高,粮食播种面积和粮食产量基本保持稳定;单位生态空间蓄积的林木数量和涵养的水量增加。

——基本公共服务差距缩小。不同主体功能区以及同类主体功能区之间,城镇居民人均可支配收入、农村居民人均纯收入的差距缩小,人均财政支出大体相当,努力实现基本公共服务均等化。

表 1　国土空间开发的规划指标

指标		现状值	2020 年目标值
开发建设地区经济总量和人口比例(%)		86 和 63	95 和 80 以上
开发强度(%)		20.2	小于 22
建设空间(万平方公里)		2.16	2.22
其中:	城镇工矿空间(万平方公里)	0.67	0.82
	农村居民点(万平方公里)	1.03	0.90
农业空间(万平方公里)		6.59	6.88
其中:基本农田(万平方公里)/(万亩)		4.29/6 648.35	4.22/6 323
粮食播种面积(万平方公里)/(万亩)		5.32/7 978.8	5.2/7 800
生态红线区域占国土面积比例(%)		18	20

（续表）

指　标	现状值	2020 年目标值
江河湖泊等主要水面面积比例(%)	16.9	16.9
林木覆盖率(%)	15.8	24
地表水好于Ⅲ类水质的比例(%)	—	66

——可持续发展能力增强。生态系统稳定性明显增强,水、空气、土壤等生态环境质量明显改善,生物多样性得到切实保护,林木覆盖率提高到 24%,碳汇能力明显增强,地表水好于Ⅲ类水质的比例达到 66%,自然灾害防御水平进一步提升,应对气候变化能力显著提高。

第二节　空间开发战略格局

从现代化建设全局和美好江苏永续发展的战略需要出发,构建全省城镇化、农业和生态三大空间开发战略格局。

构建"一群三轴"的城镇化空间格局。根据国家划定的主体功能区,结合我省对国土空间的综合评价,形成"一群三轴"的城镇化空间格局,作为全省乃至全国工业化和城镇化发展的重要空间(图 14)。

表 2　2010 年沿江城市群各城市基本情况

名　称	国土面积		常住人口		地区生产总值	
	总规模 (平方公里)	占全省比例 (%)	总规模 (万人)	占全省比例 (%)	总规模 (亿元)	占全省比例 (%)
南京市	6 582.31	6.17	800.47	10.18	5 130.65	12.39
无锡市	4 787.61	4.49	637.26	8.10	5 793.30	13.98
常州市	4 384.57	4.11	459.20	5.84	3 044.8	7.35
苏州市	8 487.77	7.95	1 046.60	13.30	9 228.91	22.28
南通市	10 534.38	9.87	728.28	9.26	3 465.6	8.37
扬州市	6 634.01	6.22	445.98	5.67	2 229.49	5.38
镇江市	3 845.49	3.60	311.34	3.96	1 987.64	4.80
泰州市	5 796.85	5.43	461.86	5.99	2 048.72	4.95

——沿江城市群。沿江城市群是国家层面的优化开发区域,是我国参与国际竞争的核心区域,进一步做强长江三角洲世界级城市群北翼核心区,建设成为具有国际水平的战略性新兴产业策源地和先进制造业中心,打造江海一体的高端生产服务业集聚区和我国服务贸易对外开放的先导区。

——沿海城镇轴。沿海地区是国家层面的重要战略区域,加快建设以区域中心城市为支撑、以沿海综合交通通道为纽带、以近海临港城镇为节点的新兴城镇化地区,形成我国东部地区重要经济增长极。

——沿东陇海城镇轴。沿东陇海地区是国家层面的重点开发区域,以丝绸之路经济带建设为契机,加快徐州都市圈和连云港国家东中西区域合作示范区建设,深化与陆桥沿线国家和地区的合作协同,成为国家陆桥通道的东部重要支撑。

——沿运河城镇轴。彰显运河文化底蕴和环境景观特色,突出集约发展、绿色发展,形成贯通南北、辐射带动苏中苏北腹地的特色产业带。加快建设沿运河城镇、交通、生态走廊,深化淮河流域地区经济合作,走出一条生态、环保、低碳发展的特色之路。

构建"两带三区"为主体的农业空间格局。根据全国主体功能区规划明确的农业战略格局,以全省农业区划为支撑,结合现代农业发展方向,确定"两带三区"的农业空间格局和重点生产基地(图15)。

——沿江农业带。加快农业现代化步伐,扩大多种经营,重点建设优质水稻、弱筋专用小麦、双低油菜、蔬菜林果、花卉苗木、畜禽、特色水产基地,发展城郊型、生态型和体验型农业,成为我省重要的综合性农产品生产区域。

——沿海农业带。大力推进规模化农业生产,提高农业机械化、设施化水平和产出效率,建设粮食、棉花、蔬菜、水果、畜牧、桑蚕生产基地;合理利用海洋资源,发展海洋渔业,建设特色海产品加工生产基地和出口基地;加大沿海滩涂农业开发力度,建设重要的绿色食品生产基地和耐盐能源植物种植基地。

——太湖农业区。提升现代农业发展水平,提高农业机械化、设施化水平和集约化程度,在确保稳定现有粮食自给率的基础上,稳定优质粳稻生产,建设特色鲜果、优质茶叶、绿叶无公害蔬菜、花卉苗木、特色水产和优质肉蛋生产基地,发展都市型、生态型、观光型农业,满足当地居民日常生活、农业科普、休闲体验等多元需求。

——江淮农业区。提高农业规模化经营水平,积极发展高效特色农业和外向农业,重点建设优质粳稻、中强筋小麦、双低油菜、花卉苗木、蔬菜、特色畜禽和水产品生产基地,成为全省重要的农产品商品化生产区域。

——渠北农业区。加快农田水利综合治理,改造低产田,完善农田林网,提高农业生产机械化和设施化水平,重点建设优质稻米、中强筋小麦、绿色蔬菜、优质水果、花卉苗木、畜牧产品生产基地,成为重要的商品生产基地和特色农产品出口基地。

构建"两横两纵"为主体的生态空间格局。按照大江大河是我国重要生态屏障的要求,结合我省自然地形格局和重要生态功能区分布,形成"两横两纵"的生态保护屏障(图16)。

——"两横"是指长江和洪泽湖-淮河入海水道两条水生态廊道。长江是江苏重要的饮用水水源地,是江苏人民赖以生存和发展的母亲河;洪泽湖-淮河入海水道是连接海洋和西部丘陵湖荡屏障的重要纽带,是亚热带和暖温带物种交汇、生物多样性比较丰富的区域。

——"两纵"是指海岸带和西部丘陵湖荡屏障。广阔的近海水域和海岸带,是江苏重要的"蓝色国土"。西部丘陵湖荡屏障,主要由骆马湖、高邮湖、邵伯湖、淮北丘岗、江淮丘陵、宁镇山地、宜溧山地等构成,是江苏大江大河的重要水源涵养区,也是全省重要的蓄滞洪区和灾害控制区,对于我省水源涵养、生态维护、减灾防灾等具有重要作用。

第三篇 主体功能区

推进形成主体功能区,必须明确优化开发、重点开发、限制开发、禁止开发四类主体功能区的功能定位、发展目标和发展方向。

第五章 主体功能区划分

综合运用指数评价法和主导因素法,对省辖市城区和县(市、区)确定主体功能(图17-25)。明确优化开发区域面积 1.84 万平方公里,占全省国土面积的 17.5%;重点开发区域面积 2.04 万平方公里,占全省国土面积的 19.4%;限制开发区域(农产品主产区)面积 6.63 万平方公里,占全省国土面积的 63.1%(图26)。

我省优化开发区域指长三角(北翼)核心区,也是国家层面的优化开发区域,包括南京、无锡、常州、苏州、镇江的大部分地区及南通、扬州、泰州的城区,人口和 GDP 分别占全省的 39% 和 60%(图27)。

我省重点开发区域主要包括沿东陇海的徐州、连云港市区和沿海地区、苏中沿江地区以及淮安、宿迁的部分地区,也包括点状分布于限制开发区域内的县城镇和部分重点中心镇,人口和 GDP 分别占全省的 18% 和 13%。其中东陇海地区是国家层面的重点开发区域,其他区域为省级层面的重点开发区域(图28)。

限制开发区域指除优化开发区域和重点开发区域以外的地区,人口和 GDP 分别占全省的 43% 和 27%,其中国家产粮大县为国家层面农产品主产区,其他均为省级农产品主产区(图29)。

禁止开发区域指国家级和省级自然保护区、国家级和省级风景名胜区、国家级和省级森林公园、国家地质公园、饮用水源区和保护区、重要渔业水域、清水通道维护区。其中,国家级自然保护区、国家级风景名胜区、国家森林公园、国家地质公园等为国家级禁止开发区域;其他区域为省级禁止开发区域(图30)。

未来一段时期,是我省建设更高水平小康社会,并率先基本实现现代化的关键时期。根据主体功能定位推动我省经济社会发展,就是深入贯彻落实科学发展观,就是坚持把发展作为第一要务。推进形成定位明确、布局合理、功能清晰的主体功能区,将进一步优化我省国土空间开发格局,使发展条件优越、承载能力较强的城镇化地区进一步集聚生产要素、提高开发效率、增强综合实力;使农业地区和生态地区得到有效保护,要求更加明确,功能更加清晰;使全省城乡区域发展更趋协调,基本公共服务更趋均衡,资源利用更趋集约高效,可持续发展能力全面增强,使"两个率先"的各项目标在空间上得到有效落实,以科学开发引领未来更加长远的发展。

第六章　优化开发区域

第一节　功能定位

作为我国经济发展和城镇化水平最高、创新能力最强、国际化程度最高的地区之一,该区域的功能定位是:建成具有国际影响的现代服务业和先进制造业基地,全国重要的创新基地;亚太地区的重要国际门户,辐射带动长江流域发展的重要区域;具有较强竞争力的世界级城市群;江苏率先基本实现现代化、推进新型城镇化和城乡发展一体化、实现基本公共服务均等化的先行区。

第二节　发展方向

优化开发区域要率先转变经济发展方式,优化国土空间开发结构,加快推进产业升级,增强高端要素的集聚能力,全面提升区域辐射带动能力和国际竞争力。到 2020 年,建设空间适度增长,基本农田面积不减少,生态空间基本稳定;经济密度和人口密度进一步提高,主城区人口密度不低于每平方公里 10 000 人。

——优化建设空间结构。按照"控制增量、盘活存量、集约高效"的要求,促进集中、集聚和集约发展,不断提高经济开发密度与产出效率;控制建设用地增长,适度减少制造业建设空间,减少农村生活空间,扩大服务业、交通、城市居住、公共设施空间;加大主城区存量土地结构调整力度,全面实施"退二进三",大力发展金融、商务、软件、外包等楼宇经济和总部经济,提升城市空间利用效率。

——优化产业结构。推动产业结构向高端、高效、高附加值转变,明显增强战略性新兴产业、现代服务业和先进制造业对经济增长的带动作用;加快发展现代服务业,突出发展生产服务业,促进服务业发展提速、比重提高、结构提升,率先形成以服务经济为主的产业结构;大力发展拥有自主知识产权和自主品牌的高新技术产业,扩大战略性新兴产业发展规模,提升先进制造业发展水平。

——优化人口分布。进一步增强人口集聚功能,形成与经济规模相适应的人口规模;提高人口整体素质,着重培育和吸引知识型、技能型高端人才;优化主城区人口分布,引导人口均衡布局。

——优化城市布局。加快城镇化进程,提高城市综合承载力;发挥南京在长江中下游承东启西枢纽城市作用,加快宁镇扬同城化步伐,强化辐射带动中西部地区发展重要门户作用。发挥苏州、无锡全国经济中心城市的作用,积极融入上海,密切与苏中、苏北、浙北地区的联系,提升在长三角城市群中的地位。加快常州、镇江等中心城市建设。

——优化农业结构。着力实施农业现代化工程,积极构建现代农业体系,提升农业规模化、产业化、标准化、集约化和信息化水平;稳定粮食播种面积和粮食产量,优化种植结构,积极建设城郊绿色无公害蔬菜区和畜禽生产基地,推进水果、花卉等作物标准化生产和畜禽养殖,保持主要"菜篮子"产品的自给率,合理控制畜禽养殖规模;发展水产品生态高效工厂化养殖;积极发展高附加值的设施农业、都市农业和休闲观光农业,满足城市多元化的农产品需求;大力推广农业先进技术,运用农业现代装备提高农业生产机械化水平,运用信息技术培育发展智能农业、精确农业,提高农业生产效率和农产品质量;积极发展优质特色农产品深加工,建设现代化的农产品物流基地;推广示范循环型生态农业,推进农业清洁生产;加强农业国际合作,拓展外向型农业广度和深度。

——优化生态系统格局。加强生态修复,维护生态系统结构和功能的稳定性;加强生态建设,适度增加城市绿色空间,构建城市之间绿色开敞空间,改善人居环境;加大污染物排放总量削减力度,提高排放标准,加强环境治理,重点推进太湖、长江的生态保护和环境建设,提高水资源和水环境质量;切实做好自然和历史文化遗产的保护。

第七章　重点开发区域

第一节　功能定位

作为我国工业化和城镇化最具潜力的地区之一,该区域的功能定位是:我国东部地区重要的经济增长极,具有较强国际竞争力的制造业基地;具有全国影响的新型城镇密集带;辐射带动能力强的新亚欧大陆桥东方桥头堡,我国重要的综合交通枢纽和对外开放的窗口;我国重要的高效农业示范区;全省率先基本实现现代化的重要保障区。

第二节　发展方向

重点开发区域要加快工业化和城镇化步伐,增强吸纳要素和资源的能力,大规模集聚经济和人口,服务和带动中西部地区发展,提高对全省乃至全国经济发展的贡献。到2020年,建设空间稳步增长,控制农业空间过快减少,保证基本农田面积不减少,生态空间基本稳定。

——统筹安排建设空间。适度增加建设用地空间,适度增加服务业和城市居住空间、交通空间、公共设施空间,稳定制造业空间,加大制造业空间存量调整,推进集中布局,提高空间产出效益;合理进行农村居民点整合,推进集中居住,减少农村居住空间;加大土地后备资源整理和开发力度,拓展发展空间,扩大绿色生态空间。

——提升产业发展水平。积极发展战略性新兴产业和先进制造业,加强特色产业基地和产业集群建设,提升集聚集约发展水平;引导大型石化和装备制造等临港产业向沿海地区转移和布局,积极发展科技含量和附加值高的海洋产业;运用高新技术、现代信息技术、先进适用技术改造提升传统产业,淘汰落后产能,促进产业升级;重点发展现代物流、科技研发、创意设计等生产服务业,实现现代服务业与先进制造业的互动并进。

——推进城镇化进程。发展壮大中心城市,提升县(市)城镇发展水平。发挥徐州都市圈核心城市徐州和东方桥头堡连云港的龙头和带动作用,加快东陇海城镇轴建设,提高对中西部地区的影响力。发挥南通滨江临海的独特区位优势,提高长三角北翼中心城市的地位,加快扬州、泰州中心城市建设,提升区域竞争能力。建设盐城区域性中心城市,加快沿海城镇轴建设,有效沟通长三角和环渤海地区。加快淮安苏北重要中心城市建设,提升宿迁城市发展水平。

——促进人口加快集聚。完善城市基础设施和公共服务,加强城市功能建设,增强大规模吸纳人口的能力;创造更多的就业岗位,消除农民进城的制度障碍,为农村人口进入城镇创造条件。

——稳定农业生产。加快推动农业规模化经营,提高农业综合生产能力和产业化水平,保障主要农产品有效供给,稳定提高粮食产量,严格保护耕地和基本农田;合理有效配置农业生产要素,大力发展优势特色农业,建设特色农产品生产及加工基地,形成具有区域特色的农产品生产和加工产业带,提高农产品精深加工和农副产品综合利用水平;推进畜牧业规模化、标准化养殖,稳定增加畜产品产量;进一步壮大渔业产业,建设沿海现代渔业产业带;加快农业科技进步,加大沿海和黄泛平原等地区中低产田改造力度,提高土地产出率和劳动生产率;大力发展农产品物流业,鼓励发展生产资料供应、农业机械、科技推广、信息咨询等农业产前、产中、产后服务业。

——保护生态环境。重点保护近海、河湖等生态廊道和生态空间,加强采煤塌陷区和开山采石区的生态恢复,加强地质灾害防治,保证生态功能不退化;在城镇和开发区周围,留有开敞式的绿色生态空间,建设生态隔离带或生态廊道,在沿海、主要河流两侧和水源保护区建设生态林带;实施严格的污染物排放总量控制,推进畜禽养殖废弃物无害化处理和资源化利用,推进清洁生产,发展循环经济,加快园区和城市环保基础设施建设,减少工业化、城镇化对环境的影响。

第八章 农产品主产区

第一节 功能定位

作为基本农田和生态功能保护区集中分布的区域,该区域的功能定位是:全省农产品供给的重要保障区,农产品加工生产基地,生态功能维护区,新农村建设示范区。

第二节 发展方向

农产品主产区要大力发展现代农业,完善农业生产、经营、流通体系,巩固和提高在全省农业发展中的地位和作用,积极发展旅游等服务经济,推进工业向有限区域集中布局。到2020年,适度增加农业和生态空间,严格控制新增建设空间。

——调整空间结构。适度扩大农业生产空间,促进基本农田集中连片布局;积极推进工业集中区的整合撤并和搬迁,保留部分基础好、效益高、污染小的开发区和工业集中区,实施点状集聚开发;控制新增建设空间,优先保障镇区和保留工业区的用地,引导农民集中居住,减少农村生活空间;适度增加生态空间。

——提高农业生产及深加工能力。推进农业产业化、生态化,大力发展农产品精深加工和流通,加强现代农业产业园区、农产品加工集中区和农产品市场体系"三大载体"建设;大力发展规模畜牧业,建设优质畜禽生产和加工基地;加强农业科技创新,加大新品种、新技术示范推广力度;加大农田基础设施建设,推进连片标准农田建设,提高农田增产增收能力;确保粮食播种面积和粮食产量稳步提高;大力发展设施园艺业,促进园艺产业转型升级;大力发展特色高效渔业,提高现代渔业综合生产能力;积极发展休闲农业与乡村旅游业,推进休闲观光农业示范区建设,培育开发各具特色的农业旅游产品及相关产业;支持发展养老、健康服务产业;因地制宜地适度发展农产品加工、轻型无污染工业和商贸、文化、科技研发等服务业;在资源丰富的地区,可以集中进行能源建设和资源开发。

——控制人口增长。按照自觉、自愿、平稳的原则,引导人口向优化开发和重点开发区域转移,降低人口增长速度,在有条件地区引导人口有序减少。

——加强农村居民点建设。推进新型农村社区建设,加大农村环境综合整治,提高基础设施配套水平,加强公共服务设施建设,提高基本公共服务保障能力。

——提高生态系统服务功能。提高林木覆盖率,扩大水面面积,加强湿地保护和修复,增强生态调节、水源涵养、防灾减灾等功能。加大空中云水资源开发力度。

第九章　禁止开发区域

第一节　功能定位

我省维护生态安全的重要区域,优势自然文化资源的集中展示区,珍稀动植物保护基地,实现永续发展的根本保障。

第二节　管制原则

根据国家法律法规规定和相关规划实施强制性保护,严格控制人为因素对自然生态的干扰,严禁不符合主体功能定位的开发活动,交通、电力等基础设施应能避则避,必须穿越的,要符合相关规划,并进行专题评价或论证,加强生态修复和环境保护,提高生态环境质量。

饮用水源保护区、清水通道。重点保护水源水质,禁止向水体排放任何污染物,严禁一切与保护水源无关的建设项目和相关法律法规禁止的其他活动。保留区作为今后开发利用预留的水域,原则上应维持现状。

自然保护区、森林公园、地质公园。重点保护生物多样性、水土涵养功能和自然景观,除必要的保护设施和适量的旅游、休闲服务设施外,禁止任何与资源保护无关的生产建设活动,严格执行相关法律法规及规划的强制性保护要求。做好自然保护区实时监测工作,核心区、缓冲区和实验区分类管理。

风景名胜区、历史文化遗产。加强对自然和历史文化遗产完整性、原真性以及自然与人文景观的保护,严格控制人工景观建设,禁止在风景名胜区从事与风景名胜资源无关的生产建设活动,旅游设施及其他相关基础设施建设必须符合法律法规及相关规划的规定。

重要湿地和水体、渔业种质资源保护区。严格保护重要湿地和渔业种质资源保护区的生物多样性与水生生境,禁止排污或改变湿地自然状态,禁止在重要水体围垦造地和建设水工设施以外的永久性建筑。

第三节 近期任务

在"十二五"期间,对国家和省级划定的禁止开发区域进行规范。主要任务是:

——完善划定禁止开发区域范围的相关规定和标准,对划定范围不符合相关规定和标准的,按照法律法规和相关规定进行调整,进一步界定各类禁止开发区域的范围,核定面积。界定范围后,原则上不再进行单个区域范围的调整。

——进一步界定自然保护区的核心区、缓冲区、实验区的范围,对风景名胜区、森林公园、地质公园,确有必要的,也可划定核心区、缓冲区并确定相应范围,进行分类管理。

——在重新界定范围的基础上,结合禁止开发区域人口转移的要求,对管护人员进行定编。

——归并位置相连、均质性强、保护对象相同但人为划分为不同类型的禁止开发区域。对位置相同、保护对象相同,但名称不同、多头管理的,要重新界定功能定位,明确统一的管理主体。今后新设立的禁止开发区域,原则上不得重叠交叉。

第四篇 区域政策与绩效评价

本规划是涉及国土空间开发的各项政策制定及其安排的基础平台。各地区、各有关部门要据此调整完善现行政策和制度安排,建立健全保障形成主体功能区布局的体制机制、政策体系和绩效评价体系。

第十章 区域政策

第一节 财政政策

按照推进形成主体功能区的要求和基本公共服务均等化的原则,深化财政体制改革,完善公共财政体系。

完善省级财政一般性转移支付制度。适度调整一般性转移支付机制,结合各县市限制开发区域的比例等情况,合理确定转移支付系数,加大对限制开发区域的支持力度,确保基本支出需求,增强该区域提供基本公共服务的能力,实现基本公共服务均等化的目标。

加大各级财政对农业生产和生态保护的支持力度。加大对自然保护区的投入力度,在定范围、定面积、定功能的基础上定编,在定编基础上定经费,并分清省、省辖市、县(市)各级的财政责任。实施财政奖补制度,对粮食发展、农产品生产和生态保护贡献突出的区域,加大相关转移支付力度。对禁止开发区域,加大对生态保护的投入力度,完善生态保护及生态环境修复补偿机制。

鼓励建立主体功能区间的横向援助机制。推动各地区制定优化开发和重点开发区域对限制开发和禁止开发区域的援助机制,采取多种形式,确保限制开发和禁止开发区域的基本公共服务提供能力和生活水平与优化开发和重点开发区域基本相当。

第二节　投资政策

调整政府投资方向。优化开发区域要重点支持增强自主创新能力建设、高新技术产业发展、现代服务业发展、国际竞争力和城市功能提升等；重点开发区域要重点支持基础设施建设、新兴产业发展、特色产业基地和优势产业集群建设、人口集聚和中心城市建设等；限制开发区域要重点支持农业综合能力建设、生态修复和环境保护、公共服务设施建设和特色产业发展等；禁止开发区域要重点支持公共服务设施、交通设施、管护设施和生态环境设施建设等。

逐步加大政府投资用于农业和生态环境保护的比例。农业投资主要投向农业生产空间，生态环境保护投入向生态保护空间倾斜。对限制开发和禁止开发区域内非经营性的农业开发项目、生态环境保护项目、基础设施项目逐步降低市县政府投资比例。

积极利用金融手段引导社会投资。引导商业银行按主体功能定位调整区域信贷投向，鼓励向符合主体功能定位的项目提供贷款，严格限制向不符合主体功能定位的项目提供贷款。

建立符合主体功能区要求的投资管理制度。投资管理部门要严格限制不符合主体功能要求的产业类项目的审批、核准和备案。对不同主体功能区国家鼓励类以外的投资项目实行更加严格的投资管理，其中属于限制类的新建项目禁止在优化开发、限制开发、禁止开发区域内投资，投资管理部门不予审批、核准和备案。

第三节　产业政策

修订现行产业结构调整指导目录。按主体功能确定形成不同区域鼓励、限制和禁止的产业，根据《产业结构调整指导目录(2011年本)(修正)》(国家发改委2013年第21号令)，细化落实江苏不同主体功能区产业结构调整分类指导方案。在优化开发区域内，涉及劳动密集型产业或环境影响较大的条目不再作为鼓励类，低水平劳动密集型或对环境影响较大的条目调整为限制类；涉及高污染、高能耗产业的条目调整为淘汰类。重点开发区域基本按照原目录执行。限制开发区域内仅保留对本区域生态功能和农产品生产不产生不良影响的鼓励类条目，对生态环境可能造成影响的条目调整为限制类；对空气、水资源等生态环境有较大污染的条目调整为淘汰类。

按主体功能定位编制、调整专项规划，引导重大项目合理布局。编制专项规划、布局重大项目必须符合各区域的主体功能定位，重大工业项目原则上布局在优化和重点开发区域，并优先在重点开发区域布局。同时引导重点开发区域加大产业配套能力建设，鼓励优化开发区域劳动密集型产业向重点开发区域转移。

完善市场准入制度，建立市场退出制度。对不同主体功能区的项目实行不同的用地、耗能、耗水、资源回收率、资源综合利用率、工艺装备、"三废"排放和生态保护等强制性标准。对优化和限制开发区域内不符合主体功能定位的现有产业，可通过规划和政策引导，促进产业退出或跨区域转移。对禁止开发区域内不符合主体功能定位的现有产业,要加快退出。

建立和完善农业发展政策。逐步完善政府支持和保护农业发展政策,加大强农惠农的政策力度,重点向农业生产空间特别是优势农产品主产区倾斜。支持限制开发区域依托本地优势资源发展农产品加工业,根据农产品加工业不同产业的经济技术特点,对特色产业优先在限制开发区域布局。健全农业生态环境补偿制度,形成有利于保护耕地、水域、森林、湿地等自然资源和农业物种资源的激励机制。

第四节　土地政策

制定符合主体功能区的土地空间配置方案。按照主体功能区的功能定位,坚持节约集约的基本原则,合理确定各类用地规模。实施最严格的耕地保护制度,保持农业生产空间的相对稳定,确保基本农田面积不减少,耕地质量不断提升。严格保护生态空间,严守生态红线。调整开发建设空间结构,控制工业用地增加,适度增加城市居住用地,逐步减少农村居住用地,合理控制交通用地增长。

实行差别化的土地利用政策。优化开发区域要严格限制建设用地数量的增加,积极挖潜,盘活和优先使用存量建设用地,着力提高建设用地产出效率。重点开发区域要适当扩大生产和生活建设用地的规模,保障基础设施和重点项目建设,引导产业集中建设、集群发展。限制开发区域要控制建设用地的扩大,支持基础设施、生态环境建设、符合主体功能定位的优势特色产业用地,严格保护耕地特别是基本农田,将基本农田落实到地块并标注到土地承包经营权证书上。禁止开发区域要严禁任何不利于生态保护的土地利用活动,维护生态空间和地质环境。

实行用地"三挂钩"政策。实行城乡之间用地增减规模挂钩,城镇建设用地规模的增加与本地区农村建设用地减少的规模相挂钩;实行城乡之间人地挂钩,城镇建设用地规模的增加与吸纳农村人口进入城镇落户的规模相挂钩;实行地区之间人地挂钩,优化开发和重点开发区域建设用地规模的增加与吸纳外来人口的规模相挂钩。

第五节　环境政策

制定符合主体功能区的污染物排放标准。优化开发区域要实行最严格的污染物排放标准,增加实行总量控制的污染物类型,大幅减少污染物排放。重点开发区域要根据环境容量,提高污染物排放标准,大力推行清洁生产,做到增产减污或增产不增污。限制开发区域要通过治理、限制或关闭污染物排放企业等手段,实现污染物排放总量持续下降。禁止开发区域要依法关闭或限期迁出所有排放污染物企业,确保污染物的"零排放"。

制定分区域的产业准入环境标准。优化开发区域要按照国际先进水平,实行更加严格的产业准入环境标准。重点开发区域要按照国内先进水平,逐步提高产业准入环境标准。限制开发区域要按照保护和恢复地力的要求以及生态功能恢复和保育的原则设置产业准入环境标准。禁止开发区域要按照强制保护原则,禁止一切与主体功能定位不符的产业发展。

制定差别化的排污许可制度。优化开发区域要严格限制排污许可证的增发,完善排污权交易制度,制定较高的排污权有偿取得价格。重点开发区域要积极推进排污权制度改革,合理控制排污许可证的增发,制定合理的排污权有偿取得价格,鼓励新建项目通过排污权交易获得排污权。限制开发区域要从严控制排污许可证发放,减少排污许可量。禁止开发区域不发放排污许可证。

制定差别化的污染控制和管理措施。优化开发和重点开发区域要注重从源头上控制污染,建设项目要加强环境影响评价和环境风险防范,开发区和重化工业集中地区要按照发展循环经济的要求进行规划、建设和改造;加快建设和完善热网工程,推进热电联产和集中供热,大力发展清洁能源,推广天然气和可再生能源;强化机动车尾气和扬尘污染防治,确保城市环境空气质量达标。限制开发区域要尽快全面实行矿山环境治理恢复保证金制度,并实行较高的提取标准。禁止开发区域的旅游资源开发须同步建立完善的污水垃圾收集处理设施;全面禁止燃用高污染燃料。同时,积极推行绿色信贷、绿色保险、绿色证券等。

实行严格的水资源管理制度。优化开发区域要以水资源利用效率和效益为核心,厉行节水,合理配置水资源,控制用水总量增长。重点开发区域要合理开发和科学配置水资源,控制水资源开发利用程度,在加强节水的同时,限制入河排污总量。限制开发区域要加大水资源保护力度,适度开发利用水资源,实行全面节水,满足农业生产和生态保护的用水需求。禁止开发区域严格禁止不利于水生态环境保护的水资源开发活动。加强对饮用水水源地的保护,保护和修复与水有关的生态环境。

第六节 人口政策

按照主体功能定位,引导人口有序流动并定居。优化开发和重点开发区域要实施积极的人口迁入政策,增强人口集聚和吸纳能力,鼓励有稳定就业和住所的外来人口定居落户,着力扩大中心城市人口规模。限制开发和禁止开发区域要引导人口逐步自愿平稳有序转移,鼓励人口到重点开发和优化开发区域就业定居,引导区域内人口向县城和重点中心镇集聚。

努力实现城镇基本公共服务常住人口全覆盖。按照"属地化管理、市民化服务"的原则,鼓励城镇化地区以居住证为依据将流动人口纳入居住地教育、就业、医疗、社会保障、住房保障等体系,切实保障流动人口与本地人口享有均等的基本公共服务和同等的权益。

探索建立人口评估机制。构建经济社会政策及重大建设项目与人口发展政策之间的衔接协调机制,重大建设项目的布局和社会事业发展应充分考虑人口集聚和人口布局优化的需要,以及人口结构变动带来需求的变化。

第七节 应对气候变化的政策

实施差别化的节约能源政策。优化开发区域要根据国际先进水平、重点开发区域要根据国内领先的能效利用目标,分别制定节能标准,确定节能任务,积极发展循环经济和清洁生产,实施重点节能减排工程。限制开发区域要大力发展生态农业和循环型农业,合理利用农业相关物质能源。积极提高能源利用效率,鼓励使用清洁能源和可再生能源。

实施不同主体功能区的低碳政策。优化开发和重点开发区域要大力发展低碳产业、开发低碳技术、应用低碳产品,完善碳排放核算和论证体系,增强企业减排的内在动力。限制开发和禁止开发区域要加强生态建设,加快植树造林,将林业建设与发展碳汇经济有机结合起来,促进森林等各类生态系统碳汇功能的稳步提高和长期保存。探索建立区域间碳权交易平台和市场机制,逐步实现优化开发和重点开发区域的碳排放需求与限制开发和禁止开发区域的碳汇能力的有机对接,切实增强市场机制在促进温室气体减排中的功能和作用。

开展气候变化对海平面、水资源、农业和生态环境等的影响评估。严格执行重大工程气象、海洋灾害风险评估和气候可行性论证制度;提高极端天气气候事件、重大海洋灾害监测预警能力,加强自然灾害的预警预报、防御和应急能力建设。

第十一章　绩效评价

按照主体功能区,完善区域绩效评价体系,据此进行考核,推进不同区域按照主体功能的要求进行建设和发展。

优化开发区域。实行转变经济发展方式优先的绩效评价,强化对经济结构、质量效益、资源消耗、环境保护、自主创新以及外来人口公共服务覆盖面等的评价,弱化对经济增长速度、招商引资、出口规模等的评价。主要考核人均 GDP 增速、服务业增加值比重、高新技术产业比重、研发投入经费比重、单位地区生产总值能耗和用水量、单位工业增加值取水量、单位土地面积产出率、主要污染物排放总量削减、"三废"处理率、大气和水体质量、吸纳外来人口规模等指标。

重点开发区域。实行工业化和城镇化水平优先的绩效评价,综合评价经济增长、吸纳人口、质量效益、产业结构、资源消耗、环境保护以及外来人口公共服务覆盖面等,突出承接产业和人口转移方面的考核。主要考核地区生产总值、非农产业增加值和就业比重、财政收入占地区生产总值比重、单位地区生产总值能耗、单位工业增加值取水量、主要污染物排放总量削减、"三废"处理率、大气和水体质量、吸纳外来人口规模等指标。

限制开发区域。实行农业发展优先的绩效评价。要强化对农产品保障能力的评价,适度考虑生态保护能力的评价,弱化对工业化城镇化相关经济指标的评价。主要考核农业综合生产能力、农民收入、农业面源污染控制水平、农村劳动力转移水平、大气和水体质量、耕地和基本农田保护、林木覆盖率、森林蓄积量等指标,不考核地区生产总值、非农产业比例、投资、工业、财政收入等指标。

禁止开发区域。根据法律法规和规划要求,按照保护对象确定评价内容,强化对自然文化资源的原真性和完整性保护情况的评价。主要考核依法管理的情况、污染"零排放"情况、大气和水环境质量、保护目标实现程度、保护对象完好程度等,不考核旅游收入等经济指标。

第五篇　规划实施

本规划是国土空间开发的战略性、基础性和约束性规划,在各类空间规划中居总控性地位,是各有关部门和各级政府制定各类规划和各项政策在空间开发、布局和区域管理的基本依据。要根据本规划调整完善区域政策和相关规划,健全法律法规和绩效考核体系,明确责任主体,采取有力措施,共建高效、集约、均衡、永续的美好江苏。

第十二章　规划实施

第一节　省级人民政府职责

省级人民政府及各相关部门负责所辖区域的主体功能区规划的实施。根据本规划确定的各项政策,在省级人民政府事权范围内制定实施细则。

——发展改革部门,负责本规划实施的组织协调;负责组织有关部门和地区编制区域规划;负责制定并组织实施适应主体功能区要求的投资政策和产业政策;负责协调和衔接省级层面实施主体功能区规划的各项政策制定;负责指导和推进市县落实主体功能区规划;负责主体功能区规划实施的监督检查、中期评估和修订;负责建立全省项目空间布局的动态监测系统。

——经济和信息化部门,负责编制适应主体功能区要求的工业、通信业、信息化的发展规划,研究提出相关政策;负责按主体功能区要求分解节能降耗指标;参与制定和组织实施投资政策、产业政策。

——科技部门,负责研究提出适应主体功能区要求的科技规划和政策,建立适应主体功能区要求的区域创新体系。

——财政部门,负责按照本规划明确的财政政策方向和原则制定并落实适应主体功能区要求的财政政策。

——人力资源和社会保障部门,负责制定适应主体功能区要求的人才引进与培养、劳动力培训的规划。

——国土资源部门,负责组织编制省级国土规划和土地利用总体规划,负责制定适应主体功能区要求的土地政策并落实用地指标;负责会同省有关部门组织调整划定基本农田,并落实到具体地块和农户,明确空间位置;划定重要山体保护区,加强监管;指导、监督地质公园的保护、建设和管理。

——住房城乡建设部门,负责在编制省域城镇体系规划中落实主体功能区的相关要求;指导、监督风景名胜区的保护、建设和管理;建立全省城乡规划管理信息系统。

——交通部门,负责按主体功能区要求调整、编制区域交通运输规划和专项交通规划,修订相关政策,引导、督促交通运输规划实施。

——水利部门,负责制定适应主体功能区要求的水资源开发利用、节约保护及防洪减灾、水土保持等方面规划、管理政策和调控指标,提出各类主体功能区的水域纳污能力。

——农(渔)业部门,负责编制适应主体功能区要求的农牧渔业发展建设、资源与生态保护等方面的规划及相关政策。

——人口计生部门和公安部门,负责按主体功能区要求提出引导人口转移的政策。

——环境保护部门,负责制定适应主体功能区要求的生态环境保护规划和政策;负责组织编制环境功能区划,组织开展大气、水环境质量监测工作;负责组织有关部门编制省自然保护区发展规划,指导、监督自然保护区的保护、建设和管理工作。

——林业部门,负责编制适应主体功能区要求的生态保护和建设规划,制定相关政策;负责推进林木覆盖率、森林蓄积量、湿地保护等任务;具体督促森林公园的保护、建设和管理。

——海洋部门,负责根据本规划组织编制全省海洋主体功能区规划,负责海域管理、海洋环境监测,海洋保护区等生态建设。

——省政府法制机构,负责组织有关部门研究提出适应主体功能区要求的法律法规。

——地震部门和气象部门,负责组织编制地震、气象等自然灾害防御和气候资源开发利用等规划或区划,参与制定自然灾害防御政策。

——测绘地理信息部门,负责编制测绘地理信息规划,组织建设地理信息公共服务平台,开展主体功能区地理空间动态监测。

——其他各有关部门,要依据本规划,根据需要组织修订能源、交通、产业等专项规划。

第二节　市县级人民政府的职责

——市县级人民政府负责落实全国和省级主体功能区规划对本市县的主体功能定位。

——根据全国或省级主体功能区规划对本市县的主体功能定位,进行功能分区,明确建设、农业、生态空间结构及空间范围,明确具体功能区的功能定位、发展方向、开发和管制原则等。

——根据本规划的区域政策,制定落实方案和实施细则。在规划编制、项目审批、土地管理、人口管理和生态环境保护等各项工作中遵循国家和省级主体功能区规划的各项要求。

——根据国家和省级人民政府确定的空间开发原则和本市县的国民经济和社会发展总体规划,规范开发时序,把握开发强度,审批有关开发项目。

第三节　监测评估与公众参与

——建立覆盖全省、统一协调、更新及时、反应迅速、功能完善的国土空间动态监测管理系统,对规划实施情况进行全面监测、分析和评估。

——省有关部门要加强地区性的国土空间开发动态监测管理工作,通过各种途径,对全省的国土空间变化情况进行及时跟踪分析。

——整合基础地理框架数据,建立全省地理信息公共服务平台,促进各类空间信息之间测绘基准的统一和信息资源的共享。充分利用"自然资源和地理空间基础信息库"和"宏观经济管理信息系统"等电子政务建设成果,加快建立有关部门和单位互联互通的地理空间信息基础平台。

——空间信息基础设施应根据不同区域的主体功能定位进行科学布局,并根据不同的监测重点建设相应的监测设施,如优化开发和重点开发区域要重点监测城市建设、非农产业发展等,限制开发和禁止开发区域要重点监测生态环境、基本农田的变化等。

——建立主体功能区规划评估与动态修订机制。适时开展规划评估,提交评估报告,并根据评估结果提出需要调整的规划内容或对规划进行修订的建议。各地区各部门要对本规划实施情况进行跟踪分析,注意研究新情况,解决新问题。

——各地区各部门要通过各种渠道,采取多种方式,加强推进形成主体功能区的宣传工作,让政府、企业和公众都能全面了解本规划,使主体功能区的理念和政策深入人心,动员全体人民,共建美好江苏。

参考文献

[1] 阿尔弗雷德·马歇尔.经济学原理[M].湖南文艺出版社,2013年.

[2] 白洋,刘晓源."雾霾"成因的深层法律思考及防治对策[J].中国地质大学学报:社会科学版,2013,(6):27-33.

[3] 蔡昉.制度、趋同与人文发展——区域发展与西部开发战略思考[M].中国人民大学出版社,2002年.

[4] 陈辞,李强森.城市空间结构演变及其影响因素探析[J].经济研究导刊,2010,92(18):144-146.

[5] 陈胤辰,蒋国洲.城市化进程对房地产业影响的空间计量分析[J].统计与决策,2013年,第5期·总第377期:122-125.

[6] 杜莎莎、裴金平.基于经济重心和锡尔系数的福建城市体系经济差异研究(1952—2010)[J].华东经济管理,2012,(9):24-29.

[7] 戴宾.城市群及其相关概念辨析[J].财经科学,2004,(6):101-103.

[8] 冯奎,贾璐宁.我国绿色城镇化的发展方向与政策重点[J].经济纵横,2016,7:27-32.

[9] 高红贵,汪成.生态文明绿色城镇化进程中的困境及对策思考[J].统计与决策,2014,24:64-66.

[10] 胡祖才.以城市群为主体形态拓展区域发展新空间[N].中国经济导报,2016年6月18日(A2版).

[11] 江曼琦.对城市群及其相关概念的重新认识[J].城市发展研究,2013,(5):30-35.

[12] 刘和东.国内市场规模与创新要素集聚的虹吸效应研究[J].科学学与科学技术管理,2013,(7):104-112.

[13] 刘静玉,王发曾.城市群形成发展的动力机制研究[J].开发研究,2004,(6):66-69.

[14] 梁政骥,吕拉昌.基于锡尔系数的广东省城市创新能力差异研究[J].地域研究与开发,2012,(3):73-77.

[15] 李颖琦,李茜.国内绿色城镇化发展趋势研究述评[J].管理观察,2015,21:9-11.

[16] 罗勇.城镇化的绿色路径与生态指向[J].辽宁大学学报,2014,42(6):84-89.

[17] 史巍娜.浅析生态文明建设中的绿色城镇化道路[J].知与行,2016,6(1):77-80.

[18] 王小鲁.中国经济增长的可持续性与制度变革闭[J],经济研究,2000,(7);3-15.

[19] 吴传清,李季.关于中国城市群发展问题的探讨[J].经济前沿,2003,增刊: 29-33.

[20] 吴方军,张二勋.基于锡尔系数的山东省区域经济差异分析[J].聊城大学学报(自然科学版),2014,(3):89-91+95.

[21] 吴敬琏.我国城市化面临的效率问题和政策选择[J].新金融,2012(11):4-7.

[22] 魏后凯,张燕.全面推进中国城镇化绿色转型的思路与举措[J].经济纵横,2011(9):15-19.

[23] 王兵,唐文狮,吴延瑞等.城镇化提高中国绿色发展效率了吗?[J].经济评论,2014,4:38-49.

[24] 夏悦瑶.新型城镇化背景下的地方政府公共服务研究[D].湖南大学,硕士学位论文,2012年.

[25] 薛凤旋.中国城市及其文明的演变[M].世界图书出版公司,2010年.

[26] Yuan L, Gong W F, Dang Y F, et al. Study on ecological risk of land use in urbanization watershed based on RS and GIS: a case study of Songhua River watershed in Harbin section [J]. Asian Agricultural Research, 2013, 5(3): 61-65.

[27] 朱江丽,李子联.长三角城市群产业－人口－空间耦合协调发展研究[J].中国人口资源与环境,2015,25(2):75-82.

[28] 钟少颖,陈锐,魏后凯.中国新型城镇化空间布局研究[J].城市发展研究,2013,23(12):18-23.

[29] 梁政骥,吕拉昌.基于锡尔系数的广东省城市创新能力差异研究[J].地域研究与开发,2012,31(3):73-77.

[30] 邹军,姚秀利,侯冰婕."双新"背景下我国城市群空间协同发展研究——以长三角城市群为例[J].城市规划,2015,39(4):8-14.

[31] 钟少颖,陈锐,魏后凯.中国新型城镇化空间布局研究[J].城市发展研究,2013,23(12):18-23.